직장인이 경매로 투잡하는 성공 노하우

추리 경매

직장인이 경매로 투잡하는 성공 노하우

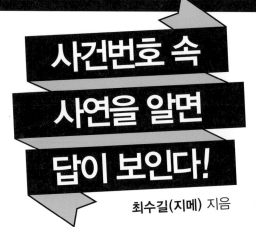

사건번호 속
사연을 알면
답이 보인다!

최수길(지메) 지음

mystery   auction

추리 경매

한국경제신문 *i*

추리경매를 시작하며

직장인으로서 겨우 시간을 내서 처음 입찰했던 날이 아직도 생생하다. 너무 욕심을 부렸을까 허탈하게 돌아서야 했지만, 경매 법정의 열기는 나에게 또 다른 세상을 느끼게 해줬다. 세상에 쉬운 일은 없다는 것을 다시 한 번 뼈저리게 느낀 날이었다.

요즘 경매 법정에 가서 낙찰받는 모습을 지켜보면, 진짜 불경기가 맞나 하는 생각이 들기도 한다. 경기가 어렵다, 어렵다고 하는데, 요즘 시기에 맞는 경매 투자는 무엇일까 고민도 한다. 조건만 된다면 돈이 될 만한 물건은 전부 다 도전해보고 싶지만, 낙찰받기가 너무 어려우니 낙찰될 확률이 높고, 수익이 많이 생길 물건에 대한 '선택과 집중'이 필요하다. 그러나 역시 이런 물건을 찾고 낙찰받는 것은 쉬운 일이 아니다. 자금은 물론이고 지역, 교통, 성격 등과 운까지 따라줘야 가능하다. 그렇게 힘들게 가치가 있는 물건을 찾기만 해서 되는 일도 아니다.

자본금을 지키는 것이 더 중요하다

보통 경매를 하는 이유는 투자해서 수익을 올리는 데 있을 것이다. 어려운 상황을 뚫고 낙찰을 받았는데, 문제가 있는 물건이라면 하늘이 무너져 내리는 기분이 들 것이다. 그러니 문제가 될 만한 소지가 있는지, 반드시 입찰 전에 미리 파악해야 한다. 투자해서 수익을 올리는 것도 중요하지만, 현재 보유한 자본금을 지키는 일이 더욱 중요하기 때문이다. 경매하다 보면 간발의 차이로 최고가매수신고인에게 인수사항이 생기거나 명도가 어려워지는 경우가 발생하기도 한다. 이런 함정에 빠지지 않고, 자료를 바탕으로 추리할 수 있다면 자본금을 지키면서 즐거운 경매 투자를 할 수 있는 기반이 될 것이다.

경매는 함정 찾기와 스토리 구성이 중요하다

필자는 다양한 경매 경험을 통해 물건을 분석하다 보니 경매에는 많은 함정이 숨어있으며, 물건마다 스토리가 있다는 사실을 알게 됐다. 특히 이미 끝난 게 아니라 진행 중인 물건에 숨어있는 함정과 스토리를 만들어 구성하는 것을 좋아하는데, 독자 여러분도 결과를 보고 거꾸로 유추하기보다는 진행 중인 경매 물건의 자료를 통해 함정을 찾고, 스토리를 만들다 보면 어느덧 경매에 빠질 것이다.

꾸준한 분석을 통해 필자가 운영하는 인터넷 카페(지메의 직장인 경매)에 올려놓은 물건도 800여 개에 달하며, 그중 핵심이 될만한 내용을 골라 이 책에 담았다. 주된 내용은 경매할 때 빠지기 쉬운 함정을 파악하는 방법, 자료를 바탕으로 정보를 취합하고, 추리해나가는 과정 등이다. 어떤 방식으로 물건을 추리해 풀어나가는지 읽어보고 각자에게 맞는 물건분석법을 찾길 바란다.

경매를 취미처럼 하자

경매하다 보면 욕심도 생기고, 조급해지기 마련이다. 하지만 그런
자세로는 좋은 결과를 얻기 힘들다. "달을 보라고 가리켰더니 손가락을
본다"는 말처럼 물건을 볼 때 보고 싶은 것만 보게 되고, 함정에 빠지게
된다. 그러다 보면 높은 가격으로 낙찰받고, 협상할 때도 불리하게 작
용한다.

필자는 경매를 좋아하는 취미를 즐기듯이 평생의 동반자로 생각하
는 게 좋지 않을까 한다. 독자 여러분도 조급해하지 말고, 최대한 편안
하게 즐겨보는 것을 어떨까.

이 책을 통해 경매에 대한 두려움과 조급함, 고민을 떨쳐버리고, 필
자와 함께 드라마를 보듯 즐겁게 경매의 세계에 빠지길 희망한다.

명탐정을 위한
추리 경매 용어 *Tip!*
m y s t e r y   a u c t i o n

추리 경매	현재 진행 중인 경매 물건의 각종 서류와 정황을 전제로 숨겨진 정보를 찾아보고 결과를 예측하는 것을 추리 경매라고 한다. 탐정은 이 같은 과정을 통해 함정에 빠지지 않고 자산을 보호하면서 재미있게 경매하는 것을 목표로 한다.
신건 경매	처음 경매에 부쳐진 물건을 말한다.
입찰보증금	경쟁 입찰 참가자에 대해 성실한 의무이행 확보수단으로 적립하는 계약금이며, 보통 현금이나 유가증권, 지급보증서를 말한다. 낙찰 후 계약 체결을 거절하거나 잔금을 미납하면 몰수된다.
매각허가결정	부동산의 경매 절차에서 법원이 최고가매수신고인에 대해 경매 부동산의 소유권을 취득시키는 집행처분을 말한다.
매각물건명세서	경매 법원이 입찰 예정자들에게 제공할 목적으로 매각대상인 물건의 현황과 권리관계 및 감정평가액 등을 일목요연하게 정리·작성한 공식문서다. 여기에는 최선순위(저당권 또는 가압류 등)설정일자, 점유 및 임대차관련 사항, 배당요구 여부, 매각허가로 소멸되지 않고 인수되는 권리 및 법정지상권 등이 표기된다.
감정평가서	감정평가사가 자신의 감정평가 결과를 의뢰인에게 알리기 위해 대상 물건의 내용, 감정평가 목적 및 조건, 가격시점, 감정가의 산출근거 및 그 결정에 관한 의견 등을 표시해 작성하는 문건을 말한다.
현황조사서	매각물건명세서와 함께 입찰 예정자가 응찰에 앞서 반드시 열람해봐야 할 법원의 또 다른 경매 기록 중 하나로, 법원소속 집행관이 직접 현장을 방문해 조사한 내용을 기재하고 있다. 임대차관계, 점유관계, 부동산현황 등 세 가지 내용이 표기돼 있다.
대항력	이미 유효하게 성립한 권리관계를 제삼자가 부인하는 경우에 그 부인을 물리칠 수 있는 법률상 권능이다.

전입신고	하나의 세대에 속하는 자의 전원 또는 그 일부가 거주지를 이동할 때, 신고의무자가 새로운 거주지에 전입한 날부터 14일 이내에 주소지 변경 및 등록을 위한 전입사실을 새로운 거주지 관할기관(주민센터 등)에게 신고하는 일이다.
전입세대 열람	현재 거주하고 있는 주택에 전입이 신고된 현황을 말한다.
확정일자	법원 또는 주민센터 등에서 주택임대차계약을 체결한 날짜를 확인해주기 위해 임대차계약서 여백에 날짜가 찍힌 도장을 찍어주는데, 그 날짜를 의미한다.
인도명령	법원 경매를 통해 부동산을 낙찰받은 사람이 낙찰대금을 완납한 후 정당한 권리가 없는 점유자(대항력 없는 점유자)가 해당 부동산의 인도를 거부할 경우, 부동산을 인도받기 위해 법원에서 받아내는 집행권을 말한다.
명도확인서	임차인이 배당금을 수령하기 위해서 매수인에게 임차부동산을 명도했다는 사실을 입증하기 위한 서류다.
채무자	빚을 갚아야 할 의무가 있는 사람을 말한다.
채권자	빚을 청구할 수 있는 권리를 가진 사람을 말한다. 채무자가 약속한 기한 내에 빚을 갚지 않으면 담보로 잡은 집을 경매로 처분해 빌려준 돈을 회수하고 나머지를 채무자에게 돌려준다.
등기부등본	크게 표제부·갑구·을구 세 부분으로 나뉘어 있다. 표제부에는 해당 부동산(토지 또는 건물)의 표시와 변경 사항, 갑구에는 소유권 관련 사항, 을구에는 소유권 이외의 권리에 대한 사항을 기재한다.
전세권 설정	임대인과 임차인이 임대차계약에서 당사자 간 합의에 따라 전세권을 설정하기로 계약을 체결하는 것을 말한다. 반드시 등기해야 효력이 발생한다.

임차권등기	임대계약이 종료됐으나 임대인으로부터 임차보증금을 반환받지 못한 상태에서 임차인이 이사 가야 할 경우, 대항력을 유지하기 위해 등기하는 것을 말한다.
근저당권	특정 채권자와 채무자 사이의 일정한 거래관계에서 발생하는 불특정 채권을 장래의 결산기에 일정한 한도액(채권최고액)까지 담보하기 위한 저당권을 말한다.
채권최고액	근저당권으로 담보되는 채권은 현재 또는 장래에 발생할 채권으로 일정한 금액을 한도로 설정되며, 이를 채권최고액이라고 한다.
가압류	금전채권이나 금전으로 환산할 수 있는 채권에 대해 동산 또는 부동산에 대한 강제집행을 보전하기 위해 하는 법원의 처분을 말한다.
압류	국세징수법상의 압류는 체납처분의 1단계로, 체납자의 특정 재산의 처분을 제한하는 강제처분을 말한다. 납세자가 독촉을 받은 경우, 독촉받은 조세를 지정된 날까지 완납하지 않을 때 압류한다.
배당	경매로 낙찰된 부동산을 일정 기준(비율)에 따라 분배하는 일을 말한다.
최우선변제	임차인이 경매신청등기 전에 주택 인도와 전입신고를 마치면 보증금 중 일정액을 다른 담보물권자보다 우선 변제받는 것을 말한다.
우선변제권	다른 채권자보다 먼저 배당을 받을 수 있는 권리(변제받을 수 있는 권리)를 말한다.
임의경매	담보로 받은 부동산에 설정한 저당권, 근저당권, 전세권, 담보가등기 등의 담보권을 실행해 자신의 채권을 회수하는 법적 절차를 말한다.

명탐정을 위한 추리 경매 용어 Tip!

강제 경매	채권자가 채권을 증명하는 판결문과 같은 서류를 법원에 제출해서 부동산을 처분해달라 요청해 진행되는 경매다.
집합건물	한 동의 건물 중 구조상 구분된 수 개의 부분이 독립한 건물로 사용될 수 있는 건물을 말한다. 예로는 아파트가 있다.
다세대주택	한 건물 내에 여러 가구가 살 수 있도록 건축된 4층 이하의 영구건물로, 건물의 전체 면적이 $660m^2$ 이하이면서 건축 당시 다세대주택으로 허가받은 주택을 말한다.
다가구주택	단독주택의 일종으로, 소유권은 한 사람만이 가질 수 있으나 건물 내에 여러 가구가 살 수 있도록 건축된 건물이며, 전체 면적이 $660m^2$ 이하인 주택을 말한다.
토지별도등기	토지에 건물과 다른 등기가 있다는 뜻으로, 토지가 대지권으로 정리되기 전에 토지에 대해 저당권 등이 설정된 상태에서 대지권등기가 되면 집합건물 등기부등본 표제부의 대지권 표시란에 토지별도등기가 있으므로 공시하는 등기를 말한다.
대지권미등기	집합건물이 완공되고 구분건물에 대한 등기부등본이 작성됐으나 어떤 문제로 인해 등기부등본에 기재되지 않은 상태를 말한다.
대지권 없음	대지권미등기와 비슷한 것 같지만 다른 물건이다. 말 그대로 대지권이 아예 없는 경우를 말한다.
공유자우선매수	공유자는 매각기일까지 보증을 제공하고, 최고매수신고가와 같은 금액으로 채무자의 지분을 우선매수하겠다는 신고를 할 수 있다.
유치권	타인의 물건이나 유가증권을 점유한 자가 그 물건이나 유가증권에 관해 생긴 채권이 변제기에 있는 경우에 채권을 변제받을 때까지 그 물건이나 유가증권을 유치할 수 있는 권리를 말한다.

NPL	금융기관의 대출금 중 여러 가지 이유로 사실상 회수가 어렵게 된 돈이다.
대위변제	채무자가 돈을 갚지 못할 경우, 채무자의 채무를 대신 갚아주는 것을 말한다.
농지취득자격증명원	줄여서 농취증이라고도 하며, 농지매수인의 농민 여부, 자경 여부 및 농지 소유상한 이내 여부 등 농지 소유자격과 소유상한을 확인하고 심사하는 제도다.
맹지	지적도상에서 도로와 조금이라도 접하지 않은 토지를 말한다.
지분	공유물에 대한 각 공유자의 권리, 즉 소유한 비율을 말한다.

CONTENTS

단서 **6** 놓쳐서는 안 되는 감정가의 진실

단서 **7** 사연 많은 경매 사건

단서 **8** 딱한 세입자로 남지 말자

단서 **9** 보통권리는 가라! 특수권리가 있다

단서 **10** 경매, 그 특수성에 얽힌 뒷이야기

1

경매,
시작은 미약하게
mystery auction

경매를 시작하기 전에 일반적인 고정관념을 조금 깨트릴 필요가 있다. '신용조회를 하면 신용등급이 하락한다'거나 '대출은 담보만 있으면 받을 수 있다'라고 생각하는 것은 좋은 투자의 걸림돌이 되는 고정관념이다. 이런 고정관념이나 어려운 용어보다는 경매 입찰 시 큰 실수를 줄일 수 있는 팁, 물건의 평수를 쉽게 파악하는 능력 키우기 등의 소소한 정보를 통해 경매에 접근해야 한다. 그래야 앞으로 경매 투자할 때 실수를 줄이고, 자산을 보호하면서 좋은 투자를 할 수 있을 것이다. 이렇게 쉬운 접근으로 가볍게 경매를 시작해보자.

01 신용등급 조회와 대출의 중요성

"경매는 대출"이란 말이 있다. 대출할 때 신용등급의 중요성은 아무리 강조해도 지나치지 않는다. 대출과 직접적으로 연관되는 것이기 때문이다. 신용등급으로 대출 여부가 결정되고 이율도 달라진다. 은행에서 가장 먼저 확인하는 것은 대출하려는 사람의 신용등급인데, 평가기관마다 등급을 정하는 기준이 다르다. 신용평가를 자체적으로 하는 은행도 있지만, 대부분의 은행들은 자주 이용하는 신용평가기관이 있다. 그러므로 우리는 가장 일반적인 평가기관을 선택해 미리 신용을 관리하는 것이 좋다.

사람들이 많이 오해하는 부분이 신용조회를 많이 하면 신용등급에 부정적인 영향을 미친다는 것이다. 이 말에는 하나의 전제조건이 있다. 신용조회를 할 때는 기록이 남는데, 본인이 본인의 신용등급을 조회하는 것은 수백 번 조회해도 문제되지 않는다. 그러므로 마음껏 조회해서 자신이 무슨 행동을 할 때 신용등급에 영향이 미치는지 미리 확인해보는 것이 좋다. 필자도 신용등급이 확 떨어졌던 적이 있었는데, 소액이 급히 필요해서 현금서비스를 받았을 때였다. 그때 등급조회를 통해 현금서비스가 신용 점수에 큰 영향을 미치는 것을 보았다. 그래서 그 이후로는 절대로 현금서비스를 이용하지 않는다.

신용등급을 조회하면 신용등급뿐만 아니라 현재 본인의 대출 상태도 확인해볼 수 있다. 경매할 때 낙찰자가 대출이 안 돼서 미납하는 경우를 종종 볼 수가 있는데, 신용등급이 낮아서 대출이 안 되는 경우도 있지만 본인 명의 대출이 있는지 모르는 사람도 있다. 그러므로 신용조회를 통해서 만일의 사태에 대비하는 것이 경매를 시작하는 좋은 자세일 것이다.

02 아버지의 대리입찰과 Tip

필자는 직장인이기 때문에 입찰을 위해서 따로 시간을 내기가 쉽지

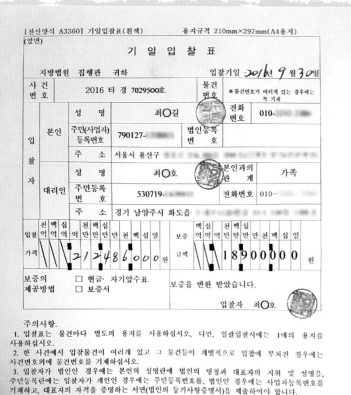

기 일 입 찰 표

지방법원 집행관 귀하   입찰기일 2016년 9월 30일

사 건 번 호	2016 타 경 7029500호	물건 번호	※물건번호가 여러개 있는 경우에는 꼭 기재

입 찰 자	본인	성 명	최○길		전화 번호	010-■■■■
		주민(사업자) 등록번호	790127-■■■■■■	법인등록 번 호		
		주 소	서울시 용산구 ■■■■■■■■			
	대리인	성 명	최○호		본인과의 관 계	가족
		주민등록 번 호	530719-■■■■■■	전화번호		010-■■■■
		주 소	경기 남양주시 화도읍 ■■■■■■			

입찰 가격	천억	백억	십억	억	천만	백만	십만	만	천	백	십	일		보증 금액	백억	십억	억	천만	백만	십만	만	천	백	십	일	
			2	1	2	4	8	6	0	0	0	0	원				1	8	9	0	0	0	0	0	원

보증의 제공방법	□ 현금·자기앞수표 □ 보증서	보증을 반환 받았습니다. 입찰자 최○호

주의사항.
1. 입찰표는 물건마다 별도의 용지를 사용하십시오. 다만, 일괄입찰시에는 1매의 용지를 사용하십시오.
2. 한 사건에서 입찰물건이 여러개 있고 그 물건들이 개별적으로 입찰에 부쳐진 경우에는 사건번호외에 물건번호를 기재하십시오.
3. 입찰자가 법인인 경우에는 본인의 성명란에 법인의 명칭과 대표자의 지위 및 성명을, 주민등록란에는 입찰자가 개인인 경우에는 주민등록번호를, 법인인 경우에는 사업자등록번호를 기재하고, 대표자의 자격을 증명하는 서면(법인의 등기사항증명서)을 제출하여야 합니다.
4. 주소는 주민등록상의 주소를, 법인은 등기기록상의 본점소재지를 기재하시고, 신분확인상 필요하오니 주민등록증을 꼭 지참하십시오.
5. 입찰가격은 수정할 수 없으므로, 수정을 요하는 때에는 새 용지를 사용하십시오.
6. 대리인이 입찰하는 때에는 입찰자란에 본인과 대리인의 인적사항 및 본인과의 관계 등을 모두 기재하는 외에 본인의 위임장(입찰표 뒷면을 사용)과 인감증명을 제출하십시오.
7. 위임장, 인감증명 및 자격증명서는 이 입찰표에 첨부하십시오.
8. 일단 제출된 입찰표는 취소, 변경이나 교환이 불가능합니다.
9. 공동으로 입찰하는 경우에는 공동입찰신고서를 입찰표와 함께 제출하되, 입찰표의 본인란에는"별첨 공동입찰자목록 기재와 같음"이라고 기재한 다음, 입찰표와 공동입찰신고서 사이에는 공동입찰자 전원이 간인 하십시오.
10.입찰자 본인 또는 대리인 누구나 보증을 반환 받을 수 있습니다.
11.보증의 제공방법(현금·자기앞수표 또는 보증서)중 하나를 선택하여 ☑표를 기재하십시오.

아버지가 대리입찰한 기일입찰표

않다. 그래서 가끔씩은 아버지께서 대리입찰을 해주신다. 그때 실수하지 않도록 입찰가를 기록하는 기일입찰표(입찰자 정보와 입찰가, 보증금 등 중요한 정보들을 기록하는 서류)에서 가격란만 빈 상태로 프린트해서 보내드린다. 그리고 입찰 당일에 입찰가를 결정해서 알려드리면서 항상 "0 한 개 더 쓰면 입찰보증금을 전부 몰수당하니까 아주 조심해서 작성해야 한다"고 몇 번이고 강조하곤 했다.

그러던 어느 날, 여느 때와 마찬가지 아버지가 입찰을 가셨을 때의 일이다. 아버지께서 기일입찰표를 작성하시고 사진을 보내주셨다. 확인했더니 입찰가격란의 천억 원부터 보증금액란의 억 원까지 선이 그어져 있었다. 처음 본 내용이었는데 그냥 웃을 수밖에 없었다. 필자는 생각지도 못한 방법으로 혹여라도 0을 더 쓰지 않도록 예방하신 것이다. 그동안 수많은 입찰을 하면서 왜 아버지와 같이 생각하지 못했는지 고정관념이 참 무섭다는 생각이 든다.

추가로 많은 투자자에게 관련 정보를 확인하니 선을 긋는 것보다 ×자로 표시하는 게 확실하다고 한다. 앞으로 경매를 시작하거나, 경매를 하고 계신 분들도 다음 입찰 때 사용해도 괜찮은 방법인 것 같다.

03 빠르게 평수 파악하기

부동산의 면적을 측정하는 표준 단위는 제곱미터(m^2)다.

2007년 7월부터 면적 단위를 평 대신 제곱미터 사용을 의무화하고 홍보하고 있다. 그렇지만 아직도 일반인 사이에서는 평이란 단위가 훨씬 더 많이 쓰인다. 게다가 경매를 위해 답사를 갈 때도 평을 사용하는 곳이 많으므로 평에도 익숙해져야 한다.

부동산에서 면적을 지칭하는 단어는 여러 종류가 있다. 분양면적, 계약면적, 전용면적, 공급면적, 주거공용면적, 기타공용면적 등이다.

여기서 가장 중요한 건 전용면적이다. 전용면적 10평인 상가보다 11평인 상가가 당연히 비싸다. 그런데 답사를 다니다 보면 임차인들이 알고 있는 평수가 전용면적이 아닌 경우가 많다. 아파트를 예로 들어보자. 우리가 흔히 알고 있는 34평형 아파트는 분양면적으로 전용면적이 아니다. 전용면적은 25.7평(약 85㎡)이다.

이처럼 분양면적과 전용면적은 많은 차이를 보인다. 상가의 경우 2개 이상으로 분리해서 영업을 하는 곳도 종종 볼 수 있다. 다세대주택은 불법으로 호수를 나눠 월세를 받기도 한다. 그러니 우리는 임차인이 말해주는 평수에 현혹되지 않고, 눈으로 직접 보면서 빠른 시간 안에 몇 평인지 파악해야 한다.

전용면적을 알면 부동산의 가치와 임료를 계산해볼 수 있다. 1평은 약 3.3㎡다. 3.3㎡은 ×와 ×를 곱해서 계산해서 나온 결과값이 3.3이라는 뜻이므로 3.3에 루트를 씌우면 값을 얻을 수 있다.

공식이 나왔다고 어려워하지 않아도 된다. 여기서 ×는 약 1.8182m다. 그러므로 한 변의 길이가 약 1.82m인 정사각형이 된다. 필자가 가로, 세로로 누웠을 때 비슷한 면적이 나온다. 이렇게 스스로 몇 번 누울 수 있는지 눈대중으로 보면 전용면적이 얼마나 되는지 알 수 있다.

평수는 곧 돈이다. 답사를 다닐 때 놓치지 말고 평수를 파악하는 연습을 해보자.

2

어떤
물건이 있는가
mystery auction

경매에는 수많은 물건이 있다. 그러니 다양한 물건을 제각각 바라보는 시선을 달리해야 하고, 접근하는 방법 역시 달리해야 한다. 투자하는 방법에는 경매의 특징으로만 접근하는 확률에 의한 투자법이나 입찰자가 적은 물건을 찾아보는 투자법이 있다. 또 최근 낙찰사례를 통해 다른 투자자의 투자법을 보고 따라할 수도 있다.

좋은 투자를 하려면 지도의 특성을 이용해 문제점을 파악할 줄 알아야 하며, 서류만으로 좋은 다세대주택을 구별할 수도 있어야 한다. 이번에 소개하는 내용을 통해 시각을 넓히고 투자하는 방식을 다각화해서 나만의 좋은 투자 방식을 찾아보자.

01 경매는 확률게임이다

경매는 확률게임이다. 여러 사람이 입찰해서 가장 높은 가격을 쓴 사람이 낙찰받는 시스템이다. 몇 명이 입찰했는지나, 다른 입찰자가 쓴 가격은 절대 알 수 없다.

세상에는 아주 많은 확률이 존재한다. 가위바위보를 열 번을 해서 전부 이길 확률은 희박하다. 그토록 원하는 로또에 당첨될 확률은 극히 희박하다. 그럼에도 불구하고 매회 로또 당첨자가 나오는 것을 보면 놀랍다.

경매에서도 매년 수만 건이 경매로 나오는데, 열 명 이상 입찰이 들어오는 물건도 무척 많다. 그런데 경매도 결국 사람이 입찰하는 것이다 보니 수많은 확률이 존재한다. 열 명 이상이 입찰에 참여했어야 하는 물건인데도 입찰자가 없어서 유찰되는 물건도 있다. 도대체 무슨 이유 때문에 입찰자가 없는지는 아무도 모른다. 그날 폭우로 인해 길이 통제 돼서 아무도 법원에 못 왔을 수도 있고, 입찰하려고 했던 열 명 모두 개인사정으로 나타나지 않았을 수도 있다. 경매에 참여했으나 물건을 받지 못한 후에 '열 명 중에 한 명이 나였으면 좋았을 걸'이란 생각을 해봐도 이미 늦었다. 지나간 버스는 다시 돌아오지 않는다. 어떻게 보면 바로 이런 점이 경매의 묘미라고 할 수 있을 것이다.

예를 통해 살펴보자.

천안5계 2015-144○○ 반서울 아파트					
소 재 지	충남 천안시 동남구 (31065) 충남 천안시 동남구				
경매구분	임의경매	채 권 자	○○회사(변경전 ○○은행㈜)		
용 도	아파트	채무/소유자	전○영	매 각 일 시	16.06.13 (10:00) [19 일전]
감 정 가	277,000,000 (15.11.01)	청 구 액	119,430,380	다 음 예 정	미정
최 저 가	135,730,000 (49%)	토 지 면 적	54.79 ㎡ (16.57평)	경매개시일	15.10.16
입찰보증금	10% (13,573,000)	건 물 면 적	99.8 ㎡ (30.19평) [39평형]	배당종기일	15.12.28

– 천안지원 2015-144○○ [1] 매각물건명세서 –

충남 천안시 동남구 [   ]

사건	2015타경144○○		매각물건번호	1		담임법관(사법보좌관)	
작성일자	2016.03.17		최선순위 설정일자	2014.05.16. (근저당권)			
부동산 및 감정평가액 최저매각가격의 표시	부동산표시목록 참조		배당요구종기	2015.12.28			

점유자의 성명	점유부분	정보출처 구분	점유의 권원	임대차 기간 (점유기간)	보증금	차임	전입신고일 자.사업자등 록신청일자	확정일자	배당요구 여부 (배당요구 일자)
양○호		현황조 사	주거 임차인				2015.09.24		

<비고>

물건의 매각물건명세서를 보면 전입신고일자가 최선순위 설정일자
인 근저당보다 늦다. 그러므로 양 씨는 대항력이 없고 인도명령 대상자
이므로 인수할 권리도 없다.

순위번호	등 기 목 적	접 수	등 기 원 인	권 리 자 및 기 타 사 항
3	소유권이전	2009년9월29일 제84○○호	2009년9월29일 신탁	수탁자 ○○○○○○주식회사 110111-[ ] 서울특별시 강남/ [ ]
				신탁 신탁원부 제2124호
3-1	3번등기명의인표시경정	2014년5월16일 제48○○호	신청착오	한국자산신탁주식회사의 주소 서울특별시 강남구 [ ]
4	소유권이전	2014년5월16일 제48○○호	2014년5월16일 신탁재산의귀속	소유자 주식회사○○○○○ 110111-[ ] 충청남도 천안시 [ ]
				3번 신탁등기말소 원인 신탁재산의 귀속
5	소유권이전	2014년5월16일 제48○○호	2014년4월11일 매매	소유자 권○영 850114-******* 서울특별시 성북구 [ ] 거래가액 금249,080,420원
6	가압류	2015년10월7일 제116○○호	2015년10월7일 서울북부지방법원의 가압류결정(2015카단223 ○○)	청구금액 금200,000,000 원 채권자 양○은 880504-******* 서울 강북구 [ ]
7	임의경매개시결정	2015년10월16일 제119○○호	2015년10월16일 대전지방법원 천안지원의 임의경매개시결정(2015 타경14○○)	채권자 ○○은행주식회사 (분할권잠소:[ ]) 110111-[ ] 서울 중구 [ ]

순위번호	등 기 목 적	접 수	등 기 원 인	권리자 및 기타사항
	【 을 구 】	(소유권 이외의 권리에 관한 사항)		
1	근저당권설정	2014년5월16일 제4820○호	2014년5월16일 설정계약	채권최고액 금144,000,000원 채무자 전○영 서울특별시 성북구 ... 근저당권자 ○○은행주식회사 110111- ... 서울특별시 중구 ...

등기부등본을 보면 근저당과 가압류가 각각 1개씩 있는 게 전부다. 경매가 종료가 되면 사라질 항목들이므로 신경 쓸 필요는 없다. 즉 권리상 문제될 만한 사항은 없는 물건이다.

그리고 소유권이전 시에는 거래가가 나오는데, 현 소유자는 2014년에 매매로 샀고 그 금액은 2억 4,908만 420원이다. 금액을 봤을 때는 분양받은 것으로 보인다. 관리비는 현재까지 약 82만 원 정도 밀렸다. 보존등기가 2009년이므로 아직은 수리비를 걱정할 단계는 아니다. 아무리 봐도 특별한 문제점은 보이지 않는다. 그러면 시세를 파악해보자.

전 체 84.97㎡	99.8㎡	129.91㎡									
2014.01		2014.02		2014.03		2014.04		2014.05		2014.06	
계약일	거래금액(층)	계약일	거래금액(층)	계약일	거래금액(층)	계약일	거래금액(층)	계약일	거래금액(층)	계약일	거래금액(층)
				1~10	25,700 (14)	11~20	24,908 (19)	1~10	25,360 (18)		
				11~20	25,700 (7)						
2014.07		2014.08		2014.09		2014.10		2014.11		2014.12	
계약일	거래금액(층)	계약일	거래금액(층)	계약일	거래금액(층)	계약일	거래금액(층)	계약일	거래금액(층)	계약일	거래금액(층)
11~20	23,224 (2)			21~30	24,173 (5)					21~31	22,000 (10)
											22,829 (11)

전 세 84.97㎡	99.8㎡	129.91㎡									
2015.01		2015.02		2015.03		2015.04		2015.05		2015.06	
계약일	거래금액(층)	계약일	거래금액(층)	계약일	거래금액(층)	계약일	거래금액(층)	계약일	거래금액(층)	계약일	거래금액(층)
11~20	25,039 (2)							11~20	24,173 (13)	21~30	23,224 (1)
	22,829 (10)										
2015.07		2015.08		2015.09		2015.10		2015.11		2015.12	
계약일	거래금액(층)	계약일	거래금액(층)	계약일	거래금액(층)	계약일	거래금액(층)	계약일	거래금액(층)	계약일	거래금액(층)
		11~20	24,173 (5)	1~10	24,173 (7)	1~10	24,173 (3)			1~10	25,000 (11)
							24,173 (4)				

국토교통부 실거래가

국토교통부의 시세에 따르면, 2014년에 2억 원 초반이었다가 이듬해 중반까지 올라갔다. 금액을 보니 분양받은 가격일 가능성이 높다.

그러므로 미분양된 물건들이 하나씩 분양이 되는 것으로 추측할 수 있다. 실거래로 신고된 금액이 최초로 분양된 금액인지, 할인분양인지는 이 자료를 보고는 파악할 수 없다.

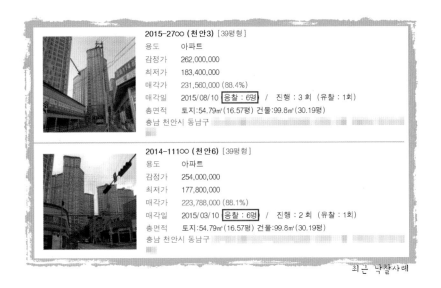

2015-27○○ (천안3) [39평형]
용도   아파트
감정가   262,000,000
최저가   183,400,000
매각가   231,560,000 (88.4%)
매각일   2015/08/10 응찰 : 6명 / 진행 : 3 회 (유찰 : 1회)
총면적   토지:54.79㎡(16.57평) 건물:99.8㎡(30.19평)
충남 천안시 동남구

2014-111○○ (천안6) [39평형]
용도   아파트
감정가   254,000,000
최저가   177,800,000
매각가   223,788,000 (88.1%)
매각일   2015/03/10 응찰 : 6명 / 진행 : 2 회 (유찰 : 1회)
총면적   토지:54.79㎡(16.57평) 건물:99.8㎡(30.19평)
충남 천안시 동남구

최근 낙찰사례

최근 낙찰사례를 보면 동일 평수 2건의 경매가 진행됐다. 2건 다 여섯 명이 입찰을 했고 각각 2억 3,156만 원과 2억 2,378만 원에 낙찰됐다. 현재 경매로 나온 물건도 20층 중에 19층이므로 비슷한 상황인 것이다. 일반적이라면 2억 2,000만 원에서 2억 3,000만 원 정도 금액으로 여섯 명 정도가 들어와서 낙찰됐어야 하는 물건이다.

그런데 이전 기일인 최저가 1억 9,390만 원일 때 한 명도 입찰하지 않아서 1억 3,573만 원으로 유찰됐다. 통계적으로 보면 여섯 명은 입찰을 했어야 하는데 한 명도 하지 않은 것이다. 물론 서류에 나오지 않은 다른 문제점이 있을 수도 있다. 그러므로 꼭 현장을 가서 확인해보는 것이 필요하지만, 일단 자료에서는 별다른 문제점이 보이지 않는다.

이렇게 한 번 더 유찰돼서 다음 기일에는 더욱 많은 사람이 입찰할 것이다. 그리고 아마도 이번 기일에는 이전 기일의 1억 9,390만 원을 넘길 것으로 예상된다. 이렇게 경매는 매번 확률이 다르다. 운이 좋아서 내가 그 주인공이 될 수도 있으니 부지런히 답사를 다니고 입찰하는 것이 낙찰될 확률을 높이는 방법이지 않을까.

①		277,000,000
	2016-01-25 변경	
①		277,000,000
	2016-04-04 유찰	
② 30%↓		193,900,000
	2016-05-09 유찰	
③ 30%↓		135,730,000
	2016-06-13 진행	

경매 진행 내역

02 비싼 아파트는 입찰자가 적다

경매에 나온 물건을 검색하는 방법은 여러 가지다. 가장 잘 아는 동네, 이사하고 싶은 집, 가격이 저렴한 아파트 등 각자의 취향으로 검색하는 방법이 많다.

각자의 기준대로 검색하고 응찰한다고 해도 아주 당연하게 놓치는 물건이 생기기 마련이다. 필자 역시 수천 개의 물건을 분석하고 응찰해도 놓치는 물건이 있다. 이번엔 그에 대해 이야기하고자 한다.

직장인이 경매로 투잡하는 성공 노하우 추리 경매

중앙9계 2013-27200		주상복합(아파트)			
소 재 지	서울 동작구 (07013) 서울 동작구				
경 매 구 분	임의경매	채 권 자	○○은행㈜(분할전:)		
용 도	주상복합(아파트)	채무/소유자	윤○란	매 각 일 시	14.05.20 (10:00) [12 일전]
감 정 가	**1,000,000,000** (13.08.17)	청 구 액	720,543,342	다 음 예 정	14.06.24 (512,000,000원)
최 저 가	640,000,000 (64%)	토 지 면 적	19.64 ㎡ (5.94평)	경 매 개 시 일	13.08.02
입찰보증금	10% (64,000,000)	건 물 면 적	120.17 ㎡ (36.35평) [49평형]	배 당 종 기 일	13.10.28

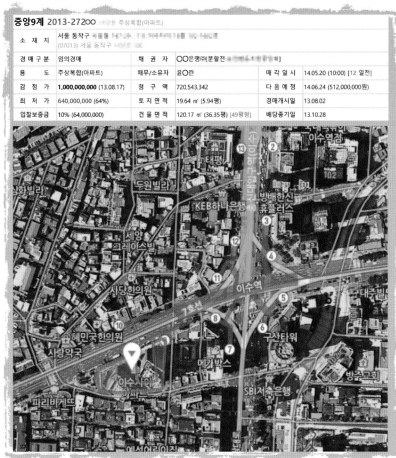

스카이뷰

　이 물건은 이수역의 초역세권에 위치한 주상복합 아파트다. 현재는 두 번 유찰돼서 최저가 6억 4,000만 원인 상태다. 49평형 아파트로 많은 사람이 선호하는 평수는 아니다. 길 건너편은 번화가이지만 이 건물의 상가는 장사가 잘 되는 편은 아니다. 그래도 지하 1층에는 대형 마트가 있고, 초역세권인 물건이다.

전세	113.65m²	120.17m²	120.81m²	149.63m²							
2012.01		2012.02		2012.03		2012.04		2012.05		2012.06	
계약일	거래금액(층)	계약일	거래금액(층)	계약일	거래금액(층)	계약일	거래금액(층)	계약일	거래금액(층)	계약일	거래금액(층)
				11~20	116,291 (24)	11~20	108,000 (23)				
2012.07		2012.08		2012.09		2012.10		2012.11		2012.12	
계약일	거래금액(층)	계약일	거래금액(층)	계약일	거래금액(층)	계약일	거래금액(층)	계약일	거래금액(층)	계약일	거래금액(층)
										11~20	116,291 (10)

전세	92.13m²	120.17m²	120.81m²	149.63m²							
2013.01		2013.02		2013.03		2013.04		2013.05		2013.06	
계약일	거래금액(층)	계약일	거래금액(층)	계약일	거래금액(층)	계약일	거래금액(층)	계약일	거래금액(층)	계약일	거래금액(층)
						21~30	113,989 (6)			1~10	96,514 (17)
										21~30	96,695 (5)
2013.07		2013.08		2013.09		2013.10		2013.11		2013.12	
계약일	거래금액(층)	계약일	거래금액(층)	계약일	거래금액(층)	계약일	거래금액(층)	계약일	거래금액(층)	계약일	거래금액(층)

국토교통부 실거래가

국토교통부 실거래가를 보면 2013년에는 2개를 제외하고 전부 11억 원이 넘었다. 전세가격도 5억 원이 넘는 고가의 아파트다. 그런데 현재 최저가는 6억 4,000만 원이다. 11억 원의 실거래가 시세가 맞다면 이전 기일의 최저가인 8억 원에 낙찰됐어야 하는데 유찰됐다.

2013-2950○ (중앙10) [49평형]
용도	주상복합(아파트)
감정가	1,220,000,000
최저가	780,800,000
매각가	861,000,000 (70.6%)
매각일	2014/02/26 (응찰 : 3명) / 진행 : 3회 (유찰 : 2회)
총면적	토지:19.74㎡ (5.97평) 건물:120.81㎡ (36.55평)

서울 동작구 ▨▨▨▨▨▨▨▨▨▨▨▨▨▨▨▨▨▨

2012-4110○ (중앙4)
용도	주상복합(아파트)
감정가	1,120,000,000
최저가	716,800,000
매각가	720,000,000 (64.3%)
매각일	2013/08/21 (응찰 : 1명) / 진행 : 3회 (유찰 : 2회)
총면적	토지:19.64㎡ (5.94평) 건물:120.17㎡ (36.35평)

서울 동작구 ▨▨▨▨▨▨▨▨▨▨▨▨▨▨▨▨▨▨

최근 낙찰사례

직장인이 경매로 투잡하는 성공 노하우 추리 경매

최근 낙찰사례를 보면 상당히 높은 가격에 낙찰된 것을 볼 수 있다. 얼핏 보기엔 이번 기일에 낙찰될 가능성이 무척 높지만, 자세히 보면 입찰 인원이 겨우 세 명과 한 명뿐인 것이 특이하다.

일반적으로 열 명 이상이 들어오는 물건에 한 명도 입찰하지 않을 가능성과 세 명이 들어왔던 물건에 한 명도 입찰하지 않을 가능성을 비교한다면 당연히 후자가 훨씬 높다. 그러므로 동일 조건이라면 높은 확률에 도전하는 것이 현명한 선택이다.

이 건은 등기부등본에 몇 가지 특이사항들이 있지만, 크게 문제되지 않는다.

【 갑 구 】 (소유권에 관한 사항)				
순위번호	등 기 목 적	접 수	등 기 원 인	권 리 자 및 기 타 사 항
1 (전 1)	소유권이전	1971년3월8일 제14400호	1971년3월2일 매매	소유자 안○린 서울 강동구
2 (전 6)	소유권이전청구권가등기	1990년1월16일 제1400호	1989년12월26일 매매예약	권리자 이○혁 431004-1****** 서울 강남구
3 (전 7)	소유권이전	1990년7월27일 제34500호	1989년12월26일 매매	소유자 이○혁 431004-1****** 광카도 하남시
				부동산등기법 제177조의 6 제1항의 규정에 의하여 1번 내지 3번 등기를 1999년 05월 27일 전산이기
3-1	3번등기명의인표시변경	1999년10월6일 제40300호	1999년1월13일 전거	이○혁의 주소 서울 서초구
4	소유권이전	2007년4월6일 제15300호	2007년3월23일 매매	소유자 주식회사○○에셋 110111- 서울 서초구 매매목록 제2007-562호.
5	소유권이전	2007년4월6일 제15300호	2007년4월3일 신탁	수탁자 주식회사○○부동산신탁 110111- 서울 강남구
				신탁 신탁원부 제715호.
5-1	금지사항등기	2011년1월19일 제1700호	2007년11월15일 사업계획승인	이 토지는 주택법에 따라 입주자를 모집한 토지 (주택조합의 경우에는 주택건설사업계획승인이 신청된

선순위로 매매예약가등기가 설정돼 있는데, 가등기에 기한 본등기를 실행하지 않고 일반 매매로 소유권을 이전했다. 일반 매매로 매매예

약가등기의 목적을 이뤘기 때문에 가등기의 효력은 없어졌다고 볼 수 있다. 이때 중간에 다른 등기가 있는 경우는 예외다.

순위번호	등 기 목 적	접 수	등 기 원 인	권 리 자 및 기 타 사 항
				23중 1027.32㎡ 24중 1027.32㎡ 2011년12월14일 등기

【 을 구 】			(소유권 이외의 권리에 관한 사항)	
순위번호	등 기 목 적	접 수	등 기 원 인	권 리 자 및 기 타 사 항
1	구분지상권설정	2011년2월14일 제4600호	2010년12월15일 설정계약	목 적 지하연결통로가설 범 위 편입면적 156㎡ 대하여 평균해수면 1.7미터부터 19.6미터사이 존속기간 구분지상권자가 필요하다고 인정할때까지 지 료 없음 지상권자 서울특별시도시철도공사 11171- 서울특별시 성동구 도면 제2011-23호

토지등기부등본

자료를 보면 구분지상권이 설정돼 있지만, 서울특별시도시철도공사에서 7호선을 위해 설정했기 때문에 문제가 될 만한 사항은 아니다.

순위번호	등 기 목 적	접 수	등 기 원 인	권 리 자 및 기 타 사 항
24-81	24번신탁등기변경			신탁변경으로인하여 2011년11월16일 부기 원인 신탁재산의처분(405호, 지분3989분의 5.62)
24-82	24번신탁등기변경			신탁변경으로인하여 2011년11월25일 부기 원인 신탁재산의처분(430호, 지분3989분의 24.45)
24-83	24번신탁등기변경			신탁변경으로 인하여 2011년12월13일 부기 원인 신탁재산의 처분(430호, 지분3989분의 19.64)
24-84	24번신탁등기변경	2012년3월23일 제6500호		원인 신탁재산의 처분(480호, 지분3989분의 12.25)

토지등기부등본

신탁등기도 설정됐지만 해당 호수는 이미 처분이 됐다고 표시됐으므로 토지별도등기에도 문제될 만한 사항은 없다.

직장인이 경매로 투잡하는 성공 노하우 추리 경매

경매를 하다보면 이 물건처럼 소수의 인원이 입찰하는 물건도 있다. 남들이 모두 하는 물건만 노리지 말고, 물건을 보는 시각을 확대해서 투자 수익을 올려보자.

03 눈에 보이는 대박 물건

경매하는 사람 대부분은 어려운 물건을 해야만 돈을 번다고 생각한다. 워낙 경쟁이 치열하다 보니 그런 생각이 들 수밖에 없다. 그런데 본인이 치열한 물건만 봤다고는 생각하지 못한다. 그래서 "경매는 끝났다"나 "권리가 깨끗한 물건은 돈이 안된다"고들 말한다.

그런데 필자의 생각은 좀 다르다. 다음 물건을 예로 들어 설명해보겠다.

전주5계 2016-39○○	아파트				
소 재 지	전북 전주시 덕진구 (54824) 전북 전주시 덕진구				
경 매 구 분	임의경매	채 권 자	㈜ ○○은행의 양수인 ○○회사		
용 도	아파트	채무/소유자	안○기	매 각 일 시	16.08.29 (10:00) [2 일전]
감 정 가	392,000,000 (16.03.30)	청 구 액	213,977,513	다 음 예 정	미정
최 저 가	274,400,000 (70%)	토 지 면 적	86.25 m² (26.09평)	경매개시일	16.03.22
입찰보증금	10% (27,440,000)	건 물 면 적	155.73 m² (47.11평) [56평형]	배당종기일	16.06.20

지방에 있는 56평 물건이며, 감정가가 3억 9,200원이나 된다. 대형 평형에 가격까지 높으니 당연히 입찰자가 적을 수밖에 없다.

전북 전주시 덕진구 [ ]

사건	2016타경39○○		매각물건번호	1	담임법관(사법보좌관)	
작성일자	2016.08.05		최선순위 설정일자	2011.12.28.근저당		
부동산 및 감정평가액 최저매각가격의 표시	부동산표시목록 참조		배당요구종기	2016.06.20		

점유자 의 성명	점유부분	정보출 처 구분	점유의 권원	임대차 기간 (점유기간)	보증금	차임	전입신고일자. 사업자등록신 청일자	확정일자	배당요구 여부 (배당요구 일자)
박○진	방1실	현황조 사	주거 임차인	2년	2천만원	0	2014.12.24	2014.12.24	
	입구에서 두번째방 (우측방)	권리신 고	주거 임차인	2014.12.24. 부터 2016.12.23. 까지	20,000,000		2014.12.24.	2014.12.24.	2016.03.31

<비고>

※ 최선순위 설정일자보다 대항요건을 먼저 갖춘 주택.상가건물 임차인의 임차보증금은 매수인에게 인수되는 경우가 발생할 수 있고, 대항력과 우선 변제권이 있는 주택.상가건물 임차인이 배당요구를 하였으나 보증금 전액에 관하여 배당을 받지 아니한 경우에는 배당받지 못한 잔액이 매수인에게 인수되게 됨을 주의하시기 바랍니다.

※ 등기된 부동산에 관한 권리 또는 가처분으로 매각허가에 의하여 그 효력이 소멸되지 아니하는 것

해당사항 없음

※ 매각허가에 의하여 설정된 것으로 보는 지상권의 개요

해당사항 없음

※ 비고란

매각물건명세서를 보면 대항력 없는 세입자만 있으므로 권리상으로 문제가 없다. 2008년 보존등기가 돼 있고, 12층 중 6층으로 로얄층이다. 게다가 기본적인 수리 정도만 필요할 것 같은 아주 평이한 아파트다.

전체	84.97㎡	121.95㎡	155.73㎡								
2015.01		2015.02		2015.03		2015.04		2015.05		2015.06	
계약일	거래금액(층)	계약일	거래금액(층)	계약일	거래금액(층)	계약일	거래금액(층)	계약일	거래금액(층)	계약일	거래금액(층)
						21~30	39,350 (8)				
2015.07		2015.08		2015.09		2015.10		2015.11		2015.12	
계약일	거래금액(층)	계약일	거래금액(층)	계약일	거래금액(층)	계약일	거래금액(층)	계약일	거래금액(층)	계약일	거래금액(층)
								21~30	38,000 (9)		

전체	84.97㎡	121.95㎡	155.73㎡								
2016.01		2016.02		2016.03		2016.04		2016.05		2016.06	
계약일	거래금액(층)	계약일	거래금액(층)	계약일	거래금액(층)	계약일	거래금액(층)	계약일	거래금액(층)	계약일	거래금액(층)
21~31	37,000 (3)			11~20	34,400 (2)						
2016.07		2016.08		2016.09		2016.10		2016.11		2016.12	
계약일	거래금액(층)	계약일	거래금액(층)	계약일	거래금액(층)	계약일	거래금액(층)	계약일	거래금액(층)	계약일	거래금액(층)
				1~10	37,000 (5)						

국토교통부 실거래가

국토교통부 자료에 따르면 2015년에 8층에 3억 9,000만 원, 9층에 3억 8,000만 원의 거래가 2건 있었다. 2016년에는 3층이 3억 7,000만 원, 2층이 3억 4,400만 원에 거래됐다. 그러므로 경매로 나온 물건의 시세는 3억 9,000만 원 전후로 추측된다. 당연히 부동산 중개업소에 가서 한 번 더 확인 절차를 거치는 것은 필수사항이다.

2014-15300 (전주1) [56평형]
용도	아파트
감정가	390,000,000
최저가	273,000,000
매각가	323,123,000 (82.9%)
매각일	2016/06/20 (응찰 : 3명) / 진행 : 3회 (유찰 : 1회)
총면적	토지:86.25㎡(26.09평) 건물:155.73㎡(47.11평)

전북 전주시 덕진구

최근 낙찰사례

이번엔 최근 낙찰사례를 보자. 2016년 6월 20일 매각기일에 같은 아파트 5층이 낙찰됐는데, 입찰자가 겨우 세 명이다. 그런데 낙찰가는 무려 3억 2,312만 원이다. 시세와 약 6,000만 원 차이로 낙찰된 것이다. 낙찰자가 얼마나 기분이 좋았을지 생각만 해도 짜릿하다.

필자가 말하고 싶은 것이 바로 이런 물건이다. 단순히 운이 좋아서 입찰자가 적을 수도 있고, 지금은 알 수 없는 다른 이유가 있을 수도 있다.

필자가 생각하는 경매 투자는 '실거주를 원하는 입찰자가 많은 물건보다 입찰자가 적은 물건 중에서 옥석을 가려내는 것'이다. 거래량이 적어서 매도가 걱정된다면 가격을 낮추면 된다. 시세를 다 받으려고 하면 당연히 매도가 어렵다. 이 물건처럼 시세보다 낮게 낙찰받으면 언제든지 가격을 낮출 수 있다. 조금씩 낮추다 보면 매도될 것이다. 뒷일을 너무 조급하게 생각하지 말자.

 04 지도의 특성을 활용하라 : 항공뷰가 주는 힌트 ▰▰▰▰▰

지도를 볼 때는 여러 가지 방식으로 살펴보는 것을 습관화해야 한다.

인천22계 2014-3700 아파트			
소 재 지	인천 서구 (22716) 인천 서구		
경 매 구 분	임의경매	채 권 자	한국주택금융공사업무수탁기관㈜ ○○은행
용 도	아파트	채무/소유자	권○용	매 각 일 시 16.05.04 (10:00) [11 일전]
감 정 가	126,000,000 (14.01.20)	청 구 액	97,695,292	다 음 예 정 16.06.09 (61,740,000원)
최 저 가	88,200,000 (70%)	토 지 면 적	30.1 ㎡ (9.11평)	경매개시일 14.01.15
입찰보증금	10% (8,820,000)	건 물 면 적	57.78 ㎡ (17.48평) [25평형]	배당종기일 14.04.14

이 물건은 소유자 이외에는 전입자도 없고, 등기부등본에는 근저당 하나만 있어서 권리상 특별한 문제가 없다.

경매 이력을 보면 2014년에 낙찰이 됐으나 매각불허가가 된 것을 파악할 수 있다.

좀 더 자세한 내용을 보기 위해서는 기일 내역을 보면 된다. 2014년 8월 25일에 매각허가결정이 됐다가 다음 달 22일에 취소됐다.

①   126,000,000
      2014-07-18 유찰
② 30%↓   88,200,000
      2014-08-18 매각

매수인	김○슬
응찰수	1명
매각가	102,870,000 (81.64%)

불허 2014-09-22
납기 2014-09-22

경매 진행 내역

물건번호	감정평가액	기일	기일종류	기일장소	최저매각가격	기일결과
1	126,000,000원	2014.07.18(10:00)	매각기일	219호 법정	126,000,000원	유찰
		2014.08.18(10:00)	매각기일	219호 법정	88,200,000원	매각
		2014.08.25(14:00)	매각결정기일	1114호 심문실		최고가매각허가결정
		2014.09.22(14:00)	매각결정기일	1114호 심문실		최고가매각허가취소결정
		2016.05.04(10:00)	매각기일	219호 법정	88,200,000원	
		2016.05.11(14:00)	매각결정기일	1116호 심문실		

2014.07.02	배당요구권자 ○○카드주식회사 매각및 매각결정기일통지서 발송	2014.07.03 송달간주
2014.07.02	채무자겸소유자 권○용 매각및 매각결정기일통지서 발송	2014.07.03 도달
2014.09.01	최고가매수인 대금지급기한통지서 발송	2014.09.02 도달
2014.09.23	최고가매수인 결정정본 발송	2014.09.29 폐문부재
2016.03.10	채권자 한국주택금융공사업무수탁기관주식회사 ▇▇▇▇ ○○은행 보정명령 등본 발송	2016.03.15 도달

송 달 내 역

이어 송달 내역을 보면 2014년 9월 1일에 이미 대금지급기한통지서가 발송됐다. 이것으로 추측건데, 정상적으로 매각허가가 결정됐고, 문제없이 대금지급기한이 잡혔다. 아마도 최고가매수신고인 김 씨는 대금을 납부하기 위해서 대출도 알아보고 있었을 것이다.

2014.07.14	교부권자 성남세무서 교부청구 제출
2014.09.04	채무자겸소유자 권○용 개인회생개시결정문 제출
2014.09.11	채무자겸소유자 권○용 집행정지신청 제출
2014.09.12	최고가매수인 매각결정취소신청 제출
2014.09.26	최고가매수인 입찰보증금환급신청서 제출

문 건 처 리 내 역

그런데 문건처리 내역을 보면 갑자기 2014년 9월 11일에 집행정지신청이 제출됐다. 아마도 이날 법원에서 낙찰자에게 전화해서 집행정지신청이 제출됐으므로 매각허가결정취소를 하고 싶으면 신청하라고 안내했을 것으로 추측된다.

경매를 취소하려면 경매신청권자인 채권자(은행)가 취소신청을 해야 하는데, 채무자 겸 소유자인 권 씨가 집행정지신청서를 제출한 것을 볼 때 아직 취소 확정은 아닐 것이다. 그러므로 이 상태에서는 낙찰자가 잔금납부를 해도 된다. 그런데 최고가매수신고인은 다음날 바로 매각결정취소신청서를 제출하고 항고기간이 끝나자마자 입찰보증금환급신청서를 제출했다. 시간이 지나서 채권자(은행)는 보정서를 제출했고, 다시 경매가 진행됐다.

그렇다면 최고가매수신고인은 왜 그렇게 급하게 매각허가결정취소신청서를 제출한 걸까.

2014-6690○ (인천 27) [25평형]	
용도	아파트
감정가	135,000,000
최저가	94,500,000
매각가	111,333,000 (82.5%)
매각일	2015/04/02 응찰 : 6명 / 진행 : 2회 (유찰 : 1회)
총면적	토지 : 30.1㎡ (9.11평) 건물 : 57.78㎡ (17.48평)
인천 서구	

2014-5060○ (인천 6) [25평형]	
용도	아파트
감정가	135,000,000
최저가	94,500,000
매각가	110,000,000 (81.5%)
매각일	2014/12/15 응찰 : 8명 / 진행 : 2회 (유찰 : 1회)
총면적	토지 : 30.1㎡ (9.11평) 건물 : 57.78㎡ (17.48평)
인천 서구	

최근 낙찰사례

최근 낙찰사례를 보면 물건지와 같은 4층을 여섯 명이나 입찰해서 1억 1,000만 원에 낙찰 받은 사례가 있다. 1992년에 보존등기된 물건이고, 4층이면서 동향인 점이 단점으로 보이는 물건이긴 하다. 그래서 한명만 입찰하지 않았을까 하는 추측도 해볼 수 있다.

그런데 기분이 조금 이상하다. 무언가를 놓치고 있을지 모른다는 생각이 뇌리를 스친다. 낙찰을 잘 받았다면, 저렇게 급하게 매각허가결정 취소신청서를 내지 않았을 것이기 때문이다. 그래서 자료를 더 찾아보기 시작했다.

그리고 포털에서 볼 수 있는 항공뷰를 보자마자 소리를 지를 수밖에 없었다. 해당 물건에서 겨우 40m 앞에 송전탑이 있을 줄은 상상도 하지 못했다. 답사를 갔었다고 하더라도 잘 보이지 않았을 위치였다.

이 물건을 계기로 항상 물건을 볼 때는 항공뷰를 빠트리지 않고 살펴보는 습관을 가지게 됐다.

항공뷰

　한 건물에 다수의 세대가 거주할 수 있도록 주거공간이 별도로 분리돼 있는 주택을 다세대주택이라 한다. 또 농경지나 녹지가 있어서 시골의 정취를 느낄 수 있게 교외에 지은 주택을 전원주택이라 한다. 최근에는 다세대주택과 전원주택의 장점을 합쳐서 전원주택의 느낌을 내는 다세대주택이 인기를 끌고 있다.

의정부11계 2015-2190○○ 화도읍 다세대					
소 재 지	경기 남양주시 화도읍 ▨▨▨▨▨▨▨▨▨▨▨▨▨▨▨▨▨▨▨				
	(12032) 경기 남양주시 화도읍 ▨▨▨▨▨▨▨▨				
경 매 구 분	임의경매	채 권 자	박○숙		
용　　도	다세대	채무/소유자	김○수/양○석	매 각 일 시	16.05.09 (10:00) [13 일전]
감 정 가	217,000,000 (15.07.07)	청 구 액	150,893,038	다 음 예 정	16.06.13
최 저 가	151,900,000 (70%)	토 지 면 적	132.14 ㎡ (39.97평)	경매개시일	15.06.22
입찰보증금	10% (15,190,000)	건 물 면 적	76.95 ㎡ (23.28평)	배당종기일	15.09.04

　이 물건의 용도는 다세대주택이다. 그런데 전원주택으로 건축돼서 그냥 다세대주택이라고 부르기는 조금 어색하다. 2층 건물이지만, 수직으로 나눠 1, 2층을 한 세대가 사용하는 구조다.

　일반적으로 다세대주택을 볼 때 눈여겨봐야 할 부분 중 하나가 내부구조다. 다세대주택이 많은 지역을 가보면 주택마다 내부구조가 천차만별이다. 잘 건축된 주택이 있는 반면, 햇빛조차 들지 않는 주택도 있다.

　그런데 이 물건을 로드뷰로 보면 여러 개의 동이 같이 건축되고 있다. 이런 경우 내부구조를 보지 않아도 좋을 것이다. 여러 동을 한꺼번에 건축하려면 '뜨내기' 건설사에게는 맡기지 못하기 때문이다.

로드뷰

이번엔 감정평가서를 보자. 이 물건과 비슷한 크기의 복층주택이 2억 2,000만 원에 거래됐다고 나온다. 같은 마을의 주택이다.

2. 거래사례의 선정

대상물건과 물적 유사성이 높고, 비교적 최근에 거래된 <사례 #1>을 선정함.

사례	소재지	건물명	층/호수	전유면적 (㎡)	대지권 (㎡)	거래금액 (천원)	자료 출처	거래시점
#1	○○리 247-○외	○○마을 508동	1층 2층	1층:42.65 2층:40.67	142.69	220,000	국토 교통부	2015.02.22

감정평가서

순위번호	등 기 목 적	접 수	등 기 원 인	권 리 자 및 기 타 사 항
2	소유권이전	2014년2월10일 제12000호	2014년2월6일 매매	소유자 양○석 560120-******* 경기도 하남시 ■■■■■■■■■ ■■ ■■ ■■■■■ ■■■■■ 거래가액 금215,000,000원
3	가처분	2014년3월6일 제23400호	2014년3월6일 수원지방법원 성남지원의 가처분결정(2014카단601 00)	피보전권리 사해행위취소로 인한 원상회복청구권 채권자 신용보증기금 114271-■■■■■■■ 서울 마포구 ■■■■ ■■■■■■■■■■■ (소관: 성남지점) 금지사항 매매, 증여, 전세권, 저당권, 임차권의 설정 기타일체의 처분행위 금지
4	임의경매개시결정	2015년6월22일 제82200호	2015년6월22일 의정부지방법원의 임의경매개시결정(2015 타경21900)	채권자 ○○○신용협동조합 114431-■■■■■■ 서울특별시 성북구 ■■■■ ■■■■■■■■■■

등기부등본의 갑구를 보면 현 소유자는 2014년에 매매했고, 거래 가액은 2억 1,500만 원이었다.

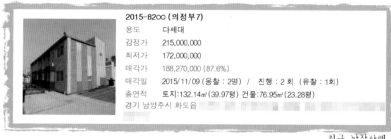

2015-8200 (의정부7)
용도 　　다세대
감정가 　215,000,000
최저가 　172,000,000
매각가 　188,270,000 (87.6%)
매각일 　2015/11/09 (응찰 : 2명) / 진행 : 2 회 (유찰 : 1회)
총면적 　토지 : 132.14㎡ (39.97평) 건물 : 76.95㎡ (23.28평)
경기 남양주시 화도읍

최근 낙찰사례

다음으로 최근 낙찰사례를 보자. 지금 보고 있는 물건의 경매개시일 약 6개월 전에 바로 옆집이 두 명 입찰로 1억 8,800만 원에 낙찰됐다. 그러므로 이 물건도 비슷한 가격에 낙찰이 될 가능성이 높다.

【 을 구 】 (소유권 이외의 권리에 관한 사항)				
순위번호	등 기 목 적	접 수	등 기 원 인	권 리 자 및 기 타 사 항
1	근저당권설정	2013년5월28일 제63300호	2013년5월28일 설정계약	채권최고액 금188,500,000원 채무자 김○수 서울특별시 성북구 근저당권자 신용협동조합 110431- 서울특별시 성북구
1-1	1번근저당권이전	2015년6월25일 제83300호	2015년6월25일 확정채권양도	근저당권자 자산관리주식회사 110111- 서울특별시 양천구
1-2	1번근저당권부질권	2015년6월25일 제83300호	2015년6월25일 설정계약	채권액 금188,500,000원 채무자 ○○○○자산관리주식회사 서울특별시 양천구 채권자 주식회사○○저축은행 110111- 서울특별시 중구
1-3	1번근저당권이전	2015년6월25일 제83300호	2015년6월25일 확정채권양도	근저당권자 박○숙 520323-******* 대전광역시 서구

등기부등본의 을구를 보면 근저당이 자산관리주식회사로 매도가 됐고 개인에게 이전된 상태다. 근저당의 채권최고액은 1억 8,850만 원이다. 최근 낙찰사례인 옆집의 낙찰가와 거의 흡사하다. 혹시 무슨 연관

성이 있는지 더 찾아보도록 하자.

옆집의 사례와 이번 물건이 완전히 동일하다. 결국 NPL을 여러 개 사서 경매로 넘긴 후에 채권최고액인 1억 8,800만 원에 사들인 것으로 추측된다. 필자의 추측이 맞다면 이번 기일에 1억 8,800만 원에 낙찰됐을 것이다.

등기권리	
소유권	김○수 2013.05.28
근저당	박○숙 2013.05.28 188,500,000
가압류	○○○○기금 성남 2014.02.18 85,000,000 2014카단601○○수원 성남 **GO**
가압류	양○석 2014.03.25 150,000,000 2014카단501○○수원 성남 **GO**
압 류	남양주세무서 2014.11.07
가압류	성남○○신용협동조합 2014.12.02 17,181,024 2014카단39○○수원성남 **GO**
임 의	○○○○○ 2015.03.13 *청구액:169,383,611원
질 권	○○저축은행 2015.06.25 188,500,000 박○숙근저질권
채권총액 440,681,024원	

옆집의 사례

06 다세대주택을 고르는 다섯 가지 방법

다세대주택은 아파트와 많이 다르다. 투자하는 방법도 다르고, 보는 시선도 달리 해야 한다. 큰 건설사가 건축하는 건축물과 개인이 건축하는 건축물은 많이 다를 수밖에 없다. 그러면 어떤 차이점이 있을까. 이 차이점에 기반을 둔 '다세대주택을 고르는 조건'에는 다음 다섯 가지가 있다.

1. **내부구조** 다세대주택은 개인이 건축하는 경우가 많아서 보통의 내부구조와 다른 주택이 있다. 직사각형이 아닌 방이 있는 경우도 있고 화장실이 너무 길어서 불편한 경우도 있다. 건축 도면과 다른 경우도 있으니 필히 내부를 봐야 한다. 상황이 여의치 않다면 윗집이나 아랫집이라도 보는 것이 좋다.

2. 일조량 좁은 공간에 많은 세대수를 넣다 보니 일조량이 부족한 집이 있다. 답사를 직접 가보면 대낮에도 불을 켜지 않으면 활동을 하기가 불편한 집이 있다. 일조량이 부족한 집은 매매 때 좋은 가격을 받기가 어려우니 꼭 확인해야 한다.

3. 관리 보통 다세대주택은 관리사무소가 없다. 부동산 중개업소에서 관리해주거나 소유자 중 대표를 뽑아서 관리하는 곳도 있다. 그러다 보니 관리가 엉망인 집도 종종 있다. 건축한 지 5년밖에 안 된 건물임에도 10년 이상으로 보이기도 한다.

4. 시세 파악 다세대주택의 시세 파악은 정말 까다롭다. 근처 부동산 중개업소에서도 시세를 모르는 경우나 국토교통부 실거래가가 거짓인 경우가 많다. 절대 눈에 보이는 시세에 현혹되면 안 된다.

5. 방수 가장 중요한 사항 중 하나다. 부실공사를 한 경우에는 5년만 지나도 맨 위층에는 누수가 일어난다. 특히 필로티구조로 된 건물의 5층은 누수 체크가 필수이고, 4층까지도 누수가 되는 경우가 있으니 집중적으로 체크해봐야 한다.

중앙9계 2015-113○○ 다세대				
소 재 지	서울 관악구 (08766) 서울 관악구			
경 매 구 분	강제경매	채 권 자	신○수	
용 도	다세대	채무/소유자	송○시	매 각 일 시	16.04.12 (10:00) [12 일전]
감 정 가	205,000,000 (15.07.08)	청 구 액	20,100,000	다 음 예 정	16.05.17 (131,200,000원)
최 저 가	164,000,000 (80%)	토 지 면 적	32.97 m² (9.97평)	경매개시일	15.07.01
입찰보증금	10% (16,400,000)	건 물 면 적	전체 81.66 m² (24.7평)	배당종기일	15.09.21

이 물건에서 가장 눈에 띄는 점은 5층이라는 것이다. 2002년 보존등기된 건물이기에 누수가 얼마나 있는지 체크해야 한다. 모든 세대가 돈을 걸어서 옥상 방수를 해야 하는 것이 맞지만, 현실은 아래층에 사는

사람들은 모른척하는 경우가 대부분이기 때문에 방수가 안 되는 다세대주택이 많다. 누수가 있는 사실을 숨기고 비가 잘 오지 않는 계절에 도배를 새로 해 파는 경우도 있으니 주의해야 한다.

– 서울중앙지방법원 2015-11300 [1] 매각물건명세서 –
서울 관악구

사건	2015타경11300			매각물건번호	1		담임법관(사법보좌관)	
작성일자	2016.03.28			최선순위 설정일자	2013.07.26. 가압류			
부동산 및 감정평가액 최저매각가격의 표시	부동산표시목록 참조			배당요구종기	2015.09.21			

점유자의 성명	점유부분	정보출처 구분	점유의 권원	임대차기간 (점유기간)	보증금	차임	전입신고일자. 사업자등록신청일자	확정일자	배당요구 여부 (배당요구일자)
박○순	501호	현황조사	주거 임차인	미상	미상		2013.04.30	미상	
	501호	권리신고	주거 임차인		1억 7천만원		2013.04.30.	2013.03.20	2015.07.29

이번 사례의 매각물건명세서를 살펴보면 권리신고된 세입자의 보증금은 1억 7,000만 원이다. 2002년에 보존등기된 건물이고 전용면적이 24.7평인 빌라에 감정가가 약 2억 원인데도 그 가격에 전세로 들어온 것이다. 도대체 얼마나 내부가 좋기에 이렇게 높은 가격으로 들어온 것인지, 가격만 보고도 얼마나 잘 꾸몄을지 눈에 선하다.

감정평가서 내부 사진

마침 감정평가서에 내부 사진이 있어서 확인해보니 햇빛이 잘 들어오고 수리도 해놓은 사실을 볼 수 있다. 사진으로 봤을 때는 누수도 문제가 없을 것으로 보이며, 화장실 수리도 최고로 돼 있을 것으로 추측된다.

주의할 점은 세입자의 전입신고일자는 가압류보다 빠르기 때문에 대항력 있는 세입자란 것이다. 이 경우 만일 세입자가 보증금 전액을 배당받지 못하면, 배당받지 못한 나머지 보증금은 낙찰자가 인수할 수 있으므로 주의해야 한다.

07 월세 수익 나는 오피스텔

천안4계 2016-40○○[19]	오피스텔(주거용)			
소 재 지	충남 천안시 서북구			
	(31134) 충남 천안시 서북구			
경 매 구 분	임의경매	채 권 자	김○수 외1	
용 도	오피스텔(주거용)	채무/소유자	윤○현	매 각 일 시 16.10.10 (10:00) [4 일전]
감 정 가	76,000,000 (16.06.10)	청 구 액	180,000,000	다 음 예 정 16.11.14 (26,068,000원)
최 저 가	37,240,000 (49%)	토 지 면 적	18.6 ㎡ (5.63평)	경매개시일 16.04.14
입찰보증금	10% (3,724,000)	건 물 면 적	38.28 ㎡ (11.58평)	배당종기일 16.06.16

총 40개의 오피스텔이 단체로 경매에 나왔다. 1회 유찰(70%)에서 20개가 낙찰이 됐고, 현재 두 차례 유찰(49%)인 상태다. 이것만 봐서도 메리트가 있어 보인다. 단체 물건의 경우 어렸을 때 문방구에서 뽑기하듯 어떤 물건을 '뽑느냐'가 관건이다.

이번에 단체로 나온 물건 중 철회서가 제출된 특이한 이력이 있는 19번 물건을 분석해보자.

− 천안지원 2016-40○○[19] 매각물건명세서 −

충남 천안시 서북구 █████████████████

사건	2016타경40○○ 2016타경9100(중복)			매각물건번호	19	담임법관(사법보좌관)		
작성일자	2016.07.07			최선순위 설정일자	2013.04.11.근저당권			
부동산 및 감정평가액 최저매각가격의 표시	부동산표시목록 참조			배당요구종기	2016.06.16			

점유자의 성명	점유부분	정보출처 구분	점유의 권원	임대차 기간 (점유기간)	보증금	차임	전입신고일 자.사업자등 록신청일자	확정일자	배당요구 여부 (배당요구 일자)
김○정		현황조 사	주거 임차인				2015.11.12		
	309호	권리신 고	주거 임차인	2015.06.13~ 2016.06.12	5,000,000	500,000	2015.11.12	20150622	2016.04.28
이○선		현황조 사	주거 임차인				2015.07.10		

<비고>
김○정 : 2016.08.08.자 권리신고 및 배당요구신청서 철회서 제출

매각물건명세서를 보면 두 명의 점유자 중 김 씨만 2016년 4월 28일에 배당요구를 한 상태다. 배당요구종기일이 2016년 6월 16일이므로 정상적으로 배당요구했다. 그런데 비고란을 보면 2016년 8월 8일에 철회서를 제출했다고 나와 있다. 배당요구종기일 이후에 제출된 철회서는 인정되지 않는다. 단지 서류가 접수됐다는 것을 표시할 뿐이다. 그러므로 김 씨는 반드시 배당에 참여해야 하며, 낙찰자의 명도확인서가 필요하다.

천안 16-40○○[19] ○ 전입세대열람 내역(동거인포함)

행정기관 : 서울특별시 용산구 ██████████   작업일시 : 2016년 7월 18일 12:58
신청주소 : 충청남도 천안서서북구 ██████   회 이 지 : 1

순 번	세 대 주 성 명 주 소	전 입 일 자	등 록 구 분	최초전입자	전입일자	등 록 구 분	동거인 수	동 거 인 사 항 순 변 성 명	전입일자	등 록 구 분
1	김 ** 충청남도 천안시 서북구 ██████	2015-11-12	거주자	이 **	2015-07-10	거주자	1	1 이 **	2015-07-10	거주자

− 이하여백 −

전입세대열람 내역을 보면 권리신고한 김 씨가 세대주, 이 씨가 최초전입자이자 동거인으로 표시돼 있다. 이런 경우는 최초에 이 씨가 전

입하고 나중에 김 씨가 들어오면서 세대합가(동일 세대)가 된 것이다. 두 사람의 성이 다르므로 결혼으로 세대를 합쳤다고 추측된다.

보증금이 500만 원에 월세가 50만 원이다. 2005년 보존등기된 물건이고, 감정가 7,600만 원임을 고려할 때 상당히 좋은 월세다. 7,600만 원을 4%로 전액 대출을 받는다고 가정해도 월 이자는 약 25만 원이다. 100% 감정가에 낙찰을 받아도 월세를 받으면 이자를 제외하고도 25만 원이 남는다. 게다가 49%까지 유찰이 된 상태이니 더 말할 필요도 없다. 그리고 세입자가 배당요구를 했다가 철회한 것으로 보면 앞으로도 계속 살고 싶다는 의지가 보인다. 그만큼 수익률만 따지면 좋은 물건이라는 말이다.

하나 더 눈여겨봐야 할 부분은 40개의 단체 물건이라는 점이다. 법원마다 방식이 다르겠지만 동시에 배당한 경우, 40개 전부 낙찰이 돼야 배당기일이 잡힐 수도 있다. 또 배당받는 세입자가 있으면 배당기일까지 기다려야 명도할 수 있다. 그러니 미리 시간을 계산한 후에 입찰을 고려하는 것이 좋다.

3

누구나 알아야 하는
경매 상식

mystery auction

+ + +

상식은 우리를 강하게 한다. 경매에서도 마찬가지다. 전세보증금을 보호받기 위해서는 반드시 점유해야 한다. 그런데 상황이 여의치 않다면 어떻게 하는 것이 좋을까. 또 전입신고를 하고 살고 있다가 갑자기 전세보증금 전액을 날려야 하는 황당한 일이 일어난다면 어떻게 해결해야 좋을까. 이처럼 경매를 하다 보면 우리의 일상과 뗄 수 없는 상식들을 만나게 된다.

그럼 지금부터 반드시 알아야 하는 경매 상식에는 어떤 것이 있는지 살펴보자.

01 간접 점유도 점유로 인정! 자취하는 자녀를 위한 간접 점유

지방에서는 자녀만 홀로 타지의 중, 고등학교로 보내는 경우가 종종 있다. 이때 부모가 임대차계약을 체결하고 자녀만 주민등록했다면, 자녀의 주민등록만으로도 대항력 취득이 가능하다. 이것을 간접 점유라고 한다. 가족 간에는 별도의 전대차계약이 없이 점유를 넘겨주더라도 점유를 인정받을 수 있다.

중앙8계 2016-1003○○ ■■■■ 아파트

소 재 지	서울 종로구 ■■■ ■ ■■■ ■■■ ■■■ ■■■ ■■■ (03025) 서울 종로구 ■■■ ■■■				
경매구분	강제경매	채 권 자	신용보증기금		
용 도	아파트	채무/소유자	김○기	매 각 일 시	16.07.21 (10:00) [2 일전]
감 정 가	410,000,000 (16.02.03)	청 구 액	696,000,297	다 음 예 정	16.09.01 (328,000,000원)
최 저 가	410,000,000 (100%)	토 지 면 적	34.9 ㎡ (10.56평)	경매개시	16.01.25
입찰보증금	10% (41,000,000)	건 물 면 적	60 ㎡ (18.15평) [26평형]	배당종기일	16.04.18

– 서울중앙지방법원 2016-1003○○ [1] 매각물건명세서 –
서울 종로구 ■■■■ ■■ ■■■■■ ■■■

사건	2016타경1003○○ 2016타경19○○(중복)	매각물건번호	1	담임법관(사법보좌관)	
작성일자	2016.07.06	최선순위 설정일자	2016. 1. 25. 강제경매개시결정		
부동산 및 감정평가액 최저매각가격의 표시	부동산표시목록 참조	배당요구종기	2016.04.18		

점유자의 성명	점유부분	정보출처 구분	점유의 권원	임대차 기간 (점유기간)	보증금	차임	전입신고일자. 사업자등록신 청일자	확정일자	배당요구 여부 (배당요구 일자)
백○윤	1101호	현황조 사	주거 임차인	미상	미상		2011.12.23	미상	
오○정	1101호	권리신 고	주거 임차인	2011.12.23.~	2억7천5 백만원(증 액 2천5 백만원 포 함)		2011.12.23.	2011.12.23 (증액은 2013.12.20 일)	2016.02.01

<비고> : 오○정 : 최초의 임대차보증금은 250,000,000원(확정일자 : 2011.12.23.자)이고, 2013.12.20.자 재계약으로25,000,000원(확정일자:2013.12.20.자) 증액하여 총 보증금은 275,000,000원임.

매각물건명세서를 보면 두 명의 점유자가 표시돼 있다. 둘 다 전입일자가 최선순위 설정일자인 강제경매개시결정등기보다 빠르기 때문에 대항력 있는 세입자다. 이들은 증액된 부분에 대해서도 대항력이 있다.

이어서 같은 서류의 정보출처구분을 보면, 현황조사와 권리신고로 나눠져 있는 걸 확인할 수 있다. 현황조사는 조사관이 주민센터를 방문해 전입세대를 열람하고 그 내역을 제출하면 기재되는 항목이다. 권리신고는 세입자가 서류를 법원에 제출해서 그 정보를 표시하는 곳이다. 그러므로 일반적인 경우에는 현황조사와 권리신고를 한 사람이 일치한다.

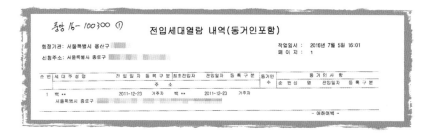

그런데 전입세대열람 내역을 확인해보면 백 씨만 전입돼 있고, 권리신고를 한 오 씨는 없다. 그렇다면 오 씨의 대항력도 인정이 될까. 대항력을 인정받기 위해서는 반드시 전입과 점유를 하고 있어야 하는데, 이때 계약자의 점유는 직접 점유뿐만 아니라 간접 점유도 인정이 된다. 즉 가족이 점유를 하고 있다면 대항력이 인정된다. 추측건데 오 씨가 부모이고 백 씨가 자녀일 것이다. 그러므로 오 씨의 대항력도 인정될 것으로 보인다.

그런데 여기서 꼭 생각해봐야 할 점이 있다. 낙찰 후 대출을 받을 때 전입이 돼 있는 백 씨의 가족관계등록부나 주민등록등본을 제출하지 않으면, 은행에서 대출해주지 않을 것이다. 백 씨가 누군지 알 수 없기 때문이다. 그러므로 잔금납부 전에 백 씨에게 서류를 받아야 하는데, 세입자 입장에서 생각해보면 소유자도 아닌 낙찰받은 사람이 와서 아무 조건 없이 서류를 달라고 한다면 쉽게 내어줄까. 이것은 미리 고민해봐야 할 포인트다.

02 전입신고 시 빠지기 쉬운 개조된 점유물의 함정

전입신고를 할 때는 점유한 호수를 정확히 알고 해야 한다. 종종 점유한 곳과 정확한 호수의 차이점을 인지하지 못하고 전입신고를 잘못해서 큰 손해를 보는 경우가 발생한다.

성남6계 2015-93○○[6]	다세대					
소 재 지	경기 광주시 오포읍 (12773) 경기 광주시 오포읍					
경 매 구 분	강제경매	채 권 자	임○웅 외2			
용 도	다세대	채무/소유자	김○원	매 각 일 시	16.09.05 (10:00) [18 일전]	
감 정 가	170,000,000 (15.06.17)	청 구 액	51,500,000	다 음 예 정	16.10.10 (83,300,000원)	
최 저 가	119,000,000 (70%)	토 지 면 적	55.55 ㎡ (16.8평)	경매개시일	15.06.04	
입찰보증금	10% (11,900,000)	건 물 면 적	59.71 ㎡ (18.06평)	배당종기일	16.07.11	

– 성남지원 2015-93○○ [6] 매각물건명세서 –

경기 광주시 오포읍

사건	2015타경93○○ 2015타경94○○,2015타경156○○ (중복)	매각물건번호	6	담임법관(사법보좌관)	
작성일자	2016.08.16	최선순위 설정일자	2014. 1. 13.자 근저당권		
부동산 및 감정평가액 최저매각가격의 표시	부동산표시목록 참조	배당요구종기	2016.07.11		

점유자의 성명	점유부분	정보출처 구분	점유의 권원	임대차 기간 (점유기간)	보증금	차임	전입신고일자. 사업자등록신 청일자	확정일자	배당요구 여부 (배당요구 일자)
이○우	등기상 202호의 일부	권리신고	주거 임차인	2015.1.24. 부터 2017.1.24.	21,000,000	190,000	2015.1.26.	2016.1.26.	2016.07.01
차○경		현황조사	주거 임차인				2011.12.27	미상	
	전부	권리신고	주거 임차인	2012.01.12.. 부터 2016.1.11.	112,500,000		2011.12.27.	2013.12.23.	2015.07.16

<비고>

예를 들어보자. 매각물건명세서를 보면 두 명이 권리신고를 한 상황이다. '점유부분'을 보면 한 사람은 전부를 점유하고 있다고 신고했고, 또 다른 사람은 일부를 점유한다고 신고를 했다. 충돌이 나고 있는 것이다. 이게 어떻게 된 일인지 확인해보자.

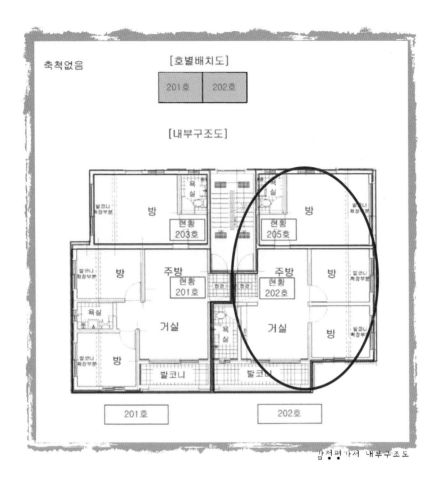

감정평가서 내부구조도

　　감정평가서에 나와 있는 내부구조도다. 이것을 보다 보면 무언가 좀 이상하다. 경매에 나온 부분은 오른쪽 동그라미로 표시된 부분이다. 그런데 자세히 보면 현황은 202호와 205호로 표시돼 있다. 즉 202호를 개조해서 202호와 205호를 만든 것이다. 이 건물은 모든 호수가 이렇게 나눠진 것으로 보인다.

　　여기서 중요한 것은 205호 세입자는 본인이 몇 호에 살고 있는지 알고 있느냐는 사실이다. 문패에 205호라고 쓰여있어도 건축물대장에 205호는 존재하지 않는 호수다. 그러므로 세입자는 202호에 살고 있는 것이다. 그렇다면 현재 205호에 사는 세입자는 어디에 전입신고를 했을까. 전입세대열람 내역부터 확인해보자.

202호의 전입세대열람

205호는 존재하지 않는 호수이므로 전입세대열람 내역이 없다. 202호로 확인해보면 202호 전부를 신고했던 차 씨만 전입이 돼 있다. 그러면 202호 일부를 신고한 이 씨는 어디에 전입신고를 한 걸까.

주택임대차보호법을 적용받기 위해서는 반드시 전입신고와 점유를 해야 한다. 이 씨는 보증금이 2,100만 원인데, 주택임대차보호법을 적용받아서 최우선변제요건을 갖췄다면 2,000만 원은 배당을 받을 수 있었다. 그러나 전입이 돼 있지 않아서 1원도 배당받지 못하게 된다. 전입신고가 이렇게 중요한 요건인 것이다.

그러면 도대체 이 씨는 어디로 전입된 것일까.

자료를 모두 뒤져서 이 씨가 전입돼 있는 곳을 찾았다. 다세대주택이 있는 지번(주소)의 전입세대열람 내역이다. 이 씨뿐만 아니라 열여섯 명이나 전입돼 있었다. 모두 이 씨와 같은 상황일 것으로 추측된다.

전입신고를 하면서 주민등록지의 주소를 다세대주택 부지의 지번만으로 기재했다고 해보자. 그러면 일반적으로 임차인이 세대별로 구분등기돼 있는 다세대주택의 202호에 주소를 가진 자로 등록됐다고 제삼

다세대주택 부지의 지번 전입세대열람

자는 인식할 수 없다. 주민등록의 공시방법으로 유효하지 않은 것이다. 그러니 이 씨는 반드시 구분등기가 돼 있는 202호에 전입신고해야 했다. 아마도 이 씨가 주민센터에 방문했을 때 205호가 존재하지 않자 호수를 제외한 번지까지만 전입신고한 것으로 보인다.

다세대주택인데도 지번에 전입신고한 것이 유효한 케이스도 있긴 하다. 건축물대장이 만들어지기 전이나, 다가구주택에서 다세대주택으로 전환되기 전에 전입신고했다면 인정된다. 그러나 여기서는 적용할 수 없다.

결국 이 씨는 전혀 배당받지 못할 것으로 보인다. 경매를 조금만 알았더라면, 혹은 늦더라도 경매개시결정기입등기 전에 202호로 전입신고를 했더라면 2,000만 원은 받을 수 있었을 것이란 아쉬움이 남는다.

4

등기부등본에
숨어있는 힌트를
놓치지 말 것

mystery auction

＋　＋　＋

등기부등본에는 많은 사연들이 숨겨져 있다. 동일한 날 근저당을 여러 번 설정해 사기를 치는 사람도 찾아볼 수 있고, 상속으로 인한 소유권의 흐름도 파악해 볼 수 있다. 또 한 가정의 역사가 들어있기도 하다. 등기부등본의 흐름으로 여러 가지 추리도 가능한데, 경매로 명의를 바꾸려고 하는 상황들이 눈에 띄기도 하고 누가 살고 있는지 예측해볼 수도 있다. 이처럼 등기부등본에는 많은 정보들이 녹아있는데, 등기부등본에 적힌 권리들로 관련된 사연을 쉽고 재미있게 풀어보자.

01 사기는 이렇게 치는 거다

이번에 살펴볼 사례는 아파트 등기부등본의 일부다. 가능한 줄은 알았지만, 이렇게 돼 있는 서류를 실제로 보니 놀라웠다. 이 물건은 1번 근저당 설정등기가 되고 약 3주 뒤에 2번과 3번 근저당이 설정됐다. 날짜가 같고 접수번호가 연달아 있다. 2개의 근저당 설정 서류를 같이 제출했기 때문이다.

【　을　구　】			(소유권 이외의 권리에 관한 사항)	
순위번호	등 기 목 적	접　　수	등 기 원 인	권 리 자 및 기 타 사 항
1	근저당권설정	2012년12월4일 제181200호	2012년12월4일 설정계약	채권최고액 금180,000,000원 채무자 김○실 경기도 의왕시 █████ 근저당권자 ○○농업협동조합 134136-████ 경기도 군포시 █████
2	근저당권설정	2012년12월27일 제196219호	2012년12월26일 설정계약	채권최고액 금100,000,000원 채무자 김○실 경기도 의왕시 █████ 근저당권자 라○○ 860616-1****** 경기도 의왕시 █████
3	근저당권설정	2012년12월27일 제196220호	2012년12월26일 설정계약	채권최고액 금110,000,000원 채무자 김○실 경기도 의왕시 █████ 근저당권자 권○○ 771102-1****** 경기도 안산시 단원구 █████

　필자는 이런 게 사기가 아닐까 싶다. 3번 근저당권자인 권 씨는 2번 근저당에 대해 전혀 알 수 없다. 근저당을 설정할 때 채무자에게 각자 돈을 건네면서 등기부등본을 확인해봤을 것이다. 그러나 법무사 한 사람이 2건의 근저당 설정을 대리하면, 채권자가 알 방법이 없다. 등기부등본 조회 당시에는 1번 근저당만 보이기 때문이다.

　이런 위험성은 등기부등본에 기재할 필요가 있는 모든 항목에 존재하고 있다.

　그렇다면 가장 안전한 방법은 무엇인가. 등기소에 동행해서 서류를 제출하기 전에 먼저 접수된 서류가 있는지 체크하는 방법뿐이다. 접수된 서류가 없다면 서류를 제출함과 동시에 잔금을 치르는 것이 가장 확실하지만, 이 역시 현실적으로 쉽지 않다. 제도적으로 보완할 수 있는 방법이 필요하다.

이런 현상은 임대차와 근저당 사이에서도 발생한다. 보통 잔금을 내는 날 이사하면서 전입신고를 하게 되는데, 같은 날 근저당이 설정이 된다면 세입자는 대항력을 상실한다. 전입신고의 효력은 익일 0시에 발휘되기 때문이다. 이런 경우 법적으로 보호받을 방법이 없다. 그러니 이사 예정일 하루 전에 미리 전입신고를 하는 기지를 발휘해보자.

02 상속으로 추리하는 경매 정보

상속은 유언상속과 법정상속, 그리고 협의분할상속으로 나뉜다. 그중 유언상속은 등기부등본을 통해 살펴볼 경우가 많지 않으니 여기서는 논외로 한다. 법정상속은 상속인의 범위, 순위, 상속분은 모두 민법의 규정에 따른다.

법정상속이 규정돼 있는 민법상 상속 순위는 다음과 같다.

(1) 피상속인의 직계비속(자녀)

(2) 피상속인의 직계존속(부모)

(3) 피상속인의 형제자매

(4) 피상속인의 4촌 이내의 친족

다만 배우자의 경우 1, 2순위와 공동으로 상속받으며, 다른 상속인에 비해서 1.5배 더 상속받을 권리가 있다. 만약 1, 2순위 상속인이 없으면 배우자가 단독으로 상속한다.

【 갑 　 구 】			(소유권에 관한 사항)	
순위번호	등 기 목 적	접 　 수	등 기 원 인	권 리 자 및 기 타 사 항
1 (전 9)	소유권이전	2000년10월24일 제3230호	2000년10월1일 매매	소유자 한○식 390309-1******
				부동산등기법 제177조의 6 제1항의 규정에 의하여 2002년 03월 07일 전산이기
1-1	1번등기명의인표시변경	2008년11월14일 제51000호	2000년10월31일 전거	한○석의 주소 인천광역시 중구
2	가압류	2006년9월4일 제40600호	2006년8월30일 인천지방법원의 가압류 결정(2006카단3700)	청구금액 금15,000,000원 채권자 장○ 인천 중구
3	2번가압류등기말소	2007년3월15일 제1270호	2007년3월2일 해제	
4	임의경매개시결정	2013년12월10일 제52500호	2013년12월10일 인천지방법원의 임의경매개시결정(2013 타경104200)	채권자 ○○새마을금고 124144-****** 인천 중구
5	소유권이전	2013년12월27일 제55400호	2010년7월27일 상속	공유자 지분 9분의 3 김○순 550528-2****** 인천광역시 중구 지분 9분의 2 한○일 620727-1****** 충청남도 예산군 지분 9분의 2 한○성 650309-2****** 인천광역시 중구 지분 9분의 2 한○진 690727-2****** 인천광역시 중구

협의분할상속이 가능한 경우에는 등기부등본에 협의상속으로 표시
가 되고, 법정상속인 경우에는 상속이라는 단어만 표시된다. 이 물건
은 협의상속이 표시돼 있지 않기 때문에 법정상속으로 분배된다. 민법
상 상속 순위에 따라 자녀가 1순위이고 배우자는 공동상속인이므로 배
우자가 3, 자녀가 각각 2를 가져가게 된다. 그래서 9분의 3을 가져간 김
씨는 배우자가 되고 9분의 2를 가져간 세 명은 자녀가 된다. 법정상속
에 따라 정확히 분배됐음을 알 수 있다.

그런데 자세히 보니 특이한 점이 보인다. 어머니인 김 씨는 1955년
생이고 자녀들은 1962, 1965, 1969년생이다. 첫째와는 겨우 일곱 살
차이고 막내와도 열한 살 차이다. 어머니가 낳은 자녀들이 아니라는 뜻
이다. 여기서 추리를 해보면 재혼일 가능성이 가장 높아 보인다. 결국

세 명의 자녀가 있는 1939년생 남편과 열여섯 살이란 나이 차를 극복하고 재혼한 것으로 추리된다.

03 등기부등본으로 보는 한 가정 이야기

인천18계 2016-61○○	○○○○ 아파트				
소 재 지	인천 부평구 ○○○ ○○○○○○○ ○○동 ○○○ ○○○호 (21434) 인천 부평구 ○○○○○ ○○				
경 매 구 분	임의경매	채 권 자	○○신용협동조합		
용 도	아파트	채무/소유자	최○명외1	매 각 일 시	16.08.12 (10:00) [4 일전]
감 정 가	295,000,000 (16.03.10)	청 구 액	233,360,847	다 음 예 정	16.09.19 (144,550,000원)
최 저 가	206,500,000 (70%)	토 지 면 적	47.79 m² (14.46평)	경매개시일	16.02.29
입찰보증금	10% (20,650,000)	건 물 면 적	130.8 m² (39.57평) [49평형]	배당종기일	16.05.17

등기부등본의 전체적인 흐름을 보면 그 가족의 가정사가 보이기도 한다. 투자자 입장에서는 중요한 사항들이 아닐 수도 있지만, 아는 것과 모르는 것은 차이가 날 수밖에 없다.

여기서는 등기부등본을 중점으로 가정사를 풀어보자.

【	갑	구 】	(소유권에 관한 사항)		
순위번호	등 기 목 적	접 수	등 기 원 인	권 리 자 및 기 타 사 항	
1 (전 2)	공유자전원지분전부이전	2000년12월14일 제159300호	1997년4월14일 매매	공유자 지분 2분의 1 박○남 580128-******* 인천 부평구 ○○○ ○○○ ○○○○○○○ ○○○ ○○○○○호 지분 2분의 1 최○명 580630-******* 인천 부평구 ○○○ ○○○ ○○○○○○○ ○○○ ○○○○○호 부동산등기법 제177조의 6 제1항의 규정에 의하여 2001년 07월 31일 전산이기	
2	1번박○남지분압류	2013년8월26일 제58800호	2013년8월26일 압류(부가가치세과-1076 3)	권리자 국 서부청 인천세무서	

이 건은 2000년 보존등기됐고, 1997년에 매매한 것으로 볼 때 분양을 받아 2000년에 입주한 것으로 보인다. 부부 공동명의이고, 남편 박 씨와 배우자 최 씨는 모두 1958년생이다.

순위번호	등 기 목 적	접 수	등 기 원 인	권 리 자 및 기 타 사 항
1 (전 3)	근저당권설정	2001년7월10일 제111800호	2001년7월10일 설정계약	채권최고액 금195,000,000원 채무자 박○우 　인천 부평구 근저당권자 주식회사○○은행 110111- 　서울 중구 부동산등기법 제177조의 6 제1항의 규정에 의하여 2001년 07월 31일 전산이기
2	근저당권설정	2003년2월25일 제14300호	2003년2월25일 설정계약	채권최고액 금234,000,000원 채무자 박○우 　인천 부평구 근저당권자 　금고 124253- 　인천 부평구
3	1번근저당권설정등기말소	2003년2월27일 제14800호	2003년2월27일 해지	
4	근저당권설정	2009년10월27일 제79400호	2009년10월27일 설정계약	채권최고액 금312,000,000원 채무자 박○우 　인천 부평구 삼산동 근저당권자 　신용협동조합 124241- 　인천광역시 부평구
4-1	4번근저당권변경	2016년2월23일 제9800호	2015년12월14일 상속	채무자 　최○명

을구를 보면, 이전까지 채무가 전혀 없다가 2009년에 채권최고액 3억 1,200만 원이 설정된 사실을 알 수 있다. 당시 나이 52세로, 퇴직 후 사업을 위해 대출받았을 것으로 추측할 수 있다.

순위번호	등 기 목 적	접 수	등 기 원 인	권 리 자 및 기 타 사 항
				인천광역시 부평구 박○주 인천광역시 부평구
5	2번근저당권설정등기말소	2009년10월29일 제80300호	2009년10월29일 해지	
6	근저당권설정	2011년10월7일 제68400호	2011년10월6일 설정계약	채권최고액 금45,900,000원 채무자 　박○남 　인천광역시 부평구 　최○명 　인천광역시 부평구 근저당권자 신용보증기금 114271- 　서울특별시 마포구

그런데 2년 뒤 채권최고액 4,590만 원의 근저당이 공동명의로 추가 설정된다. 사업이 문제가 생기는 시발점이지 않을까 하는 부분이다. 본인명의로 부족해서인지 배우자까지 채무자로 올렸다. 이때부터 감당이 안 될 정도로 일이 커지기 시작한다.

순위번호	등 기 목 적	접 수	등 기 원 인	권 리 자 및 기 타 사 항
1 (전 2)	공유자전원지분전부이전	2000년12월14일 제15930호	1997년4월14일 매매	공유자 지분 2분의 1 백○남 580128-******* 인천 부평구 ████████████████ 지분 2분의 1 최○영 580630-******* 인천 부평구 ████████████████ 부동산등기법 제177조의 6 제1항의 규정에 의하여 2001년 07월 31일 전산이기
2	1번백○남지분압류	2013년8월26일 제58800호	2013년8월26일 압류(부가가치세과-1076 3)	권리자 국 처분청 인천세무서

순위번호	등 기 목 적	접 수	등 기 원 인	권 리 자 및 기 타 사 항
3	1번백○남지분압류	2014년2월14일 제8700호	2014년2월14일 압류(소득세과-1025)	권리자 국 처분청 북인천세무서
4	1번백○남지분압류	2014년5월1일 제29700호	2014년5월1일 압류(세정과-9512)	권리자 인천광역시
5	1번백○남지분전부이전	2016년2월23일 제9800호	2015년12월14일 상속	공유자 지분 10분의 3 최○영 580630-******* 인천광역시 부평구 ███████████████ 지분 10분의 2 백○주 830601-******* 인천광역시 부평구 ███████████████ 대위자 ○○신용협동조합 인천광역시 부평구 ███████████ 대위원인 2009년 10월 27일 설정된 근저당권의 실행을 위한 경매에 필요함
6	임의경매개시결정	2016년2월29일 제11600호	2016년2월29일 인천지방법원의 임의경매개시결정(2016 타경6100)	채권자 ○○신용협동조합 124241-███████ 인천 부평구 ███████████

그로부터 다시 2년 뒤, 부가가치세과에서 압류가 들어왔다. 추측대로라면 2012년에 사업에 문제가 생겼기 때문에 2013년에 부가가치세를 납부하지 못해 압류가 들어온 것이다.

등기부등본에 숨어있는 힌트를 놓치지 말 것

이어 2014년이 되면 정점을 찍은 듯 보인다. 압류가 연달아 들어오는 걸 확인할 수 있다.

그리고 이듬해, 갑자기 남편이 사망한다. 2009년부터 시작한 사업이 2012년에 문제가 생기면서 스트레스를 많이 받지 않았을까 하는 씁쓸한 생각이 든다.

지분 상태를 보면 처음부터 공동명의여서 배우자가 10분에 5를 가지고 있고 남편의 10분의 5가 상속되면서 10분의 3은 배우자, 10분의 2는 자녀에게 분배됐다. 자녀는 1983년생으로 당시 나이 34세로 주소지는 같은 아파트의 다른 동, 호수다.

채무자 입장에서 볼 때 가장 중요한 점은 채무금액이다. 대출금액을 합친 3억 6,000만 원에 부가가치세까지 합친다면 채무가 4억 원 이상 될 것으로 보이므로, 경매로 낙찰이 돼도 1억 원 이상 빚이 남을 가능성이 많다. 그런데 안타깝게도 현재는 전부 상속돼서 1983년생 자녀에게도 빚이 상속됐을 것이다. 결혼해서 잘 살고 있는 자녀에게 갑자기 엄청난 빚이 생기게 된 것이다. 만약 그가 상속을 포기하면 손자(녀)에게까지 상속이 되므로 상속한정승인을 했었으면 좋았을 것이다.

04 경매로 채무 해결하고 명의 바꾸기

이번 물건의 현 소유자는 2013년에 2억 9,000만 원을 주고 집을 샀다. 그리고 을구를 확인해보면 같은 날 아무 것도 표시된 사항이 없다. 즉 전액 현금으로 지급했다는 이야기다.

안산8계 2015-150○○ ○○○ 아파트

소 재 지	경기 안산시 상록구 ○○○ ○○○ ○○○ ○○○ ○○○ ○○○ ○○○					
	(15540) 경기 안산시 상록구 ○○○ ○○○					
경매구분	강제경매	채 권 자	장○용			
용 도	아파트	채무자/소유자	이○승	매각일시	16.05.03 (10:30) [3 일전]	
감 정 가	**318,000,000** (15.10.21)	청 구 액	17,901,639	다음예정	16.06.07 (155,820,000원)	
최 저 가	222,600,000 (70%)	토지면적	62.76 ㎡ (18.98평)	경매개시일	15.10.01	
입찰보증금	10% (22,260,000)	건물면적	119.83 ㎡ (36.25평) [43평형]	배당종기일	15.12.21	

순위번호	등 기 목 적	접 수	등 기 원 인	권리자 및 기타사항
5	3번가등기말소	2005년1월25일 제72○○호	2005년1월25일 해제	
6	가압류	2006년3월13일 제25○○호	2006년3월10일 수원지방법원안산지원의 가압류 결정(2006카단21○○)	청구금액 금75,985,185원 국민자 ○○○○○주식회사 116111-○○○○○ 서울 영등포구 ○○○○○
7	6번가압류등기말소	2006년4월24일 제418○○호	2006년4월19일 해제	
8	소유권이전	2006년5월9일 제47800호	2006년4월14일 매매	소유자 박○규 681130-******* 안산시 상록구 ○○○○○
8-1	8번등기명의인표시변경		2005년5월29일 전거	박○규의 주소 경기도 안산시 상록구 ○○○ ○○○ 2013년06월12일 무기
9	소유권이전	2013년6월12일 제55100호	2013년5월16일 매매	소유자 이○승 700513-******* 경기도 안산시 상록구 ○○○ ○○○ 거래가액 금290,000,000원
10	압류	2013년11월20일 제110700호	2013년11월20일 압류(징수팀-905610)	권리자 국민건강보험공단 111471-○○○○○ 서울특별시 마포구 ○○○○○
11	가압류	2014년1월8일 제1700호	2013년12월24일 수원지방법원 안산지원의	청구금액 금16,988,640원 국민자 주식회사 ○○○○○

■ 점유관계

소재지	1. 경기도 안산시 상록구 ○○○ ○○○ ○○○ ○○○ ○○○
점유관계	채무자(소유자)점유
기타	- 목적물에 대하여 현황조사차 방문하였으나 폐문부재로 소유자 및 점유자를 만나지 못하였음. - '안내문'을 부착하여 두었으나 점유관계를 확인할 수 없으므로 가까운 발행관서에서 확인한 전입세대열람 내역 결과를 기재함. - 전입세대열람 내역과 주민등록표 등본에 채무자 겸 소유자 '이○승'이 세대주로 등재되어 있음.

현황조사서

현황조사서를 보면 전입세대도 소유자 세대만 전입돼 있으므로 임대차도 없다. 이후로도 을구는 여전히 깨끗하지만, 갑구에 많은 일이 일어나기 시작한다.

등기부등본에 숨어있는 힌트를 놓치지 말 것

약 5개월 후에 압류가 들어오고, 또 다시 2개월 후에 약 1,700만 원의 가압류가 들어왔다. 전액 현금으로 샀기 때문에 담보 대출을 받으면 충분히 해결할 수 있었을 테지만, 그러지 않았다.

순위번호	등 기 목 적	접 수	등 기 원 인	권 리 자 및 기 타 사 항
			가압류결정(2013카단5600호)	
12	강제경매개시결정	2014년1월13일 제5300호	2014년1월13일 수원지방법원 안산지원의 강제경매개시결정(2014 카단600)	채권자 주식회사 █████████, 2014년 █████ 공사 무진사 ████████████████
13	압류	2014년5월1일 제43600호	2014년5월1일 압류(부가가치세과 4449)	권리자 국 처분청 안산부세무서
14	12번강제경매개시결정등기말소	2014년6월24일 제60600호	2014년6월23일 취하	
15	11번가압류등기말소	2014년7월1일 제63400호	2014년6월23일 해제	
16	가압류	2014년8월1일 제73600호	2014년8월1일 의정부지방법원의 가압류결정(2014카단300)	청구금액 금25,762,650 원 채권자 ████신용보증재단 130122 ████████ 수원시 영통구 ████████████████
17	13번압류등기말소	2015년4월9일 제39800호	2015년4월8일 해제	
18	가압류	2015년9월10일 제114700호	2015년9월10일 수원지방법원 안산지원의 가압류결정(2015카단200 9)	청구금액 금6,423,500 원 채권자 윤○천 700928-******* 보은시 내북면 ████████████
19	가압류	2015년9월24일 제120700호	2015년9월24일 인천지방법원의 가압류결정(2015카단600 7)	청구금액 금73,923,010 원 채권자 주식회사 ○○○○○ 120111-████████ 인천 부평구 ████████████████
20	강제경매개시결정	2015년10월1일 제122500호	2015년10월1일 수원지방법원 안산지원의 강제경매개시결정(2015 카단15000)	채권자 장○용 650326-******* 광주시 조월읍 ████████████████
21	16번가압류등기말소	2015년10월8일 제125100호	2015년10월2일 해제	

이어서 보도록 하자. 가압류에 의해 강제경매개시결정등기가 됐지만, 1,700만 원을 갚았는지 취하됐다. 그리고 부가가치세로 인한 압류와 해제, 신용보증재단의 가압류와 해제로 채무를 갚고 있다.

최종적으론 642만 원 가압류, 7,400만 원 가압류, 그리고 장 씨의 강제경매개시결정등기가 들어온 상태다. 현재까지 있는 모든 채권총액은 약 8,000만 원 정도로 근저당 설정이 전혀 돼 있지 않으니 근저당만 설정한다면 충분히 취하할 수 있다. 이미 강제경매를 취하한 경험이 있으니 어렵지도 않을 것이다. 그런데 이번에는 채무를 갚지 않고 경매를 진행한다. 이유가 무엇일까.

이 물건은 채권금액이 적어 경매가 진행돼 배당된다면, 채무금액을 제외한 나머지는 전부 소유자가 배당받게 된다. 배우자가 낙찰을 받는다면 본인에게 배당되는 것이나 다름없기 때문에 높은 금액으로 입찰해도 된다. 과연 필자의 예상대로 명의 바꾸기를 시도하는 것인지 진실은 본인만 알 것이다.

05 인도명령도 추리해보고 신청하자

인천2계 2016-111○○					
소 재 지	인천 부평구 ... (21376) 인천 부평구 ...				
경매구분	임의경매	채 권 자	상○(새)		
용 도	아파트	채무/소유자	김○수	매 각 일 시	16.11.11 (10:00) [13 일전]
감 정 가	250,000,000 (16.03.28)	청 구 액	166,813,210	다 음 예 정	16.12.20 (122,500,000원)
최 저 가	175,000,000 (70%)	토 지 면 적	29.98 m² (9.07평)	경매개시일	16.03.22
입찰보증금	10% (17,500,000)	건 물 면 적	84.67 m² (25.61평) [32평형]	배당종기일	16.06.01

다른 자료를 보자. 매각물건명세서를 봐도 아무런 표시가 없고, 등기부등본 기재사항들도 모두 소멸사항이므로 입찰자는 입찰가만 고민하면 된다. 그래도 방심하면 안 된다. 만약 낙찰받고 명도할 때 조금이라도 고생할 것 같다면 미리 예측하고 준비하는 게 좋다.

소재지	1. 인천광역시 부평구 ███████████████████████
점유관계	미상
기타	- 본건 현황조사시 현장에 임한 바, 폐문부재로 이해관계인을 만날 수 없어 상세한 점유 및 임대차관계는 알 수 없음. 경매시 참고바람.전입세대미등재 - 본건 주소지내 전입세대열람내역 첨부.

현 황 조 사 서

현황조사서를 보면 '전입세대미등재'라고 쓰여있다. 전입세대열람 내역을 봐도 전입된 세대가 없다. 이미 많은 빚을 진 채무자가 다른 곳으로 이사하는 건 흔히 있는 일이다.

관리비미납	• 16년 7월분까지 미납액없음. 전기개별.수도포함.320세대 (2016.09.23 현재)

그런데 2016년 9월 23일 확인 당시에는 미납액이 없다고 나온다. 전입까지 나간 채무자가 관리비를 전부 다 낸 점이 무척 이상하게 보인다. 그러니 서류를 더 뒤져보자.

2016.03.23	압류권자 인천광역시남동구 최고서 발송	2016.03.24 송달간주
2016.03.23	채권자 ○○새마을금고 개시결정정본 발송	2016.03.28 도달
2016.03.23	채무자겸소유자 김○수 개시결정정본 발송	2016.03.25 주소불명
2016.03.23	감정인 오○선 평가명령 발송	2016.03.29 도달
2016.03.23	가등기권자 이○순 최고서 발송	2016.03.25 도달

송 달 내 역

2016.03.23	등기소 인천지방법원 등기국 등기필증 제출
2016.03.29	채권자 ○○새마을금고 보정서 제출
2016.04.01	가압류권자 ○○은행 주식회사 채권계산서 제출
2016.04.01	압류권자 남인천세무서 교부청구서 제출
2016.04.01	감정인 ○○감정평가사무소 감정평가서 제출

문 건 처 리 내 역

2016.03.23	감정인 오○선 평가명령 발송	2016.03.29 도달
2016.03.23	가등기권자 이○순 최고서 발송	2016.03.25 도달
2016.03.30	채무자겸소유자 1 김○수 개시결정정본 발송	2016.04.01 도달
2016.09.22	압류권자 인천광역시남동구 매각및 매각결정기일통지서 발송	2016.09.22 송달간주
2016.09.22	압류권자 남인천세무서 매각및 매각결정기일통지서 발송	2016.09.22 송달간주

송 달 내 역

송달 내역과 문건처리 내역을 확인해보니 처음에 송달된 주소에서는 주소불명이 표시됐고, 주소보정 후에 송달됐다. 채무자는 주소보정이 된 새로운 주소에 살고 있단 의미다.

【 갑 구 】			(소유권에 관한 사항)	
순위번호	등 기 목 적	접 수	등 기 원 인	권 리 자 및 기 타 사 항
1 (전 9)	소유권이전	1999년12월20일 제168000호	1999년12월20일 임의경매로 인한 낙찰	소유자 김○수 630303-******* 인천 부평구 ━━━━━━━━━
1-1	1번등기명의인표시변경	2014년8월4일 제53200호	2012년3월23일 전거	김○수의 주소 인천광역시 남동구 ━━━━━ ━━ ━━━━━ ━━━
2 (전 11)	압류	2001년7월21일 제117700호	2001년7월16일 압류(징수6500-26445)	권리자 근로복지공단 인천북부지사 부동산등기법 제177조의 6 제1항의 규정에 의하여 1면 내지 2면 등기를 2001년 08월 18일 전산이기
3	2번압류등기말소	2001년12월6일 제207400호	2001년12월4일 해제	
4	압류	2003년3월13일 제19000호	2003년3월10일 압류(인적55363-562)	권리자 인천광역시중구
5	4번압류등기말소	2011년1월7일 제900호	2011년1월6일 해제	
6	소유권이전청구권가등기	2014년8월4일 제53200호	2014년8월4일 매매예약	가등기권자 권○수 540825-******* 인천광역시 계양구 ━━━━━━━
6-1	6번소유권이전청구권의이전	2015년4월9일 제28000호	2015년4월7일 양도	가등기권자 이○은 661024-******* 인천광역시 남동구 ━━━━━━

등기부등본을 다시 확인해보니 2012년 3월 23일에 이사간 것으로 표시가 돼 있다.

그렇다면 여기서 생각해봐야 할 부분은 이 집에는 도대체 누가 살고 있냐는 것이다. 전입은 아무도 돼 있지 않고 소유자는 다른 곳에 살고 있다. 누가 살면서 관리비를 내고 있는 걸까. 이것을 파악하지 못한다면 낙찰 후 인도명령할 수 없으므로 상당한 문제가 생긴다. 인도명령은 이름만 알아도 신청이 가능하지만, 이름을 알 수 없으므로 신청할 방법이 없는 것이다. 잔금납부 때까지 점유자의 이름을 알아내지 못한다면 명도에 상당한 시일이 걸릴 것이다.

【 갑 　구 】	（ 소유권에 관한 사항 ）			
순위번호	등 기 목 적	접 　 수	등 기 원 인	권 리 자 및 기 타 사 항
1 (전 9)	소유권이전	1999년12월20일 제16800호	1999년12월20일 임의경매로 인한 낙찰	소유자 김○수 630303-******* 인천 부평구
1-1	1번등기명의인표시변경	2014년8월4일 제5320○호	2012년3월23일 전거	김○수의 주소 인천광역시 남동구
2 (전 11)	압류	2001년7월19일 제11770○호	2001년7월16일 압류 (징수6508-28445)	권리자 근로복지공단 인천북부지사
				부동산등기법 제177조의 6 제1항의 규정에 의하여 1번 내지 2번 등기를 2001년 08월 18일 전산이기
3	2번압류등기말소	2001년12월6일 제20740○호	2001년12월4일 해제	
4	압류	2003년3월13일 제19200○호	2003년3월10일 압류 (전-450363-962)	권리자 인천광역시중구
5	4번압류등기말소	2011년1월7일 제900호	2011년1월6일 해제	
6	소유권이전청구권가등기	2014년8월4일 제5320○호	2014년8월4일 매매예약	가등기권자 권○록 540825-******* 인천광역시 계양구
6-1	6번소유권이전청구권의이전	2015년4월9일 제28600호	2015년4월7일 양도	가등기권자 이○순 661024-******* 인천광역시 남동구

　그런데 등기부등본을 조금 더 살펴보니 특이한 점이 눈에 띈다. 2014년 8월 4일에 가등기가 설정이 돼 있고, 현재는 이 씨에게 양도돼 있다. 이 부분은 근저당 이후에 설정된 가등기이므로 경매에는 영향을 미치지 않는다.

문건처리내역		
접수일	접수내역	결과
2016.03.23	등기소 인천지방법원 등기국 등기필증 제출	
2016.03.29	채권자 ○○새마을금고 보정서 제출	
2016.04.01	가압류권자 ○○은행 주식회사 채권계산서 제출	
2016.04.01	압류권자 남인천세무서 교부청구서 제출	
2016.04.01	감정인 ○○감정평가사무소 감정평가서 제출	
2016.04.12	집행관 박○ 현황조사보고서 제출	
2016.05.12	압류권자 인천광역시남동구 교부청구서 제출	
2016.05.24	교부권자 국민건강보험공단 양평지사 교부청구서 제출	
2016.05.25	배당요구권자 ○○카드 주식회사 권리신고 및 배당요구신청서 제출	
2016.05.30	교부권자 인천광역시 부평구 교부청구서 제출	

문건처리 내역

　그런데 문건처리 내역을 아무리 찾아봐도 가등기권자는 배당요구를 하지 않았다. 가등기는 어차피 소멸사항이므로 배당요구가 있어야 하지만 없다.

이 모든 상황들을 종합해서 추리해보면, 소유자는 가등기권자에게 집을 팔았고, 바로 매매를 하지 않고 가등기를 했다. 가등기권자는 추후에 본등기를 하면서 근저당을 처리할 생각이었을 것이다. 그런데 자금의 흐름이 막힌 가등기권자는 근저당을 해결하지 못해서 물건이 경매로 나오게 된다. 필자의 추리가 맞다면 현재 이 집에는 가등기권자인 전 씨나 이 씨가 살고 있을 것이다. 잔금을 납부할 때 가등기권자에게도 미리 인도명령을 신청해놓는다면 시간을 많이 단축할 수 있을 것이다.

06 쉽게 예측되는 공유자우선매수

[압류재산-매각] 2014-00571-0○○					
소 재 지	서울 강남구 (중략)				
	[도로명주소] 서울 강남구 (중략)				
처 분 방 식	매각	재 산 종 류	압류재산	물 건 상 태	공고중
감 정 가	302,000,000 원	위 임 기 관	○○세무서	개 찰 일	14.10.16 (11:00)
최 저 가	302,000,000 원	소 유 자	선○규외1	입찰시작일	14.10.13 (10:00)
용 도	아파트	배분종기일	14.09.29	입찰종료일	14.10.15 (17:00)
면 적	대 23.999㎡ 지분(총면적 19,968.1㎡), 건물 32.9575㎡ 지분(총면적 131.83㎡)				

다음으로 살펴볼 물건은 강남에 위치한 아파트다. 1986년에 보존등기됐고, 전용면적 131.83㎡ 중 32.9575㎡, 약 4분의 1 지분이 공매에 나왔다.

전체	84.87㎡	131.83㎡	163.95㎡								◀ ▶
	2006.01		2006.02		2006.03		2006.04		2006.05		2006.06
계약일	거래금액(층)	계약일	거래금액(층)	계약일	거래금액(층)	계약일	거래금액(층)	계약일	거래금액(층)	계약일	거래금액(층)
11~20	142,000 (8)										
	2006.07		2006.08		2006.09		2006.10		2006.11		2006.12
계약일	거래금액(층)	계약일	거래금액(층)	계약일	거래금액(층)	계약일	거래금액(층)	계약일	거래금액(층)	계약일	거래금액(층)

전체	84.87㎡	131.83㎡	163.95㎡								◀ ▶
	2009.01		2009.02		2009.03		2009.04		2009.05		2009.06
계약일	거래금액(층)	계약일	거래금액(층)	계약일	거래금액(층)	계약일	거래금액(층)	계약일	거래금액(층)	계약일	거래금액(층)
										21~30	170,000 (5)
	2009.07		2009.08		2009.09		2009.10		2009.11		2009.12
계약일	거래금액(층)	계약일	거래금액(층)	계약일	거래금액(층)	계약일	거래금액(층)	계약일	거래금액(층)	계약일	거래금액(층)

전체	84.87㎡	131.83㎡									◀ ▶
	2011.01		2011.02		2011.03		2011.04		2011.05		2011.06
계약일	거래금액(층)	계약일	거래금액(층)	계약일	거래금액(층)	계약일	거래금액(층)	계약일	거래금액(층)	계약일	거래금액(층)
	2011.07		2011.08		2011.09		2011.10		2011.11		2011.12
계약일	거래금액(층)	계약일	거래금액(층)	계약일	거래금액(층)	계약일	거래금액(층)	계약일	거래금액(층)	계약일	거래금액(층)
										1~10	140,000 (9)

국토교통부 실거래가를 보면 최근에는 거래가 거의 없다. 그래도 2011년 거래금액이 14억 원이므로 비슷한 가격이지 않을까 추측된다. 4분의 1 지분으로 나온 금액이 3억 200만 원이므로 전체 감정가는 12억 800만 원이 된다. 실거래가와는 약간 차이가 있다.

【 갑 구 】 (소유권에 관한 사항)				
순위번호	등 기 목 적	접 수	등 기 원 인	권 리 자 및 기 타 사 항
1 (전 2)	소유권이전	1988년10월12일 제150000호	1988년4월1일 매매	소유자 배○대 310313-1****** 서울 강남구 ■■■■■■■■■■■■■
				부동산등기법시행규칙부칙 제3조 제1항의 규정에 의하여 1999년 01월 16일 전산이기
1-1	1번등기명의인표시변경		1988년12월22일 환지처분	배○대의 주소 서울 강남구 ■■■■■■■■■■■■■ 2000년4월3일 부기
2	소유권이전	2000년4월3일 제24800호	2000년3월2일 매매	소유자 김○국 531203-1****** 서울 강남구 ■■■■■■■■■■■■■
3	소유권이전	2001년5월15일 제41800호	2001년4월14일 매매	공유자 지분 4분의 3 김○창 650426-2****** 서울 강남구 ■■■■■■■■■■■■■ 지분 4분의 1 선○규 611010-1****** 서울 강남구 ■■■■■■■■■■■■■
3-1	3번등기명의인표시변경	2001년9월4일 제84200호	2001년6월12일 전기	김○창의 주소 서울특별시 강남구 ■■■■■■■■■■ 선○규의 주소 서울특별시 강남구 ■■■■■■■■■■
4	~~3번선○규지분압류~~	~~2009년7월21일 제55700호~~	~~2009년7월18일 압류(운영지원과-1519)~~	~~권리자 국~~ ~~처분청 강동세무서~~

직장인이 경매로 투잡하는 성공 노하우 추리 경매

| 5 | 3번선O규지분압류 | 2009년10월20일 제79800호 | 2009년10월19일 압류(조사과-3161) | 권리자 국 처분청 OO세무서 |
| 5-1 | 공매공고 | 2014년8월13일 제176800호 | 2014년8월13일 공매공고(한국자산관리공사 2014-00571-000) | |

등기부등본을 보면 2001년에 두 명이 공동명의로 샀다. 김 씨가 여자, 선 씨가 남자로 보이므로 아내와 남편으로 추측할 수 있다. 이들은 매매하고 얼마 지나지 않아 바로 현 주소지로 이사한다.

| 【 을 구 】 (소유권 이외의 권리에 관한 사항) | | | | |
순위번호	등 기 목 적	접 수	등 기 원 인	권 리 자 및 기 타 사 항
1	근저당권설정	2001년9월4일 제84200호	2001년9월4일 설정계약	채권최고액 금480,000,000원 채무자 김O수 서울특별시 강남구 근저당권자 주식회사 OO은행 110111 서울 중구
2	1번근저당권O수지분전부근저당권설정	2009년10월1일 제778000호	2009년9월29일 납세담보제공계약	채권최고액 금441,000,000원 채무자 김O수 서울특별시 강남구 근저당권자 국 관리청 OO세무서
3	2번근저당권설정등기말소	2012년12월11일 제290800호	2012년12월6일 해지	
4	1번근저당권설정등기말소	2014년7월11일 제150200호	2014년7월11일 해지	

자료를 조금 더 살펴보던 중 특이한 사항을 발견했다. 당시에는 근저당을 설정했지만, 현재는 전부 해지된 상태로 근저당이 없다. 2012년과 2014년에 약 9억 원을 해지했다. 전액 현찰로 근저당을 해지한 것 같다. 그 이유는 다음 등기부등본을 찾을 수 있다.

순위번호	등 기 목 적	접 수	등 기 원 인	권 리 자 및 기 타 사 항
				서울 강남구
3-1	3번등기명의인표시변경	2001년9월4일 제84200호	2001년6월12일 전거	김O향의 주소 서울특별시 강남구 선O규의 주소 서울특별시 강남구
4	3번선O규지분압류	2009년7월21일 제56700호	2009년7월18일 압류(운영지원과-1519)	권리자 국 처분청 남양세무서

5	3번선○규지분압류	2009년10월20일 제79800호	2009년10월19일 압류(조사과-3161)	권리자 국 처분청 삼성세무서
5-1	공매공고	2014년8월13일 제17660호	2014년8월13일 공매공고(한국자산관리 공사 2014-00571-0○○)	
6	4번압류등기말소	2009년10월26일 제81000호	2009년10월23일 해제	
7	3번선○규지분압류	2010년2월24일 제1000○호	2010년2월24일 압류(세무2과-5997)	권리자 서울특별시 강남구
8	3번선○규지분가압류	2010년4월8일 제213○○호	2010년4월8일 서울중앙지방법원의 가압류 결정(2010카단4570○)	청구금액 금107,000,000 원 채권자 서울보증보험주식회사 서울특별시 종로구 ○○○ ○○○
9	3번선○규지분압류	2010년8월11일 제49700호	2010년5월31일 압류(세무1과-9359)	권리자 서울특별시 강남구
10	3번선○규지분압류	2010년9월29일 제58600호	2010년9월29일 압류(세원관리과-5606)	권리자 국 처분청 남원세무서
11	3번선○규지분압류	2013년9월24일 제22960○호	2013년9월24일 압류(분당구 세무2과-4743)	권리자 성남시분당구

매매 후 2009년부터 2013년까지 남편 명의로 여섯 차례나 압류, 가압류가 들어왔다. 아내 명의의 모든 근저당은 소멸시키고 남편 명의의 채권은 그대로 놔둔 것이다. 아내의 입장에서 보면 처음에는 남편의 압류를 말소해줬지만, 남편이 계속 사고치는 바람에 그 이후로도 계속 들어오는 압류, 가압류를 해결하기는 쉽지 않았을 것이라 추측된다. 처음 이후로는 아무 조치도 하지 않은 것으로 봐서 남편 명의를 매수하기로 결심한 것 같다. 결국 남편의 지분이 공매로 넘어가는 걸 지켜보다가 공유자우선매수로 아내가 사지 않을까 추측된다.

그러나 사람 일은 알 수 없다. 공유자우선매수가 두려워서 입찰을 포기하기에는 너무 매력적인 물건이다. 혹시나 어떤 이유로 아내인 김씨가 공유자우선매수를 못해서 낙찰자가 잔금납부를 진행할 수도 있다. 그러니 이런 건도 포기하지 말고 입찰해보자.

5

대항력,
그 무시무시한 능력
mystery auction

경매에서 인수사항의 90% 이상 차지하는 것이 대항력 있는 세입자다. 단순히 눈에 보이는 세입자의 인수사항만 고려한다면 어느덧 덫에 빠져 있는 자신을 발견할 수도 있다. 대항력 있는 세입자보다 먼저 배당을 받아가는 압류, 임금채권 등 놓치면 소중한 자산을 잃어버릴 수도 있다. 그만큼 경매할 때 매우 중요하면서, 파생되는 내용이 많은 것이 대항력이다. 특히 대항력과 관련해 임차권등기의 효력이나 가장임차인을 파악하는 것이 중요하다. 전 소유자나 종전임차인과의 관계도 정확히 파악할 줄 알아야 한다. 이 모든 것들이 전부 대항력에서 파생되는 내용들이므로 조심하고 또 조심해서 알아보도록 하자.

01 대박 물건을 찾는 물건분석

전입신고는 대항력을 판가름하는 주요 기준이다. 매각물건명세서에 표시되는 최선순위 설정일자보다 전입신고일자가 빠르면 대항력을 가진 세입자이고 늦으면 대항력이 없는 세입자다. 대항력이 있다는 것은 보증금 전액을 받을 때까지 낙찰자에게 대항할 수 있단 의미다. 그러므로 전입신고는 인수사항이 있는지 판단할 때 가장 중요한 기준이다.

확정일자는 배당받기 위해서만 존재하는 날짜다. 배당을 '줄 선다'고 표현하면 줄을 서는 순서는 전입신고일자가 아닌 확정일자 기준이다. 그래서 확정일자가 없으면 줄을 서지도 못한다. 확정일자는 전입신고된 날짜 이후에만 유효하기 때문에 전입신고가 늦으면 전입신고와 같이 확정일자를 받은 것으로 본다.

순천9계 2015-511○○ ○○○○ 아파트

소 재 지	전남 순천시 ○○○○ ○○○○ ○○○○ ○○○○ ○○○○ ○○○○ (57934) 전남 순천시 ○○○○ ○○				
경매구분	임의경매	채 권 자	○○캐피탈 ㈜		
용 도	아파트	채무/소유자	전○영	매 각 기 일	16.06.27 (10:00) [4 일전]
감 정 가	**110,000,000** (15.09.22)	청 구 액	108,498,371	다 음 예 정	16.08.08 (77,000,000원)
최 저 가	110,000,000 (100%)	토 지 면 적	35.36 ㎡ (10.7평)	경매개시일	15.09.07
입찰보증금	10% (11,000,000)	건 물 면 적	84.88 ㎡ (25.68평) [32평형]	배당종기일	15.12.07

– 순천지원 2015-511○○ [1] 매각물건명세서 –
전남 순천시 ○○○○ ○○○○ ○○○○ ○○○○

사건	2015타경511○○	매각물건번호	1	담임법관(사법보좌관)	
작성일자	2016.10.24	최선순위 설정일자	2011.12.22. 근저당권		
부동산 및 감정평가액 최저매각가격의 표시	부동산표시목록 참조	배당요구종기	2015.12.07		

점유자의 성명	점유부분	정보출처 구분	점유의 권원	임대차기간 (점유기간)	보증금	차임	전입신고일자. 사업자등록신청일자	확정일자	배당요구 여부 (배당요구일자)
손○선	방3칸	권리신	주거 임차인	2007.01.06.~	90,000,000		2011.11.04.	2015.03.12.	2015.10.16

\<비고\>
손○선 : 보증금 90,000,000원 중 25,000,000원은 2009. 3. 30.자, 15,000,000원은 2011. 2. 25.에 각 증액 됨.(점유개시일은 임차인의 남편 남○철이 2007.04.05.자 전세권등기를 하기 전부터 시작됨. 전입신고는 전세권등기를 해지할 무렵인 2011.11.04.자로 신고)

예시를 살펴보자. 이 물건을 보면 대부분 '인수사항이 있는 물건이므로 입찰하면 안 된다'고 생각할 것이다. 지금부터 왜 그런지 파악해 보자.

매각물건명세서를 보면 최선순위 설정일자인 근저당이 2011년 12월 22일이다. 전입신고는 근저당보다 빠르지만, 확정일자가 늦다. 따라서 배당순서에서 마지막이 되기 때문에 1원도 배당을 받지 못한다. 결국 전액 인수사항이 되는 물건이다. 감정가가 1억 1,000만 원인데 근저당이 1억 2,200만 원으로 설정돼 있으므로 가장임차인을 의심해볼 수도 있겠지만, 비고란에 증액까지 두 차례 신고한 것을 보면 진정한 임차인일 가능성이 높다. 여기까지는 모든 사람이 아는 사항이다.

그런데 물건분석을 하다보니 좀 이상한 점이 있다. 2007년부터 임대차기간인데 전입신고는 2011년, 확정일자는 2015년이다. 보통 전입신고와 확정일자가 간격이 크면 확정일자 즈음에 증액했을 가능성이 있다. 그런데 여기서는 전혀 연관관계가 보이지 않는다. 이 점이 조금 미심쩍으니 서류를 좀 더 찾아봐야 한다.

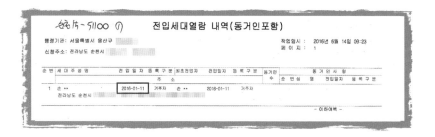

필자는 전입세대열람 내역을 보고 눈을 크게 뜰 수밖에 없었다. 전입일자가 2016년 1월 11일로 표시돼 있기 때문이다. 그렇다면 대항력 없는 세입자인데, 매각물건명세서에는 이런 내용이 표시돼 있지 않다. 현황조사 시 조사관이 전입세대열람 내역을 법원에 제출했으면 새로 전입한 날짜가 표시돼 있어야 한다. 그런데 없으니 당시에는 상황이 달랐을 것으로 추측된다. 그래서 이번에는 현황조사서를 확인했다.

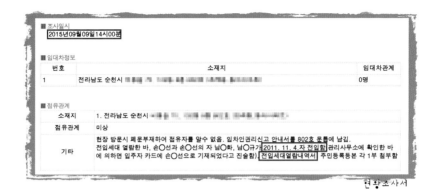

2011년 11월 4일에 전입했고, 전입세대열람 내역서가 제출됐다고 나온다. 그러므로 현황조사를 할 때까지는 2011년 11월 4일에 전입돼 있었음이 분명하다. 이번엔 현황조사서 조사일을 확인하니 2015년 9월 9일이다. 배당요구종기일 3개월 전에 한 것이다. 결국 세입자는 전입을 뺐다가 다시 재전입했단 이야기다. 과연 이런 경우에도 세입자가 대항력이 있을까.

대법원 2007. 6. 14. 선고 2007다17475 판결

【판시사항】

주택임대차보호법상 우선변제의 요건인 주택의 인도와 주민등록의 존속기간의 종기(=민사집행법상 배당요구의 종기)

【판결요지】

주택임대차보호법 제8조에서 임차인에게 같은 법 제3조 제1항 소정의 주택의 인도와 주민등록을 요건으로 명시해 그 보증금 중 일정액의 한도 내에서는 등기된 담보물권자에게도 우선해 변제받을 권리를 부여하고 있는 점, 위 임차인은 배당요구의 방법으로 우선변제권을 행사하는 점, 배당요구시까지만 위 요건을 구비하면 족하다고 한다면 동일한 임차주택에 대해 주택임대차보호법 제8조 소정의 임차인 이외에 같은 법 제3조의2 소정의 임차인이 출현해 배당요구를 하는 등 경매 절차상의 다른 이해관계인들에게 피해를 입힐 수도 있는 점 등에 비춰볼 때, 공시방법이 없는 주택 임대차에 있어서 주택의 인도와 주민등록이라는 우선변제의 요건은 그 우선변제권 취득시에만 구비하면 족한 것이 아니고, 민사집행법상 배당요구의 종기까지 계속 존속하고 있어야 한다.

대법원 판례를 찾아보면 우선변제요건, 즉 배당받을 수 있는 요건은 전입을 배당요구종기일까지 유지하고 있어야 한다고 나와 있다. 판례를 물건에 적용해 보면 현황조사 일시인 2015년 9월 9일에는 전입이 돼 있는데, 배당요구종기일은 2015년 12월 7일이다. 그 사이 약 3개월 정도의 기간이 있으며, 새로 전입한 날짜는 2016년 1월 11일이다. 만약 배당요구종기일까지 전입을 유지했다면 대항력은 있고, 그전에 뺐다면 대항력은 사라진다. 후자의 경우를 찾아내서 증거로 제시할 수만 있다면 인수사항이 없는 물건이 된다. 즉 대박 물건이 되는 것이다. 과연 관련 자료를 찾아낼 수 있을까.

여기서 한 발 더 나아가 생각해보자. 만약 1순위 근저당권자인 캐피탈에서 진행 중인 임의경매를 취하시키고 다시 신청한다면, 처음부터 대항력 없는 세입자가 된다. 세입자가 재전입했기 때문이다. 그러니 보증금을 받지 못해도 나가야 하는 상황으로 바뀌고, 캐피탈은 채권을 전액 회수할 수 있다. 캐피탈에서 이 사실을 안다면 경매를 취하할지도 모른다.

여기서 우리가 알아야 할 사실은 우리가 만약 세입자가 된다면, 보증금을 받을 때까지 절대 전입을 빼지 말아야 한다는 것이다.

 ## 02 피할 수 없는 압류의 무서움

북부1계 2015-25○○ □ ▦▦ 아파트

소 재 지	서울 노원구 ▦▦▦ ▦▦-▦, ▦▦▦▦ ▦▦ ▦▦▦▦▦ ▦▦▦ ▦▦ ▦▦▦ (01610) 서울 노원구 ▦▦▦▦▦▦▦ ▦▦ ▦▦				
경 매 구 분	임의경매	채 권 자	고○선		
용 도	아파트	채무자/소유자	이○형	매 각 일 시	16.04.04 (10:00) [11 일전]
감 정 가	350,000,000 (15.02.11)	청 구 액	88,857,500	다 음 예 정	16.05.02 (114,688,000원)
최 저 가	143,360,000 (41%)	토 지 면 적	49.94 m² (15.11평)	경매개시일	15.02.02
입찰보증금	20% (28,672,000)	건 물 면 적	134.8 m² (40.78평)	배당종기일	15.04.14

- 서울북부지방법원 2015-25○○ [1] 매각물건명세서 -
서울 노원구 ▦▦▦ ▦▦▦▦ ▦▦▦ ▦▦ ▦▦▦▦▦ ▦▦▦▦ ▦▦▦▦ ▦▦

사건	2015타경25○○	매각물건번호	1	담임법관(사법보좌관)	박○식
작성일자	2016.04.25	최선순위 설정일자	2012.10.26.(근저당권)		
부동산 및 감정평가액 최저매각가격의 표시	부동산표시목록 참조	배당요구종기	2015.04.14		

점유자 의 성명	점유부분	정보출처 구분	점유의 권원	임대차 기간 (점유기간)	보증금	차임	전입신고일자. 사업자등록신 청일자	확정일자	배당요구 여부 (배당요구 일자)
한○수	전부	현황조 사	주거 임차인	미상	180,000,000 원	없음	2011.12.23	미상	
	전부(방4 칸)	권리신 고	주거 임차인	2011.12.22. 부터 2015.12.22. 까지	180,000,000		2011.12.23.	2014.11.17.	2015.03.27

<비고>

매각물건명세서를 보면 최선순위 설정일자인 근저당권이 전입신고일보다는 늦고, 확정일자보다는 빠르다. 그러므로 대항력 있는 세입자이지만 배당 순서는 아주 느리다.

세입자의 확정일자 순서는 자료 중 체크된 부분에 위치한다. 세입자가 배당받기 위해서는 근저당 2건과 압류 4건이 전부 배당돼야 한다. 등기부등본에 표시된 근저당 채권최고액의 합은 1억 3,250만 원으로 압류 금액이 크지 않다면 세입자도 충분히 배당에 참여할 수 있다. 그러면 이제 압류 내용을 살펴보자.

근저당	고O선	2012.10.26 112,500,000
압 류	서울시노원구	2012.12.04
압 류	의정부세무서	2013.03.19
압 류	서울시노원구	2014.02.19
압 류	국민건강보험공단	2014.06.09 노원지사
근저당	OO종합건설	2014.10.24 20,000,000
압 류	노원세무서	2014.11.19

등기권리 요약

순위번호	등 기 목 적	접 수	등 기 원 인	권 리 자 및 기 타 사 항
24	19번압류등기말소	2012년5월16일 제40900호	2012년5월15일 해제	
25	21번압류등기말소	2012년5월21일 제42500호	2012년5월16일 해제	
26	23번압류등기말소	2012년6월1일 제46800호	2012년5월15일 해제	
27	압류	2012년12월4일 제109600호	2012년11월6일 압류(징수과(세외)-1980 3)	권리자 서울특별시노원구
28	압류	2013년3월19일 제23300호	2013년3월19일 압류(부가가치세1과-184 4)	권리자 국 처분청 의정부세무서
29	압류	2014년2월19일 제14200호	2014년1월15일 압류(징수과-1)	권리자 서울특별시노원구
30	압류	2014년6월9일 제52100호	2014년6월9일 압류(징수부-903995)	권리자 국민건강보험공단 111471-OOOOOO 서울특별시 마포구 OO OOO
31	임의경매개시결정	2014년10월21일 제97500호	2014년10월21일 서울북부지방법원의 임의경매개시결정(2014 타경24700)	채권자 북부산새마을금고 124344-OOOOOO 부천시 원미구 OOOO
32	압류	2014년11월19일 제110100호	2014년11월17일 압류(소득세과-9169)	권리자 국 처분청 노원세무서
33	31번임의경매개시결정등기말소	2014년12월1일 제115000호	2014년11월26일 취하	
34	임의경매개시결정	2015년2월2일 제10400호	2015년2월2일 서울북부지방법원의 임의경매개시결정(2015 타경500)	채권자 고O선 701201-******* 서울 송파구 OO OO OOO OOO OO

가장 눈에 띄는 것은 부가가치세과다. 다른 압류들은 금액이 크지 않겠지만, 부가가치세는 무척 클 수 있다. 압류금액이 너무 커서 세입자에게 전혀 배당되지 않는다면, 세입자의 보증금 1억 8,000만 원은 전액 인수사항이 될 수도 있다. 부가가치세의 금액에 따라 인수할 내용이 달라지는 물건이므로 이를 알아내지 못한다면 전액 인수로 보고 접근해야 한다.

03 눈에 보이지 않는 근로복지공단, 막강한 임금채권 파워

천안5계 2012-2320○○ 아파트					
소 재 지	충남 천안시 동남구 (31117) 충남 천안시				
경 매 구 분	형식경매(기타)	채 권 자	㈜ ○○전력의 파산관재인 변호사 이○덕		
용 도	아파트	채무자/소유자	○○전력	매 각 일 시	14.03.31 (10:00) [11 일전]
감 정 가	195,000,000 (12.11.26)	청 구 액	0	다 음 예 정	14.04.21 (53,508,000원)
최 저 가	76,440,000 (39%)	토 지 면 적	43.43 ㎡ (13.14평)	경매개시일	12.11.16
입찰보증금	10% (7,644,000)	건 물 면 적	84.58 ㎡ (25.59평)	배당종기일	13.01.25

경매에서 물건분석을 잘못한 책임은 낙찰자에게 있으므로 모든 가능성을 생각하면서 분석을 해야 한다. 이번 물건은 채무자 겸 소유자는 전력 회사다. 그리고 채권자는 전력 회사의 파산관재인 변호사 이 씨다. 이것을 보면 바로 떠오르는 게 있어야 한다. 회사가 파산했다면 임금을 못받은 직원이 있을 수밖에 없다는 사실이다. 그러니 최우선변제 임금채권을 생각해야 한다.

최우선변제 임금채권이란 다른 모든 채권이나 조세 공과금에 우선해 변제받을 수 있는 임금채권을 말한다. 최종 3년분 퇴직금과 최종 3개월

분 급여에 대해 인정이 된다.

- 천안지원 2012-23200 [1] 매각물건명세서 -
충남 천안시 동남구

사건	2012타경23200		매각물건번호	1		담임법관(사법보좌관)		박○대
작성일자	2014.02.05		최선순위 설정일자	2010.12.7.(압류)				
부동산 및 감정평가액 최저매각가격의 표시	부동산표시목록 참조		배당요구종기	2013.01.25				

점유자의 성명	점유부분	정보출처 구분	점유의 권원	임대차 기간 (점유기간)	보증금	차임	전입신고일자.사업자등록신청일자	확정일자	배당요구여부 (배당요구일자)
이○자	전부	현황조사	주거임차인				2010.03.02		
		권리신고	주거임차인	2010.03.02	120,000,000		2010.03.02	2010.03.02	2012.11.30

<비고>

매각물건명세서를 보면 최선순위 설정일자보다 전입이 빠른 세입자가 있다. 그러므로 대항력이 있는 세입자다. 배당받지 못한 금액은 낙찰자 인수사항이 된다.

최근 경매 진행을 보면 미납이 세 차례 일어났다. 도대체 무슨 일 때문에 피 같은 보증금을 포기하고 미납하는 걸까. 몰수된 보증금만 무려 6,864만 원이나 된다.

이렇게 미납이 여러 차례 나온 이유는 최우선변제인 임금채권이 먼저 배당을 받아 대항력 있는 세입자가 인수사항이 되기 때문이다. 그런데 권리분석의 실수로 다섯 명이나 입찰하고 미납했다. 등기부등본에

①		195,000,000
	2013-04-02	유찰
② 20%↓		156,000,000
	2013-05-07	매각

매수인	한○위
응찰수	2명
매각가	165,888,000 (85.07%)

허가	2013-05-14
납기	2013-06-19
	(대금미납)

②		156,000,000
	2013-07-16	매각

매수인	한○호
응찰수	2명
매각가	164,000,000 (84.10%)
2위	161,000,000 (82.56%)

허가	2013-07-30
납기	2013-10-02
	(대금미납)

대항력, 그 무시무시한 능력

는 근로복지공단이 없지만, 이렇게 임금채권이 적용되기도 한다.

이 물건에 몇 번의 미납이 나오자 법원에서 특단의 대책을 내놓았다.

마지막 부분에 임대차 보증금 1억 2,000만 원을 매수인이 인수한다는 내용을 추가한 것이다. 만약 처음부터 인수사항이라 쓰여있었다면 이런 사태가 일어나지 않았을 것이란 아쉬움이 남는다.

②	156,000,000
2013-10-29 유찰	
③ 30%↓	109,200,000
2013-12-16 매각	

매수인	정○희
응찰수	1명
매각가	156,600,000 (80.31%)

허가 2013-12-23
납기 2014-01-23
(대금미납)

경매 진행 내역

❋ 등기된 부동산에 관한 권리 또는 가처분으로 매각허가에 의하여 그 효력이 소멸되지 아니하는 것

해당사항 없음

❋ 매각허가에 의하여 설정된 것으로 보는 지상권의 개요

해당사항 없음

❋ 비고란

근로복지공단이 근로자의 체불임금에 대하여 대위변제한 체당금 123,012,120원은 최우선순위채권이고, 매수인에게 대항할 수 있는 임차인이 있으므로(임대차보증금 120,000,000) 배당에서 보증금이 전액 변제되지 아니하면 잔액을 매수인이 인수함.

매각물건명세서 일부

---

04 임차인의 강력한 권리! 임차권등기와 배당요구

임차권등기란 계약기간 이후 소유자에게 보증금을 돌려받지 못하면 소유자의 허락을 얻지 않고 법원에서 직권으로 등기하는 것을 말한다. 이때 직권으로 등기하기 위해서는 아주 정확한 근거와 자료를 제시해야 한다. 소유자의 허락없이 임차인이 일방적으로 타인 소유의 재산에 등기해야 하므로 그만큼 신뢰도가 높은 자료를 제시해야 하는 것이

다. 따라서 임차권등기가 설정돼 있다는 것은 그만큼 강력한 신뢰가 있기에 진정한 임차인으로 봐야 한다.

동부산2계 2015-78○○ 〇〇〇〇 아파트					
소 재 지	부산 수영구 〇〇〇 〇〇〇〇〇〇〇〇〇〇〇〇 〇〇〇 〇〇 〇〇〇〇				
	(48274) 부산 수영구 〇〇〇〇〇〇〇〇 〇 〇				
경 매 구 분	임의경매	채 권 자	○○건설㈜		
용 도	아파트	채무/소유자	정○자	매 각 일 시	16.05.10 (10:00) [24 일전]
감 정 가	600,000,000 (15.08.10)	청 구 액	577,695,534	다 음 예 정	미정
최 저 가	384,000,000 (64%)	토 지 면 적	102.85 ㎡ (31.11평)	경매개시일	15.07.16
입찰보증금	10% (38,400,000)	건 물 면 적	177.83 ㎡ (53.79평) [62평형]	배당종기일	15.10.06

이번에 볼 사례는 15층 중 14층이고 62평인 아파트다. 만약 바다가 보인다면 정말 좋을 것 같다. 정남향으로 위치하고 있어서 충분히 가능성이 있다고 생각했는데, 마침 감정평가서에서 사진을 발견했다.

역시 전망이 좋다. 배란다에서 밖을 본다면 훨씬 좋을 것 같다. 도시, 바다 그리고 광안대교까지 보이는 전망의 조화로움이 매우 아름다울 것이다.

감정평가서 사진

항공뷰로 보면 어떤 전망이 보일지 추측할 수 있다. 사진만 봐도 앞에 건물이 들어오면 항의할 수밖에 없겠다는 생각이 들 정도로 좋다.

– 부산동부지원 2015-78○○ [1] 매각물건명세서 –
부산 수영구

사건	2015타경78○○		매각물건번호	1	담임법관(사법보좌관)		
작성일자	2016.04.20		최선순위 설정일자	2010.10.27. 근저당권			
부동산 및 감정평가액 최저매각가격의 표시	부동산표시목록 참조		배당요구종기	2015.10.06			

점유자의 성명	점유부분	정보출처 구분	점유의 권원	임대차 기간 (점유기간)	보증금	차임	전입신고일 자.사업자등 록신청일자	확정일자	배당요구 여부 (배당요구 일자)
김○철	전부	등기사 항전부 증명서	주거 임차권자	2008.08.29~	230,000,000		2008.08.29	2013.05.09	

<비고>

※ 최선순위 설정일자보다 대항요건을 먼저 갖춘 주택.상가건물 임차인의 임차보증금은 매수인에게 인수되는 경우가 발생할 수 있고, 대항력과 우선 변제권이 있는 주택,상가건물 임차인이 배당요구를 하였으나 보증금 전액에 관하여 배당을 받지 아니한 경우에는 배당받지 못한 잔액이 매수인에게 인수됨을 주의하시기 바랍니다.

※ 등기된 부동산에 관한 권리 또는 가처분으로 매각허가에 의하여 그 효력이 소멸되지 아니하는 것

매수인에게 대항할 수 있는 을구 순위 4번 임차권등기(2014.04.07.등기) 있음. 배당에서 보증금이 전액 변제되지 아니하면 잔액을 매수인이 인수함.

매각물건명세서를 보면 현재 임차인은 주거임차권자로 임차권등기를 한 상태다. 전입일자는 2008년으로 대항력 있는 임차인이지만, 확정일자가 2013년으로 최선순위 설정일자인 근저당보다 늦다. 배당 순서가 마지막이기 때문에 세입자가 배당받을 가능성은 거의 없다. 결국 2억 3,000만 원 전액이 인수사항인 물건이다.

임차권등기자가 배당요구를 하지 않았지만, 임차권등기는 '돈을 받지 못해서 소유자의 허락을 얻지 않고 일방적으로 설정하는 등기'라는 사실에 주목해야 한다. 그러니 당연하게 배당요구를 하지 않아도 배당요구한 것으로 간주한다.

※ 비고란
2016. 3. 2.자로 주식회사 ○○기업으로부터 공사대금 155,634,000원에 대하여 유치권신고가 있으나 그 성립여부는 불분명함.

매각물건명세서 비고란

매각물건명세서의 비고란을 보면 1억 5,500만 원 유치권이 신고돼 있다. 임차인 보증금 2억 3,000만 원도 주지 못해서 임차권등기가 돼 있는데 1억 5,500만 원을 들여 공사했다는 것은 일반적인 상식에서는 성립되기 힘들다. 그러므로 거짓일 확률이 높다.

유치권이 있는 물건의 문제점은 대출이다. 잔금납부까지 유치권포기 서류를 받아내지 못한다면 대부분 대출되지 않는다. 유치권자 나름의 목적이 있어서 신고서를 제출했을 텐데, 유치권포기 서류를 달라고 한다면 그냥 순수히 내어줄진 의문이다. 그러므로 유치권 관련 서류를 받아낼 자신이 없는 초보는 접근하지 않는 편이 좋다.

동부1계 2015-88○○ 〇〇〇 아파트

소 재 지	서울 강동구 ■■■ L■ 2■■-■ ■■■ ■■ .■■ ■ (05274) 서울 강동구 ■■■■■■ ■				
경 매 구 분	임의경매	채 권 자	한국○○○○○○메디칼 ㈜		
용 도	아파트	채무/소유자	○○메디칼/정○수	매 각 일 시	16.06.27 (10:00) [1 일전]
감 정 가	413,000,000 (15.09.11)	청 구 액	440,000,000	다 음 예 정	16.08.08 (264,320,000원)
최 저 가	330,400,000 (80%)	토 지 면 적	65.63 ㎡ (19.85평)	경매개시일	15.08.28
입찰보증금	10% (33,040,000)	건 물 면 적	41.62 ㎡ (12.59평) [14평형]	배당종기일	15.11.17

– 서울동부지방법원 2015-88○○ [1] 매각물건명세서 –
서울 강동구 ■■■■ ■■■ ■■■ ■■■■■ ■■

사건	2015타경88○○		매각물건번호	1	담임법관(사법보좌관)	
작성일자	2016.06.10		최선순위 설정일자	2009.10.19.근저당		
부동산 및 감정평가액 최저매각가격의 표시	부동산표시목록 참조		배당요구종기	2015.11.17		

점유자의 성명	점유부분	정보출처 구분	점유의 권원	임대차 기간 (점유기간)	보증금	차임	전입신고일자. 사업자등록신 청일자	확정일자	배당요구 여부 (배당요구 일자)
이○희 (주민등록등재자)	전부	현황조사	주거 임차인	10년 넘음	6000만원	없음	2006.08.04.	미상	

<비고>
이○희(주민등록등재자) | 경매개시결정 후 주택임차권등기 있음

이 물건의 매각물건명세서를 보면, 전입신고가 최선순위 설정일자인 근저당보다 빠르므로 대항력 있는 세입자이며 배당요구를 하지 않았다. 그리고 비고란에는 경매개시결정등기 후 주택임차권등기를 했다고 표시돼 있다. 자세한 사항을 보기 위해 등기부등본부터 확인해보자.

【 갑 구 】			(소유권에 관한 사항)	
순위번호	등 기 목 적	접 수	등 기 원 인	권 리 자 및 기 타 사 항
1 (전 3)	소유권이전	1999년7월16일 제42600호	1999년7월1일 매매	소유자 정○수 370228-******* 경기도 수원시 권선구 ░░░░░ ░░░░ ░░░
				부동산등기법 제177조의 6 제1항의 규정에 의하여 2001년 06월 13일 전산이기
1-1	1번등기명의인표시변경	2004년1월2일 제100호	2003년11월5일 확지처분에 의한 지번변경	정중수의 주소 수원시 권선구 ░░░ ░░░-░ ░░-░░ ░░░░-░░░
2	임의경매개시결정	2015년8월28일 제63400호	2015년8월28일 서울동부지방법원의 임의경매개시결정(2015 타경8800)	채권자 ░░░░░░░░░░░░ 주식회사 서울 용산구 ░░░ ░░ ░░░░░░░
10	근저당권설정	2009년10월19일 제65000호	2009년10월19일 설정계약	채권최고액 금440,000,000원 채무자 주식회사○○메디칼 서울특별시 금천구 ░░░░ ░░░ 근저당권자 ░░░░░░░░░░░ 주식회사 110111-░░░░░░░ 서울특별시 용산구 ░░ ░░░░░░
11	1번근저당권설정등기말소	2009년12월2일 제72600호	2009년12월1일 해지	
12	주택임차권	2016년3월18일 제15900호	2016년3월8일 서울동부지방법원의 임차권등기명령(2016카 임○○)	임차보증금 (1)금53,000,000원 (2)금60,000,000원 범 위 주택 전부 임대차계약일자 (1)2006년7월3일 (2)변경 2008년8월29일 주민등록일자 2006년8월4일 점유개시일자 2006년8월4일 확정일자 (1)2006년8월4일 (2)변경 2015년9월11일 임차권자 이○희 781014-******* 서울특별시 강동구 ░░░░ ░░░░░ ░░░░░ ░░░
12-1				12번 등기는 건물만에 관한 것임 2016년3월18일 부기

등기부등본을 보면 임의경매개시결정등기가 2015년 8월 28일이고 주택임차권등기가 2016년 3월 18일이다. 경매개시결정 후 주택임차권 등기가 돼 있다. 그렇다면 매각물건명세서의 비고란에 왜 이런 사항들을 언급해놓은 것일까. 비고란의 모든 내용은 명시된 이유가 있으므로 정확히 확인해야 한다.

대법원 2005. 9. 15. 선고 2005다33039 판결

【판시사항】

임차권등기명령에 의해 임차권등기를 한 임차인이 민사집행법 제148조 제4호

에 정한 채권자에 준해 배당요구를 하지 않아도 배당을 받을 수 있는 채권자에 속하는지 여부(적극)

【판결요지】

임차권등기명령에 의해 임차권등기를 한 임차인은 우선변제권을 가지며, 위 임차권등기는 임차인으로 하여금 기왕의 대항력이나 우선변제권을 유지하도록 해주는 담보적 기능을 주목적으로 하고 있으므로, 위 임차권등기가 첫 경매개시결정등기 전에 등기된 경우, 배당받을 채권자의 범위에 관해 규정하고 있는 민사집행법 제148조 제4호의 "저당권·전세권, 그 밖의 우선변제청구권으로서 첫 경매개시결정등기 전에 등기됐고 매각으로 소멸하는 것을 가진 채권자"에 준해, 그 임차인은 별도로 배당요구를 하지 않아도 당연히 배당받을 채권자에 속하는 것으로 봐야 한다.

대법원 판결문을 살펴보면 첫 경매개시결정등기 전에 등기된 경우, 임차인은 별도의 배당요구를 하지 않아도 당연히 배당받을 채권자에 속하는 것으로 본다고 나온다. 판결문을 뒤집어서 생각해보면 경매개시결정등기 후에 등기가 됐다면 당연히 배당받을 채권자로 보지 않으므로 반드시 배당요구를 해야 한다는 말이 된다. 그러므로 이 물건은 보증금 6,000만 원에 대해서 낙찰자 전액 인수사항이 된다. 이런 중요한 부분을 간과하면 미납사태가 일어날 수밖에 없다. 매각물건명세서에 써져 있는 문구의 속뜻을 정확히 파악하도록 하자.

1) 신고하지 않은 임차인

안양2계 2015-29○○ ■■■■ 아파트

소 재 지	경기 군포시 ■■■■ ■■■■ ■■■ ■■ ■■■				
	(15825) 경기 군포시 ■■■■ ■				
경매구분	임의경매	채 권 자	○○○○업협동조합		
용 도	아파트	채무/소유자	○○○○○/박○복	매 각 일 시	16.09.20 (10:00) [10 일전]
감 정 가	240,000,000 (15.04.20)	청 구 액	38,704,800	다 음 예 정	16.10.25 (122,880,000원)
최 저 가	153,600,000 (64%)	토 지 면 적	32.93 m² (9.96평)	경매개시일	15.03.27
입찰보증금	20% (30,720,000)	건 물 면 적	58.46 m² (17.68평) [24평형]	배당종기일	15.06.10

이 물건은 신건 경매로 두 명의 입찰자가 들어왔다. 약 38만 원 차이로 2등을 한 입찰자는 로또에 당첨된 거나 다름 없다. 1등만 보증금 2,400만 원을 몰수당했기 때문이다. 38만 원 차이로 2등은 2,400만 원을 보존하게 됐다.

①	240,000,000
	2016-04-26 매각
매수인	임○민
응찰수	2명
매각가	240,499,409 (100.21%)
2위	240,110,000 (100.05%)

허가 2016-05-03
납기 2016-06-09
(대금미납)

경매 진행 내역

– 안양지원 2015-29○○ [1] 매각물건명세서 –

경기 군포시 ■■■■ ■■■■ ■■■■ ■■■■

사건	2015타경29○○		매각물건번호	1	담임법관(사법보좌관)	
작성일자	2016.09.22		최선순위 설정일자	2013. 11. 29.(근저당권)		
부동산 및 감정평가액 최저매각가격의 표시	부동산표시목록 참조		배당요구종기	2015.06.10		

점유자의 성명	점유부분	정보출처 구분	점유의 권원	임대차 기간 (점유기간)	보증금	차임	전입신고일자.사업자등록신청일자	확정일자	배당요구 여부 (배당요구일자)
유○훈	미상	현황조사	주거 임차인	미상	미상	미상	2013.10.24	미상	

<비고>

매각물건명세서를 보면 그 이유를 추측해볼 수 있다. 최선순위 설정 일자인 근저당보다 전입이 빠르기 때문에 유 씨는 대항력 있는 세입자다. 무슨 이유인지는 모르겠지만 유 씨는 권리신고를 하지 않았다. 유 씨가 진정한 세입자라면 낙찰자는 유 씨의 보증금을 전액 인수하고, 계약기간까지 살게 해야 한다.

그런데 이 부분만으로는 보증금을 알 수 없다. 신고를 하지 않았기 때문에 보증금을 알아낼 수 있는 방법은 직접 찾아가서 물어보거나 세입자 유 씨와 계약한 부동산 중개업소를 찾아가서 물어야 한다. 이것이 일반적으로 사용하는 방법이다. 그런데 신고하지 않은 세입자의 보증금을 알아내기는 쉽지 않다. 그래서 필자는 다른 방법을 생각해냈다. 국토교통부의 실거래가를 뒤져보는 것이다.

2013.07		2013.08		2013.09		2013.10		2013.11		2013.12	
계약일	보증금 월세(층)	계약일	보증금 월세(층)	계약일	보증금 월세(층)	계약일	보증금 월세(층)	계약일	보증금 월세(층)	계약일	보증금 월세(층)
1~10	16,000 (1)	21~31	18,000 (3)	1~10	18,500(11)	1~10	18,500(15)	1~10	15,000(12)	1~10	19,500(11)
11~20	16,000(14)				2,000 70 (7)		19,000(11)		19,000(12)		3,000 70(12)
21~31	2,500 70(12)				2,000 70 (7)		17,000 (5)	11~20	10,000(13)		19,000 (3)
	11,000 20(10)				4,000 65 (6)		19,000 (4)		15,000 (1)		18,500(15)
	18,000 (3)			11~20	19,000 (2)	11~20	18,000 (1)	21~30	18,500 (3)	11~20	18,000(13)
	17,500 (3)			21~30	19,000(11)		18,800 (3)			21~31	16,500 (2)
					19,000(14)		17,000 (4)				5,000 60(10)
					19,000 (9)		18,500(15)				
						21~31	7,000 55 (2)				
							19,000 (2)				

국토교통부 실거래가

자료를 보면 알 수 있듯, 건물 자체에 거래가 많다보니 3층 역시 거래가 많다. 이 중 우리가 찾는 보증금은 2013년 10월에 신고된 1억 8,800만 원일 가능성이 가장 높다. 유 씨의 전입일이 2013년 10월 24일이기 때문이다. 그러므로 낙찰자는 입찰금과는 별도로 1억 8,800만 원을 인수해야 하므로 미납할 수밖에 없다. 인수해야 할 사항을 파악하지 못한 권리분석의 잘못된 사례다.

2) 2회 유찰된 아파트 추리하기

안양1계 2016-6○○ ▦▦▦ 아파트

소 재 지	경기 안양시 동안구 ▦▦▦ ▦▦ ▦ ▦▦▦ ▦ ▦▦ ▦▦▦ ▦▦▦				
	(14102) 경기 안양시 동안구 ▦▦▦ ▦▦ ▦				
경 매 구 분	임의경매	채 권 자	라○수		
용 도	아파트	채무/소유자	조○생/김○호	매 각 일 시	16.10.18 (10:30) [26 일전]
감 정 가	587,000,000 (16.02.26)	청 구 액	250,000,000	다 음 예 정	16.11.22 (300,544,000원)
최 저 가	375,680,000 (64%)	토지 면적	53.58 ㎡ (16.21평)	경매개시일	16.02.05
입찰보증금	10% (37,568,000)	건물 면적	101.52 ㎡ (30.71평) [37평형]	배당종기일	16.04.20

이번엔 다른 건을 살펴보도록 하자. 누구나 볼 수 있도록 공개된 아파트 경매인데 왜 두 번이나 유찰된 것일까. 반드시 존재할 그 이유를 추리해보자.

– 안양지원 2016-6○○ [1] 매각물건명세서 –

경기 안양시 동안구 ▦▦▦ ▦▦ ▦ ▦▦▦ ▦▦▦ ▦▦▦ ▦▦▦

사건	2016타경6○○		매각물건번호	1	담임법관(사법보좌관)		
작성일자	2016.12.02		최선순위 설정일자	2015.7.3.근저당권			
부동산 및 감정평가액 최저매각가격의 표시	부동산표시목록 참조		배당요구종기	2016.04.20			
점유자의 성명	점유부분	정보출처 구분	점유의 권원	임대차 기간 (점유기간)	보증금	차임	전입신고일 자.사업자등 록신청일자	확정일자	배당요구 여부 (배당요구 일자)
최○호	미상	현황조사	주거 임차인	미상	미상	미상	2014.08.21	미상	

<비고>

매각물건명세서를 보면 최선순위 설정일자인 근저당보다 빠른 전입자가 있다. 최 씨가 진정한 세입자라면 대항력이 있으므로 배당을 받지 못하면 낙찰자 인수사항이 된다. 그런데 최 씨는 권리신고를 하지 않았다. 그러므로 진정한 임차인인지 가장임차인인지 먼저 조사해야 한다.

전 체	101.50㎡											◀ ▶
2014.01		**2014.02**		**2014.03**		**2014.04**		**2014.05**		**2014.06**		
계약일	보증금 월세(층)	계약일	보증금 월세(층)	계약일	보증금 월세(층)	계약일	보증금 월세(층)	계약일	보증금 월세(층)	계약일	보증금 월세(층)	
		21~28	33,000 (6)	21~31	36,500(13)							
2014.07		**2014.08**		**2014.09**		**2014.10**		**2014.11**		**2014.12**		
계약일	보증금 월세(층)	계약일	보증금 월세(층)	계약일	보증금 월세(층)	계약일	보증금 월세(층)	계약일	보증금 월세(층)	계약일	보증금 월세(층)	

국토교통부 실거래가

최 씨가 전입일자가 2014년 8월 21일이므로 2014년에 국토교통부에 신고된 내역을 전부 찾아봤다. 그런데 10층으로 신고된 내역이 없다. 그렇다면 최 씨는 가장임차인이거나 개인 간의 거래였을 가능성이 높다. 후자라면 얼마를 인수해야 하는지 알지 못하는 상태에서는 절대 입찰하면 안 된다.

순위번호	등 기 목 적	접 수	등 기 원 인	권 리 자 및 기 타 사 항
4	공유자전원지분전부이전	2012년8월20일 제65300호	2012년6월19일 매매	소유자 권O호 810310-******* 경기도 안양시 만안구 ○○○○ 거래가액 금475,000,000원
5	소유권이전	2015년8월13일 제138200호	2015년7월30일 매매	소유자 김O호 600921-******* 대구광역시 서구 ○○○○ 거래가액 금500,000,000원
6	임의경매개시결정	2016년2월5일 제15300호	2016년2월5일 수원지방법원 안양지원의 임의경매개시결정(2016 타경600)	채권자 리O수 590317-******* 대구 달서구 ○○○○
7	압류	2016년4월15일 제47100호	2016년4월15일 압류(조사과-티3155)	권리자 국 처분청 안산세무서

갑구 등기부등본

순위번호	등 기 목 적	접 수	등 기 원 인	권 리 자 및 기 타 사 항
	3번근저당권설정, 4번근저당권설정 등기말소			
6	근저당권설정	2006년12월29일 제161600호	2006년12월29일 설정계약	채권최고액 금234,000,000원 채무자 전O수 경기도 안양시 동안구 ○○○○ 근저당권자 주식회사○○○은행 110111-○○○○ 서울 중구 ○○○○
7	근저당권설정	2009년12월27일 제13600호	2009년12월27일 설정계약	채권최고액 금48,000,000원 채무자 오O수 경기도 안양시 동안구 ○○○○ 근저당권자 ○○생명보험주식회사 110111-○○○○ 서울특별시 중구 ○○○○

직장인이 경매로 투잡하는 성공 노하우 추리 경매

8	근저당권변경	2010년5월7일 제22700호	2010년5월7일 설정계약	채권최고액 금275,000,000원 채무자 오○숙 경기도 안양시 동안구 / ●●●●●●●●●●● 근저당권자 ●●●생명보험주식회사 110111-●●●●●●● 서울특별시 중구 ●●●●●●●●●●
9	6번근저당권설정등기말소	2010년5월10일 제30000호	2010년5월10일 해지	
10	7번근저당권설정, 8번근저당권설정 등기말소	2012년8월17일 제62800호	2012년8월17일 해지	
11	근저당권설정	2015년7월3일 제115200호	2015년7월3일 설정계약	채권최고액 금700,000,000원 채무자 소○행 부산광역시 수영구 ●●●●●●●●●●
				근저당권자 라○수 590317-****** 대구광역시 달서구 ●●●●●●●●●●

을구 등기부등본

이어 등기부등본을 확인해보니 특이한 사항이 보인다. 2012년 8월 20일에 소유권이 이전됐는데, 3일 전에 기존에 있던 근저당을 전부 말소를 하고 새로운 근저당을 잡지 않은 채 매매했다. 이 기록으로 파악하면 매매 날짜에 맞춰서 세입자를 들였다고 판단할 수도 있다. 그래서 다시 매매한 날짜에 국토교통부 자료를 찾아봤다.

2012.01		2012.02		2012.03		2012.04		2012.05		2012.06	
계약일	보증금 월세(층)	계약일	보증금 월세(층)	계약일	보증금 월세(층)	계약일	보증금 월세(층)	계약일	보증금 월세(층)	계약일	보증금 월세(층)
11~20	32,000 (3)	1~10	33,000 (10)	1~10	13,000 80 (5)			1~10	28,000 (4)	11~20	25,000 (19)
21~31	30,000 (7)	21~29	28,000 (6)					11~20	30,000 (8)	21~30	24,500 (2)
			31,000 (8)						29,000 (10)		
								21~31	25,000 (7)		
									26,000 (7)		

2012.07		2012.08		2012.09		2012.10		2012.11		2012.12	
계약일	보증금 월세(층)	계약일	보증금 월세(층)	계약일	보증금 월세(층)	계약일	보증금 월세(층)	계약일	보증금 월세(층)	계약일	보증금 월세(층)
11~20	28,000 (14)	11~20	25,000 (1)	1~10	30,000 (4)	11~20	30,000 (4)	1~10	29,000 (14)	11~20	30,000 (12)
	28,000 (7)	21~30	26,000 (4)								

국토교통부 실거래가

역시나 2012년 8월에 보증금 2억 5,000만 원으로 신고한 내역이 있다. 물론 이 물건이 아닐 수도 있으나 가능성은 충분하다. 필자의 추리가 맞다면 2012년 8월 20일에 세입자와 2년 계약을 했을 것이고,

현재 전입신고된 2014년 8월 21일에 2년을 연장하면서 재전입을 했을 수도 있다. 아니면 직거래를 통해 새로운 세입자인 최 씨가 들어왔을 수도 있다. 그러나 2014년에 계약하면서 기존 전세보증금 2억 5,000만 원을 변동했을지 여부는 알 수 없다. 그렇지만 현재 시세로 본다면 많이 오르지 않았을까 추측할 수 있다. 결국 이 물건은 인수 사항이 무척 클 것으로 예상되기 때문에 유찰이 많이 돼야 하는 물건이다.

물건이 저렴하면, 반드시 이유가 있기 마련이다.

3) 모든 정황들이 알려주는 가장임차인

남부4계 2012-72○○ ▦▦▦ 아파트

소 재 지	서울 강서구 ▦▦▦ ▦▦ ▦▦ ▦▦ ▦▦ (07508) 서울 강서구 ▦▦▦ ▦▦						
경 매 구 분	강제경매		채 권 자	신용보증기금			
용 도	아파트		채무/소유자	허○만		매 각 일 시	15.07.07 (10:00) [13 일전]
감 정 가	360,000,000 (12.03.31)		청 구 액	10,000,000		다 음 예 정	15.08.11 (184,320,000원)
최 저 가	230,400,000 (64%)		토 지 면 적	50.99 m² (15.42평)		경매개시일	12.03.16
입찰보증금	10% (23,040,000)		건 물 면 적	84.96 m² (25.7평) [32평형]		배당종기일	12.05.23

– 서울남부지방법원 2012-72○○ [1] 매각물건명세서 –
서울 강서구 ▦▦▦ ▦▦▦ ▦▦ ▦▦ ▦▦ ▦▦

사건	2012타경72○○ 2012타경306○○(중복)			매각물건번호	1		담임법관(사법보좌관)	김○완
작성일자	2015.10.02			최선순위 설정일자	2009.06.16.근저당권			
부동산 및 감정평가액 최저매각가격의 표시	부동산표시목록 참조			배당요구종기	2012.05.23			

점유자의 성명	점유부분	정보출처 구분	점유의 권원	임대차 기간 (점유기간)	보증금	차임	전입신고일 자.사업자등 록신청일자	확정일자	배당요구 여부 (배당요구 일자)
허○자	전부	현황조사	주거 임차인	2001.08 ~	9,500만		2001.08.30		
	전부(방3칸)	권리신고	주거 임차인	2001.08.30 ~	2억1,000만원		2001.08.30	2012.04.03	

이번 물건에서는 최선순위 설정일자인 근저당보다 전입이 빠른 허 씨가 대항력 있는 세입자다. 배당요구를 정상적으로 했지만 확정일자

직장인이 경매로 투잡하는 성공 노하우 추리 경매

가 없으므로 배당순위에 들어가지 않는다. 그러므로 대항력 있는 보증금에 대해서는 전액 낙찰자 인수사항이 된다. 그러나 만약 전입만 돼있고 점유하지 않는 임차인인 경우에는 대항력을 상실해 인수사항이 없어진다. 이런 임차인을 가장임차인이라 한다.

가장임차인은 여러 가지 사항을 복합적으로 보고 추리해야 한다. 임차인 허 씨는 2001년에 전입을 했다. 한 곳에서 14년 동안 전세로 살기는 쉽지 않다. 게다가 소유자가 허 씨고 세입자도 허 씨이므로 가족일 가능성이 있다. 물론 가족이라도 임대차관계가 무조건 성립되지 않는 것은 아니다.

순위번호	등 기 목 적	접 수	등 기 원 인	권 리 자 및 기 타 사 항
				근저당권자 주식회사■■■은행 110111-■■■■■■■ 서울 중구 ■■동■■■■■ ■■■■동지점■■■■■■■
15	근저당권설정	2007년6월13일 제38주00호	2007년6월13일 신설계약	채권최고액 금117,000,000원 채무자 강○8■■■■■ 서울 강서구 ■■동■■■■■■■ 근저당권자 주식회사■■■은행 110111-■■■■■■ 서울 중구 ■■동■■■
16	14번근저당권설등기말소	2007년6월13일 제38주00호	2007년6월13일 해지	
17	근저당권설정	2007년11월27일 제76주00호	2007년11월26일 신설계약	채권최고액 금78,000,000원 채무자 강○8■■■■■ 서울특별시 강서구 ■■동■■■■■■ 근저당권자 ■■생명보험주식회사 110111-■■■■■ 서울특별시 중구 ■■동■■■■
18	근저당권설정	2009년6월16일 제37주00호	2009년6월16일 신설계약	채권최고액 금324,000,000원 채무자 강 ○용■■■■■ 서울특별시 양천구 ■■동■■■ ■■■ ■■■■ ■■■■ ■■■ 근저당권자 주식회사■■은행 110111-3■■6■■■ 서울특별시 중구 ■■동■■ ■■■■ ■■ (■ 점■■■■■ ■■■■ >
19	17번근저당권설설등기말소	2009년6월17일 제38주00호	2009년6월16일 해지	

등기부등본을 살펴보면 2009년에 감정가 3억 6,000만 원인 물건으로 3억 2,400만 원 대출을 받는다. 전입자가 있는데 이 정도 금액을 대출하려면 은행에 무상거주각서를 제출해야만 한다. 그렇지 않으면 절대로 대출해주지 않기 때문이다. 지금까지 정황들은 모두 허 씨가 가장

임차인이라 말해주고 있다.

일반적으로 많이 착각하는 사실 중 하나가 무상거주각서가 있으면 무조건 무상이라고 여기는 것이다. 가장임차인을 의심해볼 수는 있지만, 진실이 더 중요한 것임을 잊으면 안 된다.

<비고>
허○자 : 권리신고및배당요구한 임차인 허○자는 배당요구종기 이후 배당요구만 철회함(2012.07.04), 근저당권자인 ▓▓▓▓ ▓▓ 회사가 제기한 서울남부지법 2013가합1022○○ 소송(2014.12.29.확정)에 따르면 195,000,000원에 대하여 매수인에게 대항력을 가짐.

매각물건명세서 비교란

매각물건명세서의 비고란을 보면 특이사항이 기재돼 있다. 그러니 조금 더 살펴보자.

대법원 '나의 사건 검색' 페이지

채권은행에서 임차인을 상대로 임차권대항력부존재확인 소송을 냈다. 그 결과 원고의 패다. 소송을 제기한 은행에서 패소했다는 사실은 1억 9,500만 원의 임대차가 진짜 존재한다는 뜻이다. 아마도 무상거주각서가 무효가 된 것으로 추측된다. 결국 낙찰자가 전액 인수를 해야 하는 물건이 된다. 이 물건은 다행히도 매각물건명세서에 기재돼 있지만, 아직 소송을 시작하지 않은 물건이 먼저 경매에 나왔다면 미납사태가 일어났을 것이다.

우리가 아는 게 전부가 아닐 수 있다. 정확한 진실을 알기 전까지는 쉽게 배팅하지 말자.

4) 채권은행의 트릭에 휘말리다

남부9계 2013-11○○ 아파트

소 재 지	서울 구로구 ●●동 ■■동 ●●●●●●● 10●동 ●층 ●●●호 (08371) 서울 구로구 ●●●●●●●● 10●				
경매구분	임의경매	채 권 자	㈜ ○○○○○저축은행		
용 도	아파트	채무/소유자	문○경	매 각 일 시	14.11.11 (10:00) [26 일전]
감 정 가	350,000,000 (13.04.25)	청 구 액	100,777,147	다 음 예 정	14.12.16 (91,750,000원)
최 저 가	114,688,000 (33%)	토 지 면 적	28.52 m² (8.63평)	경매개시일	13.04.16
입찰보증금	20% (22,937,600)	건 물 면 적	58.03 m² (17.55평) [23평형]	배당종기일	13.06.18

- 서울남부지방법원 2013-11○○ [1] 매각물건명세서 -
서울 구로구 ●●●● ●●●●●●●●●

사건	2013타경11○○		매각물건번호	1	담임법관(사법보좌관)	이○언
작성일자	2014.10.23		최선순위 설정일자	2011.7.7.근저당권		
부동산 및 감정평가액 최저매각가격의 표시	부동산표시목록 참조		배당요구종기	2013.06.18		

점유자의 성명	점유부분	정보출처 구분	점유의 권원	임대차 기간 (점유기간)	보증금	차임	전입신고일 자.사업자등 록신청일자	확정일자	배당요구 여부 (배당요구 일자)
정○훈	미상	현황조사	주거 임차인	미상	미상	미상	2011.06.30	미상	

<비고>

※ 최선순위 설정일자보다 대항요건을 먼저 갖춘 주택.상가건물 임차인의 임차보증금은 매수인에게 인수되는 경우가 발생할 수 있고, 대항력과 우선 변제권이 있는 주택,상가건물 임차인이 배당요구를 하였으나 보증금 전액에 관하여 배당을 받지 아니한 경우에는 배당받지 못한 잔액이 매수인에게 인수되게 됨을 주의하시기 바랍니다.

※ 등기된 부동산에 관한 권리 또는 가처분으로 매각허가에 의하여 그 효력이 소멸되지 아니하는 것

해당사항 없음

※ 매각허가에 의하여 설정된 것으로 보는 지상권의 개요

해당사항 없음

※ 비고란

1.김○환(○○인테리어)으로 부터 2013.10.14.인테리어공사대금 30,000,000원을 위한 유치권신고 있으나 성립여부 불분명 2.임차인 정○훈으로부터 3,980,000원 유치권신고 있으나, 성립여부 불분명(2014.3.10.) 3)임대차보증금 2억 3천만 원의 임대차계약서 사본이 제출되어 있으나, 불명확함

대항력, 그 무시무시한 능력

이번 사례는 두 차례 미납과 연속 세 차례 유찰된 물건이다. 반드시 그 이유가 있으므로 정확히 확인해야 한다.

매각물건명세서를 보면 최선순위 설정일자인 근저당보다 전입이 빠르기 때문에 정 씨는 대항력 있는 세입자다. 그리고 비고란을 보면 2억 3,000만 원의 임대차계약서가 제출됐으나 불명확하다고 표시돼 있다. 아마 이것이 유찰이 많이 된 이유일 것이다. 두 차례 미납까지는 비고란의 세 번째 항목이 표시돼 있지 않다가, 계속된 미납으로 매각물건명세서에 새로 추가됐을 것이다.

4차 진행 시 한 명이 입찰했고 다시 미납했다. 이때 문건처리 내역을 보면 특이한 사항들이 나온다.

2013.11.07	법원 서울남부지방법원 집행관 한○수 부동산현황조사보고서 제출
2014.03.10	최고가매수신고인 유치권신고 제출
2014.03.11	최고가매수신고인 매각불허가신청서 제출
2014.03.25	최고가매수신고인 의견서 제출
2014.04.03	최고가매수신고인 사법보좌관의처리에관한이의 제출
2014.04.03	최고가매수신고인 소송위임장 제출
2014.04.15	최고가매수신고인 답변서 제출

물건처리 내역

3월 4일에 낙찰받고 최고가매수신고인인 이 씨가 3월 10일에 유치권 신고를 했다. 그리고 매각불허가신청서를 제출했더니 24일 후인 3월 28일에 매각허가결정이 된다. 혹시 잔금 일자를 맞추기 힘들 것 같으면 이런 방법을 써도 될지도 모른다.

그리고 최고가매수신고인은 의견서와 사법보좌관의처리에관한이의, 소송위임장, 답변서를 제출했다. 이렇게 노력했지만 결국 잔금납부기한은 약 3개월 후로 잡히고 결국 미납하게 된다. 도대체 무슨 억울한 사정이 있어 이런 행동을 한 걸까. 마침 그가 쓴 제보내용을 볼 수 있었다.

"저는 2차 대금미납을 한 사람입니다. 더이상의 선의의 피해를 막기 위해 제보합니다. 저도 채권은행에서 처음엔 가족처럼 이야기해서 확신을 가지고 입찰했다가 뭔가 이상해서 낙찰 후 찾아가니 오리발을 내미네요. 전차 대금미납과 제 것(재경매) 보증금 포함 8,000만 원이 날라간 돈입니다. 이의신청에 변호사 위임까지 해봤으나 결국 기각됐습니다. 유치권 3,000만 원은 거짓말이고, 임차인이 신고한 유익비(390만 원)는 사실입니다. 안에 곰팡이가 심해서 주인의 동의를 얻어 수리했고 견적서 확인했습니다(그래도 곰팡이 심함). 이 보증금 5,000만 원 이상(변호사 + 법무사 + 기타) 날리고 몸져누웠습니다. 억울하고 속상해서요. 입찰하시는 분들은 인수금액(선순위 2억 3,000만 원 + 유치권 비용)을 감안해 입찰하시기 바랍니다."

채권은행에서 가족처럼 얘기해서 대박 물건으로 보고 입찰했다고 한다. 내용을 보면 선순위 세입자가 2억 3,000만 원이 있는 상태에서 채권은행은 1억 2,000만 원을 대출해줬다. 감정가가 3억 5,000만 원인 물건으로 추가로 대출받기 쉽지 않은 금액이다. 그러므로 가장임차인으로 추측했고 채권은행에서 가족처럼 얘기해 확신을 가지고 입찰한 것이다.

결국 두 차례 미납이 발생했고, 몰수된 보증금은 약 8,000만 원이다. 채권은행에서는 실수로 추가 대출을 해줬지만 몰수된 보증금을 배당에 포함시켜 전액 배당을 받게 된다. 즉 채권은행은 가족인 것처럼 말한 사실 하나만으로 모든 채권을 회수하게 되는 결과를 얻은 것이다. 물건을 너무 사랑하면 상대방이 하는 말 중에 나에게 유리한 말만 듣게 된다. 서류만 봐도 진정한 세입자일 가능성이 높았지만 이를 간과한 입찰자는 보증금을 몰수 당한 것이다.

경매할 때는 채권은행도 믿어서는 안 된다. 모든 것을 조심하자.

07 가장임차인 판별해보기

1) 아주 재미있는 추리를 해보자

중앙2계 2014-150○○[1] ▨▨▨ 아파트

소 재 지	서울 서초구 ▨▨▨ ▨▨▨ ▨▨▨▨ ▨▨▨ ▨층 ▨▨▨				
	(06597) 서울 서초구 ▨▨▨▨				
경 매 구 분	임의경매	채 권 자	○○신용보증기금		
용 도	아파트	채무/소유자	(주)○○○/이○원외1	매 각 일 시	16.01.07 (10:00)
감 정 가	**1,400,000,000** (14.03.14)	청 구 액	654,000,000	다 음 예 정	16.02.11 (896,000,000원)
최 저 가	1,120,000,000 (80%)	토 지 면 적	52.24 ㎡ (15.8평)	경매개시일	14.01.15
입찰보증금	20% (224,000,000)	건 물 면 적	106.15 ㎡ (32.11평) [40평형]	배당종기일	14.05.26

【 갑 구 】		(소유권에 관한 사항)		
순위번호	등 기 목 적	접 수	등 기 원 인	권 리 자 및 기 타 사 항
1	소유권보존	2011년8월29일 제43800호		공유자 지분 2분의 1 이○원 611212-******* 서울특별시 서초구 ▨▨▨ ▨▨▨ ▨▨▨▨ ▨▨▨ ▨▨▨ 지분 2분의 1 최○선 680528-******* 서울특별시 서초구 ▨▨▨ ▨▨▨ ▨▨▨ ▨▨▨▨ ▨▨▨
2	임의경매개시결정	2014년1월16일 제1260호	2014년1월15일 서울중앙지방법원의 임의경매개시 결정(2014타경1500)	채권자 ○○신용보증기금 180171-0000028 부산광역시 남구 ▨▨▨▨ ▨▨▨ ▨▨▨▨ ▨▨▨ (▨▨▨ ▨▨▨)
~~3~~	~~1번이○권지분가압류~~	~~2014년2월4일 제6000호~~	~~2014년2월4일 서울중앙지방법원의 가압류 결정(2014카단3810○)~~	~~청구금액 금19,333,962 원~~ ~~채권자 주식회사▨▨▨▨ 110111-5101639~~ ~~서울특별시 종로구 ▨▨▨ ▨▨▨ ▨▨▨ ▨▨▨~~

이번 물건은 2011년 보존등기됐고, 40평에 방이 3개인 물건이다. 부부로 추측되는 이 씨와 최 씨가 2011년에 매매로 샀다.

- 서울중앙지방법원 2014-15○○[1] 매각물건명세서 -
서울 서초구 ▨▨▨ ▨▨▨▨ ▨▨▨ ▨▨▨

사건	2014타경15○○ 2014타경18064,2015타경126○○ (중복)		매각물건번호	1	담임법관(사법보좌관)	지○재
작성일자	2016.01.27		최선순위 설정일자		2011.08.29.근저당권	
부동산 및 감정평가액 최저매각가격의 표시	부동산표시목록 참조		배당요구종기		2014.05.26	

점유자의 성명	점유부분	정보출처 구분	점유의 권원	임대차 기간 (점유기간)	보증금	차임	전입신고일 자.사업자등 록신청일자	확정일자	배당요구 여부 (배당요구 일자)
최○진	403호	현황조 사	주거 임차인	미상	미상		2010.12.07	미상	

<비고>
최○진 : 제적등본에 임차인 최○진은 소유자 최○진의 자매로 기재되어 있음.

매각물건명세서에는 최선순위 설정일자인 근저당보다 빠른 전입자 최 씨가 있다. 비고란에 최 씨는 제적등본상 소유자의 자매로 기재돼 있다. 그런데 자매라고 하더라도 진정한 세입자라면 대항력이 있으므로 인수사항이 발생할 수 있으니 주의해야 한다.

2015.11.02	최고가매수신고인 열람및복사신청 제출
2015.11.05	최고가매수신고인 매각불허가신청서 제출
2015.11.24	채권자 ○○신용보증기금 열람및복사신청 제출
2015.12.02	법원 서울중앙지방법원 보관금계 결정문 제출
2016.03.04	소유자 이○원 열람및복사신청 제출

문건처리 내역

② 20% ↓	1,120,000,000 2015-10-29 매각
매수인	조○현
응찰수	2명
매각가	1,287,000,00 0 (91.93%)
2위	1,120,010,00 0 (80.00%)
허가	2015-11-05
납기	2015-12-16
	대금미납

2015년 10월 29일 낙찰됐지만 최고가매수신고인 조 씨가 서류를 열람하고 3일 후에 매각불허가신청서를 제출했다. 무슨 이유로 매각허가결정 마지막 날 매각불허가신청서를 제출했을까.

경매 진행 내역

여기서 불허가 이유를 몇 가지 추측해보자.

첫 번째는 2등과의 가격 차다. 금액이 무려 1억 6,700만 원이나 차이 난다. 입찰보증금이 1억 1,200만 원이므로 보증금을 포기하고 다시 낙찰을 받는다고 해도 5,000만 원 정도 아낄 수 있다. 두 번째로는 낙찰 후에 방문하니 계약서를 보여주면서 대항력 있는 임차인라 주장했을 수도 있다. 자매 사이에도 계약은 충분히 가능한 일이고, 만약 집을 살 때 자매에게 돈을 빌렸거나 이체한 흔적이 있다면 그걸 근거로 추후에 계약서를 작성했을 수도 있다. 진실은 알 수 없지만 아직 입찰하기에는 조금 부족하다.

이때 내부 사진을 발견하고, 재미있는 추리를 해봤다.

<반포OO 104동 4층 내부구조도>

감정편 가서 내부구조도

직장인이 경매로 투잡하는 성공 노하우 추리 경매

먼저 구조도를 보자. 이 집에는 부부가 살았으므로 동쪽 침실은 부부가 사용했을 가능성이 높디. 만약 이 집에 처제가 같이 살고 있었다면 서쪽이나 북쪽 침실을 사용했을 것이다. 또 이들이 함께 산다면 남편이 가장 불편했을 것이다. 그러니 두 개의 화장실 중 부부의 침실에 딸린 화장실은 둘이 사용하고, 거실에 있는 화장실은 처제가 사용했을 가능성이 높다.

감정평가서에 올라와 있는 내부 사진과 함께 보자. 이 사진의 화장실은 구조상 거실 쪽이다. 사진의 오른쪽을 자세히 보면 진동면도기가 보인다. 부부침실에 딸린 화장실을 아내가 혼자 쓰고 이 화장실을 남편과 처제가 같이 사용했을 리 없다. 그리고 부부침실을 처제가 사용하고 다른 방을 부부가 사용했을 가능성도 낮다. 일반적인 가정이라면 부부침실은 부부가 사용한다. 그러므로 필자는 처제가 이곳에 살고 있지 않을 거라 추측한다. 전입만 돼 있고 해외에 나가 있을 수도 있다.

종합해서 결론을 내리자면, 너무 높게 낙찰 받았거나 대출받지 못해서 불허가를 신청하지 않았을까 한다.

감정평가서 화장실 사진

2) 권리분석으로 가장임차인 깨트리기

경매할 때 권리분석만으로도 가장임차인을 깨트릴 수도 있다. 전입신고된 날짜가 효력이 없는 날짜라면 대항력이 인정되지 않으므로 인수사항이 발생하지 않는다. 그러므로 여러 가지 단서를 바탕으로 전입신고된 날짜가 무효로 처리되는 경우를 찾아보자.

의정부8계 2015-211○○ ▩▩▩ 아파트

소 재 지	경기 남양주시 ▩▩▩ ▩▩.▩▩▩ ▩▩-▩ ▩▩▩▩▩▩ ▩▩▩ ▩▩ ▩▩-▩▩ (12251) 경기 남양주시 ▩▩▩ ▩▩▩				
경매구분	임의경매	채 권 자	○○화재해상보험 ㈜		
용 도	아파트	채무/소유자	백○자	매 각 일 시	16.01.28 (10:00) [1 일전]
감 정 가	467,000,000 (15.06.16)	청 구 액	311,883,131	다 음 예 정	미정
최 저 가	373,600,000 (80%)	토 지 면 적	61.39 ㎡ (18.57평)	경매개시일	15.06.04
입찰보증금	10% (37,360,000)	건 물 면 적	162.45 ㎡ (49.14평) [58평형]	배당종기일	15.08.24

– 의정부지방법원 2015-211○○ [1] 매각물건명세서 –

경기 남양주시 ▩▩▩ ▩▩▩ ▩▩▩ ▩▩▩▩ ▩▩▩

사건	2015타경211○○		매각물건번호	1	담임법관(사법보좌관)	
작성일자	2016.01.14		최선순위 설정일자	2014.10.17.(근저당권)		
부동산 및 감정평가액 최저매각가격의 표시	부동산표시목록 참조		배당요구종기	/ 2.01.50		

점유자의 성명	점유부분	정보출처 구분	점유의 권원	임대차 기간 (점유기간)	보증금	차임	전입신고일 자.사업자등 록신청일자	확정일자	배당요구 여부 (배당요구 일자)
천○배		현황조사	주거 임차인				2014.01.24		

〈비고〉

이 물건의 매각물건명세서를 확인해보면, 최선순위 근저당보다 전입이 빠른 임차인 천 씨가 있다. 권리신고도 하지 않았고, 현황조사에서도 폐문부재로 나와 있다. 그러나 만약 천 씨가 진정한 임차인이라면 보증금도 낙찰자가 인수해야 한다.

순위번호	등 기 목 적	접 수	등 기 원 인	권 리 자 및 기 타 사 항
14	근저당권설정	2014년10월17일 제112700호	2014년10월17일 설정계약	채권최고액 금364,800,000원 채무자 백○자 경기도 구리시 ... 근저당권자 ○○화재해상보험주식회사 110111-... 서울특별시 중구 ...
15	근저당권설정	2014년10월22일 제114600호	2014년10월22일 설정계약	채권최고액 금52,800,000원 채무자 백○자 경기도 구리시 ... 근저당권자 ○○○○○협동조합 164436-... 충청남도 ...

등기부등본을 보니 근저당금액이 3억 6,480만 원으로 잡혔다. 감정가 4억 6,700만 원의 78%다. 그러므로 거의 꽉 차게 대출받은 것으로 보인다. 그런데 전입신고를 한 날이 근저당을 설정하기 9개월 전이고, 소유자의 주소지도 물건지가 아니니 다른 누군가가 점유하고 있을 확률이 높다.

순위번호	등 기 목 적	접 수	등 기 원 인	권 리 자 및 기 타 사 항
11	소유권이전	2014년10월17일 제112700호	2014년10월17일 임의경매로 인한 매각	소유자 백○자 640302-******* 경기도 구리시 ...
12	5번가압류, 6번가압류, 7번임의경매개시결정, 8번가압류, 9번가압류, 10번임의경매개시결정 등기말소	2014년10월17일 제112700호	2014년10월17일 임의경매로 인한 매각	
13	임의경매개시결정	2015년6월4일 제74100호	2015년6월4일 의정부지방법원의 임의경매개시결정(2015 타경21100)	채권자 ○○화재해상보험 주식회사 110111-... 서울 중구 ...

【 을 구 】			(소유권 이외의 권리에 관한 사항)	
순위번호	등 기 목 적	접 수	등 기 원 인	권 리 자 및 기 타 사 항
1	근저당권설정	2001년11월27일 제104600호	2001년11월27일 설정계약	채권최고액 금240,000,000원 채무자 권○자 남양주시 ... 근저당권자 주식회사○○은행 110111-... 서울 중구 ...
2	근저당권설정	2003년5월14일 제45700호	2003년5월13일 설정계약	채권최고액 금390,000,000원 채무자 권○자

게다가 현 소유자는 임의경매로 인한 매각으로 이 물건을 취득했다. 그러니 당연히 이전 경매도 찾아봐야 한다

경기 남양주시

사건	2014타경67○○ 2014타경31○○(중복)		매각물건번호	1		담임법관(사법보좌관)	류○식
작성일자	2014.08.22		최선순위 설정일자	2012.02.28. 근저당권			
부동산 및 감정평가액 최저매각가격의 표시	부동산표시목록 참조		배당요구종기	2014.04.25			

점유자의 성명	점유부분	정보출처 구분	점유의 권원	임대차 기간 (점유기간)	보증금	차임	전입신고일 자.사업자등 록신청일자	확정일자	배당요구 여부 (배당요구 일자)
곽○자		현황조 사	미상 임차인				2005.09.23		
천○배		현황조 사	미상 임차인				2014.01.24		

<비고>

•이전 경매의 매각물건명세서

　　이전 경매의 매각물건명세서를 확인해보니 천 씨가 후순위 전입자로 표시돼 있고, 권리행사를 하지 않았다. 후순위여도 진정한 세입자였다면 배당요구를 해야 했는데 그러지 않은 것으로 봐서는 당시에도 진정한 세입자는 아니었을 것으로 추측된다.

　　결국 천 씨의 전입은 이전 경매 때 이미 말소됐어야 하는 사항이다. 최고가매수신고인이 주민등록을 말소하지 않고 그대로 뒀다가 다시 경매로 나온 것이다. 따라서 천 씨는 대항력이 없으므로 인수사항이 없는 가장임차인 물건이 된다.

임차권리	전입자	점유	전입/확정/배당	보증금/차임	예상배당액	대항력	인수	형태
	천○배	주거 조사서상	전입 : 2014-01-24			有	인수	주거

　　그런데 사설경매정보사이트에서는 이런 분석까진 하지 않아서 인수라고 표시해 뒀다. 사설경매정보사이트의 분석을 너무 믿지 말고 직접 권리분석을 해야만 좋은 물건을 찾아낼 수 있다.

08 전 소유자의 대항력 발생시기

수원2계 2014-404○○ 아파트					
소 재 지	경기 수원시 장안구 (16295) 경기 수원시 장안구				
경매구분	임의경매	채 권 자	㈜○○○○은행(변경전:㈜○○○○은행)		
용 도	아파트	채무/소유자	박○원	매 각 일 시	15.02.10 (10:30) [6 일전]
감 정 가	405,000,000 (14.09.04)	청 구 액	291,802,582	다 음 예 정	15.03.19 (198,450,000원)
최 저 가	283,500,000 (70%)	토 지 면 적	50.32 m² (15.22평)	경매개시일	14.08.25
입찰보증금	10% (28,350,000)	건 물 면 적	121.48 m² (36.75평) [45평형]	배당종기일	14.11.07

– 수원지방법원 2014-404○○ [1] 매각물건명세서 –
경기 수원시 장안구

사건	2014타경404○○	매각물건번호	1	담임법관(사법보좌관)	니○경
작성일자	2015.03.05	최선순위 설정일자	2013.08.23(근저당권)		
부동산 및 감정평가액 최저매각가격의 표시	부동산표시목록 참조	배당요구종기	2014.11.07		

점유자의 성명	점유부분	정보출처 구분	점유의 권원	임대차 기간 (점유기간)	보증금	차임	전입신고일자.사업자등록신청일자	확정일자	배당요구여부 (배당요구일자)
김○수	주민등록상 101호	현황조사	주거 임차인	미상	미상		1998.08.23		

<비고>

매각물건명세서를 보면 최선순위 설정일자인 근저당보다 빠른 전입자가 있다. 권리신고를 하지 않아서 전입세대열람 내역만 표시돼 있다. 그런데 그 날짜가 1998년 8월 23일이다. 진정한 세입자라면 17년 동안 살고 있다는 건데, 쉽지 않은 일이다. 그래서 자료를 더 찾아봤다.

순위번호	등 기 목 적	접 수	등 기 원 인	권리자 및 기타사항
			제11민사부의 회사정리절차 개시결정(98카700)	
3	소유권이전	1999년10월28일 제13440○호	1996년9월16일 매매	소유자 김○수 650730-1****** 수원시 장안구
4	2번회사정리절차개시등기말소	1999년11월1일 제13870○호	1999년10월25일 이전허가	
5	가압류	2004년5월14일 제15500○호	2004년5월11일 수원지방법원의 가압류결정(2004카단9○○)	청구금액 16,437,776원 채권자 ○○농업협동조합중앙회 서울 중구

대항력, 그 무시무시한 능력　　　**121**

7	압류	2006년1월13일 제1500호	2006년1월13일 압류(장안구세무-665)	권리자 장안구청
8	7번압류등기말소	2006년10월2일 제4130호	2006년10월2일 해제	
9	압류	2009년2월19일 제7700호	2009년2월19일 압류(세무1과-170)	권리자 서울특별시동작구청
10	9번압류등기말소	2009년8월25일 제3030호	2009년8월25일 해제	
11	임의경매개시결정	2012년11월29일 제3410호	2012년11월29일 수원지방법원의 임의경매개시결정(2012 타경6100호)	채권자 ○○○○규모 131144 ○○○○ 이상사 ○○○○○○
12	가압류	2013년1월10일 제600호	2013년1월10일 서울남부지방법원의 가압류결정(2013카단○○)	청구금액 금17,550,000 원 채무자 윤○산 640310 1****** 서울 강서구 ○○○
13	압류	2013년4월29일 제1900호	2013년4월29일 압류(징수부-900520)	권리자 국민건강보험공사 111471 서울특별시 마포구 ○○○
14	소유권이전	2013년8월23일 제2900호	2013년8월23일 임의경매로 인한 매각	소유자 박○연 690127-1****** 경기도 수원시 장안구 ○○○
15	11번임의경매개시결정, 12번가압류, 13번압류 등기말소	2013년8월23일 제2900호	2013년8월23일 임의경매로 인한 매각	
16	압류	2014년4월2일 제9500호	2014년4월2일 압류(장안구 세무과-6739)	권리자 수원시장안구
17	임의경매개시결정 20번근저당권설정, 23번근저당권설정 등기말소	2014년8월25일 제2550호 제2900호	2014년8월25일 수원지방법원의 임의경매로 인한 매각	채권자 주식회사○○○○은행(변경전:주식회사○○○○은행
25	근저당권설정	2013년8월23일 제2900호	2013년8월23일 설정계약	채권최고액 금366,600,000원 채무자 박○연 경기도 수원시 ○○○ 근저당권자 주식회사○○○○은행 204211-○○○○○○ 광주광역시 동구 ○○○

등기부등본을 보면 현재 전입된 김 씨는 1999년에 매매로 샀던 전 소유자다. 그리고 이 건물은 2013년 8월 23일에 임의경매로 매각되면서 같은 날 근저당도 설정됐다. 전 소유자인 김 씨가 전입을 빼지 않은 것을 보면 세입자로 전향해서 계속 살고 있을 것으로 추측된다.

이처럼 소유자에서 세입자로 바뀐 경우에 전입신고일자는 언제로 봐야 하는지 의문이 남는다.

대법원 2000. 2. 11. 선고 99다59306 판결

【판시사항】

[3] 갑이 주택에 관해 소유권이전등기를 경료하고 주민등록 전입신고까지 마친 다음 처와 함께 거주하다가 을에게 매도함과 동시에 그로부터 이를 다시 임차해 계속 거주하기로 약정하고 처 명의의 임대차계약을 체결한 후에야 을 명의의 소유권이전등기가 경료된 경우, 갑의 처가 주택임대차보호법상 임차인으로서 대항력을 갖는 시기(시기)(=을 명의의 소유권이전등기 익일부터)

【판결요지】

[3] 갑이 주택에 관해 소유권이전등기를 경료하고 주민등록 전입신고까지 마친 다음. 처와 함께 거주하다가 을에게 매도함과 동시에 그로부터 이를 다시 임차해 계속 거주하기로 약정하고 임차인을 갑의 처로 하는 임대차계약을 체결한 후에야 을 명의의 소유권이전등기가 경료된 경우, 제삼자로서는 주택에 관해 갑으로부터 을 앞으로 소유권이전등기가 경료되기 전에는 갑의 처의 주민등록이 소유권 아닌 임차권을 매개로 하는 점유라는 것을 인식하기 어려웠다 할 것이므로, 갑의 처의 주민등록은 주택에 관해 을 명의의 소유권이전등기가 경료되기 전에는 주택임대차의 대항력 인정의 요건이 되는 적법한 공시방법으로서의 효력이 없고 을 명의의 소유권이전등기가 경료된 날에야 비로소 갑의 처와 을 사이의 임대차를 공시하는 유효한 공시방법이 된다고 할 것이며, 주택임대차보호법 제3조 제1항에 의해 유효한 공시방법을 갖춘 다음날인 을 명의의 소유권이전등기일 익일부터 임차인으로서 대항력을 갖는다.

관련 판례를 보면 집을 매도하고 다시 임차해 거주하는 경우 임차인으로서 대항력을 갖는 시기는 소유권이전등기 익일부터라 판시하고 있다. 즉 경매로 매각된 2013년 8월 23일에 소유권이전등기가 된 것으로 보고, 다음날 0시부터 대항력을 가진다. 그러므로 전 소유자 김 씨는 최초 전입한 1998년 8월 23일이 아니라 2013년 8월 23일에 전입한 것으로 본다. 또한 같은 날 근저당이 설정됐으므로 근저당보다 후순위가 돼 대항력을 상실한다. 이런 물건은 문제가 없으므로 마음껏 입찰하자.

09 전 소유자의 커다란 함정

중앙1계 2014-251○○ ●●●● 아파트

소 재 지	서울 서초구 ●●●● ●●●●● ●●●●● (06734) 서울 서초구 ●●●●●●●●●●● ●●●●				
경 매 구 분	강제경매	채 권 자	신○성		
용 도	아파트	채무/소유자	서○경	매 각 일 시	16.04.26 (10:00) [1 일전]
감 정 가	640,000,000 (14.10.06)	청 구 액	81,000,000	다 음 예 정	16.05.31 (327,680,000원)
최 저 가	409,600,000 (64%)	토 지 면 적	48.97 ㎡ (14.81평)	경매개시일	14.09.19
입찰보증금	20% (81,920,000)	건 물 면 적	111.92 ㎡ (33.86평)	배당종기일	14.12.15

– 서울중앙지방법원 2014-251○○ [1] 매각물건명세서 –
서울 서초구 ●●●● ●●●●● ●●●●

사건	2014타경251○○		매각물건번호	1	담임법관(사법보좌관)	김○환
작성일자	2016.10.10		최선순위 설정일자	2014. 9. 19.(강제경매개시결정)		
부동산 및 감정평가액 최저매각가격의 표시	부동산표시목록 참조		배당요구종기	2014.12.15		

점유자의 성명	점유부분	정보출처 구분	점유의 권원	임대차 기간 (점유기간)	보증금	차임	전입신고일 자,사업자등 록신청일자	확정일자	배당요구 여부 (배당요구 일자)
손○	403호	현황조 사	주거 임차인	미상	미상		2005.09.06	미상	

<비고>

매각물건명세서를 보면 최선순위 설정일자인 2014년 9월 19일(경제 경매개시결정)보다 빠른 전입자 손 씨가 있다. 자료에 따르면 손 씨는 12년 동안 임대차계약을 하고 사는 것인데, 과연 그럴까.

순위번호	등 기 목 적	접 수	등 기 원 인	권리자 및 기타사항
			전기	
				2005년9월23일 무기
3	소유권이전	2005년9월23일 제84700호	2005년7월23일 매매	소유자 손○ 541129-******* 서울 서초구
4	소유권이전	2013년7월30일 제191800호	2013년7월22일 매매	소유자 서○○ 800210-******* 경기도 부천시 거래가액 금720,000,000원
5	소유권이전청구권가등기	2014년2월11일 제32400호	2014년2월11일 매매예약	가등기권자 서○석 820107-******* 경기도 부천시 원미구
6	강제경매개시결정	2014년9월19일 제207300호	2014년9월19일 서울중앙지방법원의 강제경매개시결정(2014 타경25100)	채권자 신○성 760409-******* 경기도 구리시
7	5번가등기말소	2015년10월2일 제268800호	2015년10월2일 사해행위취소	대위자 신○성 경기도 구리시 대위원인 2015년 9월 16일 인천지방법원 부천지원 2014가단50400 확정판결
8	압류	2015년11월23일 제337600호	2015년11월23일 압류 (세무1과-26101)	권리자 서울특별시서초구

갑구 등기부등본

순위번호	등 기 목 적	접 수	등 기 원 인	권리자 및 기타사항
				손○권자본
6	5번근저당권설정등기말소	2011년8월24일 제43000호	2011년8월24일 일부포기	
7	근저당권설정	2011년10월6일 제8600호	2011년9월30일 설정계약	채권최고액 금325,000,000원 채무자 손○ 서울 서초구 근저당권자 ○○에이블성 115044 서울특별시 동작구
8	7번근저당권설정등기말소	2013년7월31일 제192100호	2013년7월30일 해지	

을구 등기부등본

등기부등본을 보니 손 씨는 2005년에 매매로 소유권을 이전받았다. 즉 전 소유자인 것이다. 2013년에는 서 씨가 7억 2,000만 원에 매매로 샀다. 그런데 기존 소유자의 근저당을 말소시키고 새로운 근저당을 설정하진 않았다. 설마 7억 2,000만 원 전부 현금으로 낸 것인지 의문이 들어 등기부등본을 더 자세히 봤다. 서 씨의 주소지가 해당 물건지로 전거된 흔적이 없다. 매매와 동시에 임차인을 들인 것으로 추측된다.

[소재지] 1. 서울특별시 서초구 ░░ ░░ ░░░░ ░░░░░ ░░░░ ░░

	점유인	손○	당사자구분	임차인
	점유부분	403호	용도	주거
1	점유기간	미상		
	보증(전세)금	미상	차임	
	전입일자	2005.09.06	확정일자	미상

■ 기타

위 임차인의 배우자는 본건 임차인이 맞지만 임차 보증금 등 임대차 계약 등의 내용 조사에는 응하지 아니하여 그 구체적인 내용을 조사하지 못함.

현황조사서

이번엔 현황조사 내역을 보니 손 씨의 배우자의 임대차가 맞다는 언급이 나온다. 그렇다면 손 씨의 대항력 발생시기는 언제일까. 2013년 7월 30일에 소유권이 이전됐으므로 2013년 7월 31일 0시부터 대항력이 발생한다고 볼 수 있다. 근저당이 설정되지 않았으므로 대항력 있는 임차인이기 때문에 배당받지 못하면 인수사항이 된다. 이 물건에서 임차인 손 씨는 배당요구를 하지 않았으므로 전액 낙찰자 인수사항이다.

그러면 인수해야 할 금액은 얼마인가가 다음 문제로 남는다. 손 씨가 신고하지 않아서 서류로는 보증금이 얼마인지 알 수 없다. 그러니 여기서 아주 신중하게 생각해봐야 한다. 과연 전 소유자가 임대차로 바뀌는 경우 이 아파트의 시세에 맞는 임대차계약을 했을까.

전체 84.96㎡ 123.58㎡

2013.01		2013.02		2013.03		2013.04		2013.05		2013.06	
계약일	보증금 월세(층)	계약일	보증금 월세(층)	계약일	보증금 월세(층)	계약일	보증금 월세(층)	계약일	보증금 월세(층)	계약일	보증금 월세(층)
										21-30	36,000 (7)

2013.07		2013.08		2013.09		2013.10		2013.11		2013.12	
계약일	보증금 월세(층)	계약일	보증금 월세(층)	계약일	보증금 월세(층)	계약일	보증금 월세(층)	계약일	보증금 월세(층)	계약일	보증금 월세(층)
11-20	36,000 (2)										

전체 114.96㎡

2014.01		2014.02		2014.03		2014.04		2014.05		2014.06	
계약일	보증금 월세(층)	계약일	보증금 월세(층)	계약일	보증금 월세(층)	계약일	보증금 월세(층)	계약일	보증금 월세(층)	계약일	보증금 월세(층)
		21-28	34,000 (3)							21-30	35,000 (5)

2014.07		2014.08		2014.09		2014.10		2014.11		2014.12	
계약일	보증금 월세(층)	계약일	보증금 월세(층)	계약일	보증금 월세(층)	계약일	보증금 월세(층)	계약일	보증금 월세(층)	계약일	보증금 월세(층)

국토교통부 실거래가

국토교통부 실거래가를 보면 다른 호수는 3억 4,000만 원에서 3억 6,000만 원 정도로 신고돼 있다. 다만 이 금액은 당시의 전세 시세일 뿐이고, 전 소유자가 임차인으로 바뀔 때에는 얼마에 계약을 했는지 알 수 없다. 새로운 소유자와 전 소유자의 직거래이기 때문에 4억 원일 수도 있고 5억 원이 될 수도 있다. 그러므로 보증금금액을 알지 않고서는 절대로 입찰해서는 안 된다.

그런데 이전 경매기일에 4억 5,400만 원에 낙찰된 기록이 있다. 입찰자는 인수사항을 3억 5,000만원으로 예상하고 입찰한 것으로 보인다. 그리고 결국 미납했다.

매수인	최○석
응찰수	2명
매각가	454,000,000 (70.94%)
2위	418,000,000 (65.31%)
허가	2016-02-12
납기	2016-03-23
	대금미납

경매 진행 내역

2016.02.05	가등기권자 서○식 낙찰에 대한 이의신청서 제출
2016.02.05	채권자 신○성 열람및복사신청 제출
2016.02.11	최고가매수신고인 매각불허가신청 제출
2016.02.11	최고가매수신고인 참고자료 제출
2016.05.09	신청인대리인 변호사 신○한 강제경매절차정지신청 제출
2016.05.18	채권자 신○성 열람및복사신청 제출

문건처리 내역

그런데 그냥 미납이 아니라 불허가신청에 참고자료까지 제출했다. 이 부분만으로 추측하기에는 낙찰받고 갔더니 인수사항이 너무 큰 금액이라 아파트의 평균적인 임대차금액을 조사한 것 같다. 그 이후 불허가신청서와 함께 참고자료를 제출한 것으로 보인다. 그러나 법원에서는 불허가신청을 받아주지 않았고, 낙찰자는 잔금납부를 미납해서 물건이 다시 나왔다.

이런 사실들로 종합해보면, 낙찰자 인수사항인 손 씨의 임대차금액

은 3억 원보다 훨씬 클 것이다. 이렇게 인수하는 금액이 얼만지 모르고
하는 입찰은 너무 위험하다. 실거래가 신고도 없으므로 금액을 알 방법
이 없다. 내부 사정을 잘 아는 지인이 아니면 입찰하면 안 되는 물건이다.

10 종전임차인과의 재계약, 대항력이 있을까

고양3계 2014-368○○	아파트					
소 재 지	경기 고양시 일산서구 (10239) 경기 고양시 일산서구					
경 매 구 분	임의경매	채 권 자	심○택			
용 도	아파트	채무/소유자	○○○○컨설팅	매 각 일 시	16.05.19 (10:00) [2 일전]	
감 정 가	352,000,000 (14.12.01)	청 구 액	100,000,000	다 음 예 정	16.06.23 (246,400,000원)	
최 저 가	352,000,000 (100%)	토 지 면 적	73.03 ㎡ (22.09평)	경매개시일		
입찰보증금	10% (35,200,000)	건 물 면 적	124.06 ㎡ (37.53평) [46평형]	배당종기일	15.02.26	

대항력 있는 세입자는 돈을 다 받을 때까지 점유할 수 있다. 마지막
까지 못받은 돈은 낙찰자가 지급해야 한다. 계속 반복해서 하는 말이지
만, 그만큼 중요한 사항이기도 하다. 물건을 조사할 때는 대항력이 있
는지부터 확인해보는 습관을 들여야 한다.

- 고양지원 2014-368○○ [1] 매각물건명세서 -
경기 고양시 일산서구

사건	2014타경368○○ 2015타경98○○(중복)		매각물건번호	1	담임법관(사법보좌관)	서○석		
작성일자	2016.06.08		최선순위 설정일자	2014. 3. 25.(근저당)				
부동산 및 감정평가액 최저매각가격의 표시	부동산표시목록 참조		배당요구종기	2015.02.26				
점유자의 성명	점유부분	정보출처 구분	점유의 권원	임대차 기간 (점유기간)	보증금	차임	전입신고일 자.사업자등 록신청일자	확정일자	배당요구 여부 (배당요구 일자)
이○균	전부	현황조 사	주거 임차인	2013.06.13. 부터 2년간	30,000,000	월 900,000	2013.06.13		
	전부	권리신 고	주거 임차인	2014.03.25. 부터 2015.3.24. 까지	30,000,000	900,000	2013.06.13	2014.5.28	2015.01.15

매각물건명세서를 보면 최선순위 설정일자인 근저당보다 전입이 빠른 세입자가 있다. 그러므로 일단 대항력이 있다고 봐야 맞다. 그런데 임대차기간이 조금 이상하다. 충분한 대항력이 있는데, 임대차기간이 근저당 날짜와 동일하다. 이렇게 무언가 이상한 점을 감지했으니 자료를 더 찾아보자.

순위번호	등 기 목 적	접 수	등 기 원 인	권 리 자 및 기 타 사 항
		제140523호.	매매	경기도 고양시 일산서구
				3번 신탁등기말소 원인 신탁재산의처분
5	압류	2012년4월4일 제44900호	2012년4월4일 압류(세무과-5273)	권리자 고양시일산서구
6	압류	2012년8월16일 제105200호	2012년8월1일 압류(시민봉사과-15737)	권리자 고양시일산서구
7	5번압류등기말소	2013년2월1일 제13800호	2013년2월1일 압류해제	
8	6번압류등기말소	2013년6월10일 제81700호	2013년6월4일 해제	
9	임의경매개시결정	2013년7월18일 제107200호	2013년7월16일 의정부지방법원 고양지원의 임의경매개시결정(2013 타경2900)	채권자 신동조합 130137 수원시 권선구
10	소유권이전	2014년3월25일 제48100호.	2014년3월25일 임의경매로 인한 매각	소유자 ○○○○인실빌주식회사 134811 인천광역시 서구
11	9번의 경매개시결정 등기말소	2014년3월25일	2014년3월25일	

근저당 설정과 세입자의 점유기간, 임의경매로 인한 매각된 소유권 이전 모두 2014년 3월 25일로 동일하다. 이 사실을 확인하니 이전 경매에서 세입자의 위치가 무엇이었을까 궁금해진다.

- 고양지원 2013-2900 [1] 매각물건명세서 -

경기 고양시 일산서구

사건	2013타경2900		매각물건번호	1	담임법관(사법보좌관)	정○석
작성일자	2014.02.03		최선순위 설정일자	2010.10.22. 근저당권		
부동산 및 감정평가액 최저매각가격의 표시	부동산표시목록 참조		배당요구종기	2013.10.10		

점유자의 성명	점유부분	정보출처 구분	점유의 권원	임대차 기간 (점유기간)	보증금	차임	전입신고일자. 사업자등록신 청일자	확정일자	배당요구 여부 (배당요구 일자)
김○희	전부	현황조사	주거 임차인	2013.06.13.~	20,000,000	월 1,000,000	2013.06.13.		
	전부	권리신고	주거 임차인	2013.06.13.~ 2015.06.12.	20,000,000	1,000,000	2013.06.13.	2013.06.11.	2013.07.31
<비고>									

이전 경매의 매각물건명세서를 확인해보자. 현 세입자는 이전 경매 전부터 살고 있었던 종전 임차인이었다. 당시에는 대항력이 없는 세입자였고, 돈을 받고 나가겠다고 배당요구를 해서 최우선변제로 전액 배당을 받은 세입자였다. 그런데 전입을 빼지 않은 상태에서 다시 경매로 나온 것이다.

그러면 이전 세입자의 전입과 확정일자는 어떻게 될까. 배당을 받았을 때 이미 전입과 확정일자의 효력은 다한 것으로 봐야 한다. 전입신고를 말소시켰어야 했으나 그러지 않았다. 경매 절차에서 등기부등본은 직권 말소하지만, 전입 내역에 대해서는 말소할 수 있는 절차가 없다. 바로 이 점이 현재 경매가 가진 문제점이기도 하다.

어찌됐든 현 세입자는 계속 살고 있으므로 이전에 전입된 2013년 6월 13일은 유효하지 않다. 그럼 언제 전입한 것으로 봐야 할까. 소유권 변동이 되는 날 전입한 것으로 봐야 하는데, 같은 날 근저당이 설정됐다. 전입은 익일 0시에 효력을 발휘하게 되므로 근저당보다 후순위가 된다. 즉 대항력이 없는 세입자다.

그러나 여기서 끝이 아니다. 한가지 더 확인해봐야 할 사항이 있다.

대법원 2002. 11. 8. 선고 2002다38361,38378 판결

【판시사항】

[4] 경매 절차에서 낙찰인이 주민등록은 돼 있으나 대항력은 없는 종전 임차인과의 사이에 새로이 임대차계약을 체결하고 낙찰대금을 납부한 경우, 종전 임차인은 당해 부동산에 관해 낙찰인이 낙찰대금을 납부해 소유권을 취득하는 즉시 임차권의 대항력을 취득한다고 한 사례

【판결요지】

[4] 경매 절차에서 낙찰인이 주민등록은 되어 있으나 대항력은 없는 종전 임차인과의 사이에 새로이 임대차계약을 체결하고 낙찰대금을 납부한 경우, 종전 임차인의 주민등록은 낙찰인의 소유권취득 이전부터 낙찰인과 종전 임차인 사이의 임대차관계를 공시하는 기능을 수행하고 있었으므로, 종전 임차인은 당해 부동산에 관해 낙찰인이 낙찰대금을 납부해 소유권을 취득하는 즉시 임차권의 대항력을 취득한다고 한 사례.

판결문을 보면 '대항력 없는 종전 임차인과 새로운 임대차계약을 체결하고 낙찰대금을 납부한 경우에는 종전 임차인은 소유권을 취득하는 즉시 대항력을 취득한다'고 보고 있다. 즉 소유권이 변동되면서 익일 0시가 아닌, 그 '즉시' 대항력을 취득한다고 보는 것이다. 그러므로 가장 중요한 점은 잔금납부 이전에 계약을 체결했는지 여부다.

만약 잔금납부 전에 계약이 체결됐다고 가정한다면, 소유권이 이전이 되는 날 근저당이 설정됐고 같은 날 즉시 대항력을 취득한 세입자가 된다. 그럼 세입자와 근저당의 순위는 어떻게 될까. 이 부분에 대해서는 필자도 더 자세한 자료를 찾지 못했다. 같은 순위로 보고 안분배당

을 하지 않을까 조심스럽게 추측하며, 결과는 소송을 해야 알 수 있지 않을까 한다.

사실 이 물건은 인수사항이라고 해도 최우선변제를 제외하고 300만 원뿐이다. 소송까지 갈 필요도 없고 300만 원 인수로 보고 접근하면 되는 물건이다. 그래도 법원에서 즉시 취득한 대항력을 어떻게 판단할지 궁금해진다.

11 덫을 놓고 기다리는 개미지옥이 있다

'개미지옥'이란 누가 봐도 그럴듯한 함정을 만들어서 경매를 잘 모르는 '개미'를 끌어들이는 함정이다. 이런 경매 물건이 종종 있으니, 함정에 빠지지 말도록 주의해야 한다.

대표적인 개미지옥으로는 대항력 있는 세입자가 있어 정상적으로 배당요구를 했기 때문에 전액 배당받을 것처럼 보이지만, 실제로는 배당에 참여하지 못해 보증금을 낙찰자가 인수해야 하는 물건이 있다. 그런데 이런 일들은 왜 일어나는 걸까.

주민센터에서 주택임대차계약을 체결한 날짜를 확인하고, 임대차계약서 여백에 그 날짜가 찍힌 도장을 찍어주는데, 그 날짜를 확정일자라 한다. 확정일자를 받으면 우선순위 배당에 참가해 후순위 담보물권자보다 먼저 보증금을 변제받을 수 있도록 했다. 이 확정일자에도 중요한 특징이 있다. 배당에 참여할 수 있는 권한을 한 번만 준다는 것이다. 즉 배당신청을 해서 전혀 배당받지 못해도 확정일자를 사용한 것으로 보고 효력을 잃게 된다. 그러므로 필요할 때 다시 확정일자를 받아야 한다. 주의할 점은 효력을 잃은 확정일자라 해도 계약서에 도장이 찍혀 있으므로 유효한 확정일자인지 아닌지는 낙찰자가 판단해야 한다는 사실이다.

북부9계 2015-51○○					다세대		
소 재 지	서울 노원구 ▨▨▨ ▨▨▨▨ ▨▨▨▨▨▨ ▨▨ ▨▨▨ (01845) 서울 노원구 ▨▨▨▨ ▨▨ ▨▨▨						
경매구분	임의경매	채 권 자	이○혜				
용 도	다세대	채무/소유자	이○재/○○○재테크		매각일시	16.06.27 (10:00) [7 일전]	
감 정 가	150,000,000 (15.03.24)	청 구 액	120,000,000		다음예정	16.08.08 (49,152,000원)	
최 저 가	61,440,000 (41%)	토지면적	33.82 ㎡ (10.23평)		경매개시일	15.03.19	
입찰보증금	20% (12,288,000)	건물면적	53.55 ㎡ (16.2평)		배당종기일	15.07.09	

사례를 판단해보자.

처음에 개미지옥인지 모르고 입찰한 사람이 있었고, 법원에서 보기에도 너무 어려운 사건이기에 불허가해줬다.

그러나 두 번은 봐주지 않는다. 이 물건에 또 입찰자들이 나왔고, 결국 미납했다.

①		150,000,000 2015-07-27 매각
매수인		위○복
응찰수		2명
매각가		156,199,999 (104.13%)
2위		151,500,000 (101.00%)
불허		2015-08-17

경매 진행 내역

– 서울북부지방법원 2015-51○○ [1] 매각물건명세서 –
서울 노원구 ▨▨▨▨▨ ▨▨▨ ▨▨▨ ▨▨▨▨▨ ▨▨▨

사건	2015타경51○○		매각물건번호	1		담임법관(사법보좌관)	김○현
작성일자	2016.05.27		최선순위 설정일자	2014.10.30.(근저당권)			
부동산 및 감정평가액 최저매각가격의 표시	부동산표시목록 참조		배당요구종기	2015.07.09			

점유자의 성명	점유부분	정보출처 구분	점유의 권원	임대차 기간 (점유기간)	보증금	차임	전입신고일자. 사업자등록신 청일자	확정일자	배당요구 여부 (배당요구 일자)
권○중	전부	현황조사	주거 임차인	미상	1억원	없음	2008.11.20	미상	
	전부(방3칸)	권리신고	주거 임차인	2008.11.17.~ 2010.11.16.	100,000,000		2008.11.20.	2011.1.13.	2015.06.24

<비고>
권○중 : 대항력은 있으나 이 법원 2013타경97○○ 부동산임의경매에 의한 매각으로 우선변제권 소멸함.

매각물건명세서를 보면 최선순위 설정일자가 2014년 10월 30일이고, 전입과 확정일자가 근저당보다 빠르다. 게다가 정상적으로 배당요구까지 했다. 여기까지만 봐서는 아무런 문제 없이 보증금 1억 원에 대해서 전액 배당받을 것으로 보인다. 그러나 비고란을 보면 '2013타경 97○○ 부동산임의경매에 의한 매각으로 우선변제권 소멸함'이라고 적혀 있다. 즉 확정일자를 이미 사용했으니 소멸된 것으로 봐야 한다는 뜻이다. 이 뜻을 모른다면 함정에 빠질 수 밖에 없다. 경매를 할 때는 비고란 내용은 단 한가지라도 그 뜻을 정확히 파악하도록 하자.

　그동안 수많은 개미지옥 물건을 봤지만, 이렇게 매각물건명세서에 우선변제권이 소멸했다고 표시해준 경우는 없었다. 계속 미납이 일어나고 사건이 계속 미뤄져서 경매계장 입장에서도 심적으로 많이 불편했을 것이다. 그래서 비고란에 표시해둔 것으로 보인다. 개인적으로 이 경매계장께 감사의 뜻을 표한다. 아무리 모든 책임은 낙찰자가 져야 한다고 하지만, 너무 위험한 부분은 표시해서 힌트라도 주는 것이 맞다고 생각하기 때문이다. 비고란에 표시되지 않은 상태에서는 등기부등본을 보지

― 서울북부지방법원 2013-97○○ [1] 매각물건명세서 ―

서울 노원구 ...

사건	2013타경97○○	매각물건번호	1	담임법관(사법보좌관)	이○혁
작성일자	2014.05.16	최선순위 설정일자	2010.6.21.근저당권		
부동산 및 감정평가액 최저매각가격의 표시	부동산표시목록 참조	배당요구종기	2013.06.27		

점유자의 성명	점유부분	정보출처 구분	점유의 권원	임대차 기간(점유기간)	보증금	차임	전입신고일자, 사업자등록신청일자	확정일자	배당요구여부(배당요구일자)
권○중	전부(방3칸)	권리신고	주거임차인	2008.11.20. 부터 현재까지	100,000,000		2008.11.20.	2011.1.13.	2013.04.25
김○자	전부	현황조사	주거임차인	미상	1억원	없음	2008.11.20	미상	

<비고>
김○자 : 권○중의 모임

•이전 경매의 매각물건명세서

않으면 절대로 찾아낼 수 없기 때문에 매우 위험하다.

그런데 이 물건의 개미지옥은 누가 만들었을까. 그 답을 찾기 위해 조금 더 살펴보도록 하자. 이전 경매의 매각물건명세서를 보면 전입은 빠르지만 확정일자가 늦어서 전혀 배당받지 못하는 세입자가 있었다. 그리고 여기서 확정일자를 이미 사용했다. 이것을 보고 특정 업체에서 낙찰을 받아서 개미지옥을 만든 것이다. 우선변제권 소멸의 뜻을 이해하지 못하는 입찰자는 이 함정에 빠질 수밖에 없다. 그런데 매각물건명세서에 관련 사항을 언급을 해버렸으니 업체 입장에서는 속이 많이 쓰릴 것이다.

이 사례를 통해서 경매할 때 기본이 매우 중요하다는 사실을 실감할 수 있다. 반드시 기본에 충실해서 개미지옥에 빠지지 않도록 조심해야 한다.

6

놓쳐서는 안 되는
감정가의 진실

mystery auction

+ + +

　경매를 진행하려면 감정평가를 해서 감정가를 정해야 된다. 이때 감정가는 시세와는 다르다. 몇가지 서류만을 가지고 판단하기 때문에 왜곡이 생길 수밖에 없다. 건물 노후화를 제대로 적용하지 못하거나 아파트 층수를 고려하지 못하기도 한다. 또한 위치나 특정 문제점에 대해서 파악하지 못해서 잘못된 감정가가 나오기도 한다. 이런 감정가의 특징을 구별할 줄 알게 되면 쓸데없는 발걸음을 줄일 수 있고, 시세보다 낮게 감정이 된 물건을 찾으면 좋은 투자 수익으로 연결할 수도 있다. 그럼 이제부터 감정가와 시세의 차이를 인식해보도록 하자.

01　건물 노후화를 소심하게 적용한 감정평가

부천3계 2015-63◯◯ 　연립			
소 재 지	경기 부천시 　 (14758) 경기 부천시		
경매구분	임의경매	채 권 자	◯◯◯◯협동조합

용 도	연립	채무/소유자	홍○석	매 각 일 시	16.04.12 (10:00) [7 일전]
감 정 가	120,000,000 (15.06.26)	청 구 액	120,000,000	다 음 예 정	16.05.17 (41,160,000원)
최 저 가	58,800,000 (49%)	토 지 면 적	33.43 m² (10.11평)	경매개시일	15.04.20
입찰보증금	10% (5,880,000)	건 물 면 적	48.16 m² (14.57평)	배당종기일	15.08.19

　요즘 경매 인구가 늘어나면서 많은 사람이 경매에 참여한다. 그중 소액으로 투자하고 싶은 사람들이 이번 물건을 보면 무척 좋아보일 수 있다. 1억 2,000만 원으로 감정됐고, 두 번 유찰돼서 현재 최저가는 5,880만 원이다. 수리를 해서 팔면 수익이 나온다고 판단하는 사람도 많이 있을 것이다. 경매를 하다 보면 수리를 할 물건이 있고, 아무리 봐도 견적이 안 나오는 물건도 있다. 그런데 이것처럼 서류만 봐도 느낌이 오는 물건도 있다.

　1억 2,000만 원으로 감정된 연립주택이 왜 계속 유찰됐을까. 당연히 그 이유가 있다.

　필자가 발견한 이유는 감정평가서에 있다. 대부분의 감정평가는 거래사례비교법을 이용한다. 그래서 감정평가서를 보면 어떤 물건과 비교해서 현재 감정가가 나왔는지 확인할 수 있다.

가. 인근 유사부동산의 거래사례

[출처: 감정평가정보체계]

사례	소재지	건물명	층/호수	전유면적 (m²)	대지권 (m²)	거래금액	거래시점 / 사용승인일
[1]	소사본동 179-★★	○○○	4층 4○○호	43.85	20.64	135,000,000	2015.04.12 / 2002.03.02
[2]	소사본동 210-★★	○○○	3층 3○○호	37.26	24.69	110,000,000	2014.12.30 / 2001.10.18

감정평가서

인근 거래사례를 보자. 2014년과 2015년에 거래된 다세대주택과 비교를 했다. 사용승인일이 2001년, 2002년인 약 15년 정도 된 건물들이다.

나. 가치형성요인비교치

구분		외부요인	건물요인	개별적요인	가치형성요인 비교치
기호	층 /호수				
가	3층 3○○호	1.05	0.90	1.03	0.973
의 견					
외부요인		본건은 거래사례보다 접근조건등에서 우세함.			
건물요인		본건은 거래사례보다 건물의 노후도 등에서 열세함.			
개별적요인		본건은 거래사례보다 부지에 대한 지분면적 등에서 다소 우세함.			

감정평가서

전유면적 대비 가격을 계산하고, 가치형성요인 비교치를 넣어서 물건을 감정한다. 그런데 현재 물건은 보존등기가 1982년으로 약 33년 정도 된 다세대주택이다. 감정평가 때 노후도가 열세하다 해서 건물요인을 10% 저감시켰다. 15년된 건물과 33년된 건물을 겨우 10%만 감가상각시킨 것이다.

전체	59.95㎡										
2014.01		2014.02		2014.03		2014.04		2014.05		2014.06	
계약일	거래금액(층)	계약일	거래금액(층)	계약일	거래금액(층)	계약일	거래금액(층)	계약일	거래금액(층)	계약일	거래금액(층)
2014.07		2014.08		2014.09		2014.10		2014.11		2014.12	
계약일	거래금액(층)	계약일	거래금액(층)	계약일	거래금액(층)	계약일	거래금액(층)	계약일	거래금액(층)	계약일	거래금액(층)
		11~20	8,800 (1)								

국토교통부 실거래가

이어 국토교통부 실거래가를 확인해보니 2014년에 8,800만 원이었다. 표시된 층수는 1층이고 현재 경매 물건은 가장 높은 층인 3층이다. 33년이나 지난 건물의 가장 윗층이 방수가 잘 될까. 어디가 새지 않으면 오히려 이상할 상황이다. 그에 비해서 1층은 방수 걱정이 그나마 적다. 그런 1층도 8,800만 원에 거래됐는데, 현재 물건의 감정가가 1억 2,000만 원인 것이다.

순위번호	등 기 목 적	접 수	등 기 원 인	권 리 자 및 기 타 사 항
		제9900호	매매	부천시 소사구 ███████████████
5	소유권이전	2010년9월28일 제94○○호	2010년9월7일 매매	소유자 홍○석 710308-******* 인천광역시 ██████████ █████████████ 기래가액 금180,000,000원
6	임의경매개시결정	2013년1월15일 제360○호	2013년1월15일 인천지방법원 부천지원의 임의경매개시결정(2013 타경1○○)	채권자 ██████협동조합 210141 전주시 완산구
7	6번임의경매개시결정등기말소	2013년6월20일 제647○○호	2013년6월20일 취하	
8	압류	2014년5월7일 제4680○호	2014년5월2일 압류 (징수부-902928)	권리자 국민건강보험공단 111471-███████ 서울특별시 마포구 ███████████
9	압류	2015년3월18일 제2980○호	2015년3월18일 압류 (세정과-6081)	권리자 인천광역시
10	임의경매개시결정	2015년4월21일 제4940○호	2015년4월20일 인천지방법원 부천지원의 임의경매개시결정(2015 타경6○○)	채권자 ○○○○협동조합 210141-████ 전라북도 전주시 완산구 ███████████

갑구 등기부등본

순위번호	등 기 목 적	접 수	등 기 원 인	권 리 자 및 기 타 사 항
7	근저당권설정	2009년5월18일 제98○○호	2009년5월18일 설정계약	채권최고액 금79,100,000원 채무자 상○수 부천시 소사구 ███████████ 근저당권자 ██████협동조합 124341 부천시 소사구 ███
8	7번근저당권설정등기말소	2001년7월12일 제824○○호	2001년7월12일 해지	
9	근저당권설정	2010년9월28일 제94○○호	2010년9월28일 설정계약	채권최고액 금156,000,000원 채무자 홍○석 인천 남동구 ███████████ ██████████████ 근저당권자 ○○○○협동조합 210141-██████ 전라북도 전주시 ██████████
10	전세권설정	2010년12월7일 제12070○호	2010년12월7일 설정계약	전세금 금30,000,000원 범 위 주거용 건물 전부 존속기간 2010년 12월 7일부터 2011년 5월 6일까지 전세권자 왕○옥 770815-******* 인천광역시 부평구 ███████

을구 등기부등본

더욱 눈에 띄는 점은 등기부등본에서 발견했다. 현재 물건이 2010년에 매매됐는데, 거래가가 1억 8,000만 원으로 기재돼 있다. 업계약서를 2배 이상으로 쓴 것으로 추측된다. 근저당권자는 물건지와 거리가 무척 먼 전북 전주에 있는 금융업체다. 사정을 잘 모른다는 걸 이용해서 1억 5,600만 원이나 대출받기 위해서 업계약서를 쓴 것이다. 그래서 소유자는 집을 샀지만 오히려 현찰이 들어오는 아이러니한 상황이 연출됐다. 이 거래로 인해 업체의 부채비율이 늘어나고, 결국 우리의 세금으로 해결하려 하지 않을까 하는 씁쓸한 생각이 든다.

02 층수 차이를 거의 무시한 감정평가

충주3계 2016-2○○ 아파트

소 재 지	충북 음성군 (27668) 충북 음성군				
경매구분	임의경매	채 권 자	이○호		
용 도	아파트	채무/소유자	김○동	매각일시	16.08.08 (10:00) [1 일전]
감 정 가	61,000,000 (16.03.09)	청 구 액	40,000,000	다 음 예 정	16.09.12 (24,986,000원)
최 저 가	31,232,000 (51%)	토 지 면 적	40.55 ㎡ (12.27평)	경매개시일	16.01.20
입찰보증금	10% (3,123,200)	건 물 면 적	49.86 ㎡ (15.08평) [19평형]	배당종기일	16.03.25

아파트는 요즘 실거래가 위주로 감정하기 때문에 시세와 거의 비슷하다. 아주 외진 지역이나 거래가 실종된 아파트의 경우에는 잘못 감정될 수도 있지만, 거래가 제법 이뤄지면서 감정이 잘못되긴 쉽지 않다. 그래도 감정평가를 너무 맹신하거나 그에 휘둘리는 것은 바람직하지 않다.

이 물건의 감정가는 6,100만 원이다. 그런데 유찰이 거듭돼서 현재 최저가는 약 3,100만 원이다. 왜 이렇게 많이 유찰한 걸까. 세입자도 없고 인수하는 사항도 없는데 이렇게 많이 떨어진 게 의문이 들어 찾아보니 감정평가에 함정이 있었다.

요즘은 보기 드물지만, 엘리베이터가 없는 6층 아파트도 있다. 일반적으로 5층만 돼도 매일 오르내리기가 쉽지 않다. 그런데 6층이라면 더할 것이다. 그리고 1991년 보존등기가 된 아파트 맨 위층이므로 방수에도 신경 써야 한다. 당연히 시세가 무척 떨어질 수밖에 없다.

전체 41.07㎡ **49.86㎡** 59.34㎡

	2014.01		2014.02		2014.03		2014.04		2014.05		2014.06	
계약일	거래금액(층)		거래금액(층)		거래금액(층)		거래금액(층)		거래금액(층)		거래금액(층)	
			21-28 6,300 (3)		21-20 6,250 (5)		21-30 5,000 (6)				1-10 6,300 (3)	
											11-20 6,200 (4)	
											21-30 6,100 (1)	

	2014.07		2014.08		2014.09		2014.10		2014.11		2014.12	
계약일	거래금액(층)		거래금액(층)		거래금액(층)		거래금액(층)		거래금액(층)		거래금액(층)	
1-10	6,000 (5)		1-10 5,600 (1)		21-30 6,300 (2)							
11-20	6,500 (2)											

전체 41.07㎡ **49.86㎡** 59.34㎡ 75.33㎡

	2015.01		2015.02		2015.03		2015.04		2015.05		2015.06	
계약일	거래금액(층)		거래금액(층)		거래금액(층)		거래금액(층)		거래금액(층)		거래금액(층)	
11-20	5,300 (3)		11-20 5,500 (1)		21-31 4,300 (5)				11-20 5,700 (4)		1-10 4,800 (6)	
									5,600 (1)			

	2015.07		2015.08		2015.09		2015.10		2015.11		2015.12	
계약일	거래금액(층)		거래금액(층)		거래금액(층)		거래금액(층)		거래금액(층)		거래금액(층)	
1-10	6,400 (2)				11-20 6,200 (2)		1-10 6,500 (3)					

전체 41.07㎡ 45㎡ **49.86㎡** 59.34㎡ 75.33㎡

	2016.01		2016.02		2016.03		2016.04		2016.05		2016.06	
계약일	거래금액(층)		거래금액(층)		거래금액(층)		거래금액(층)		거래금액(층)		거래금액(층)	
11-20	4,300 (6)											

	2016.07		2016.08		2016.09		2016.10		2016.11		2016.12	
계약일	거래금액(층)		거래금액(층)		거래금액(층)		거래금액(층)		거래금액(층)		거래금액(층)	
	1-10 6,000 (4)		1-10 6,200 (4)				11-20 6,500 (1)		1-10 4,800 (6)			
	21-31 5,700 (1)		1-10 6,200 (2)									

국토교통부 실거래가

2014년부터 2016년 국토교통부 실거래가를 찾아봤다. 6층의 경우 다른 층에 비해서 약 20~30% 낮게 거래되는 것을 볼 수 있다. 같은 아파트인데 이렇게 많이 차이가 난다. 시세는 4,300만 원에서 5,000만 원 정도로 보이는데, 현재 물건의 감정가는 6,100만 원이다. 왜 이렇게 감정됐는지 감정평가서부터 확인해보자.

직장인이 경매로 투잡하는 성공 노하우 추리 경매

(1) 비교거래사례의 선정

1) 인근 유사부동산의 거래사례

[자료출처: 등기사항전부증명서, 감정평가정보체계]

사례	소재지	건물명	층/호수	전유면적(㎡)	거래금액(원)	전유면적당 단가(원/㎡)	거래시점	비고
1	오산리 ○14-○	-	3/301	49.86	63,000,000	1,264,000	2015.01.19	-
2	오산리 ○14-○	-	3/311	49.86	65,000,000	1,304,000	2015.10.02	-

감정평가서

이 물건도 가장 많이 사용하는 거래사례비교법을 이용했다. 비교한 물건은 동일 아파트 중에서 가장 좋아 보이는 3층이다.

(4) 가치형성요인 비교

구분		격차율		비고
조건	세항목	사례	본건	
외부요인	가로조건	1.00	1.00	대등함.
	접근조건			
	환경조건			
	획지조건			
	행정적 조건			
	기타조건			
건물요인	설계, 설비, 시공상태의 양부 등	1.00	1.00	대등함.
	노후도			
	전용률			
	공용시설의 규모, 구성, 상태 등			
개별적 요인	층별 위치별 차이	1.00	0.95	층별요인에서 열세함.
	베란다의 유무 및 면적의 대소			
	주차장 등의 유무			
	부지에 대한 지분면적의 대소			
기타요인	평가목적 등	1.00	1.00	경매평가 목적임.
누 계			0.95	

감정평가서

놓쳐서는 안 되는 감정가의 진실

감가상각된 내용을 보니 층별요인에서 열세하기 때문에 5%를 낮췄다. 시세에서 많은 차이를 보이지만 감정할 때는 겨우 5%를 저감한 것이다. 그래서 감정가가 6,100만 원이나 나왔다. 이것은 지나치게 층수를 무시한 감정이 아닐까 생각한다.

03 지리적 위치를 적용하지 않은 감정평가

중앙2계 2014-275○○ 평○동 단독주택					
소 재 지	서울 종로구 평○동 13 ○4 (03094) 서울 종로구 자혼로17길 41				
경 매 구 분	임의경매	채 권 자	종로동부(새)의 양○인 ○○○에셋투자증권㈜		
용 도	단독주택	채무/소유자	김○숙외1/김○숙	매 각 일 시	15.06.11 (10:00) [1 일전]
감 정 가	261,722,000 (14.10.24)	청 구 액	104,479,706	다 음 예 정	15.07.16 (209,378,000원)
최 저 가	261,722,000 (100%)	토 지 면 적	127.3 m² (38.51평)	경매개시일	14.10.16
입찰보증금	10% (26,172,200)	건 물 면 적	33.46 m² (10.12평)	배당종기일	15.01.09

단독주택은 비교할 국토교통부 실거래가가 거의 없기 때문에 가치를 평가하기 쉽지 않다. 그렇지만 단순하게 두 가지 물건을 두고 비교하면, 어느 것이 더 좋아 보이는지 고르기 쉽다. 이런 방식으로 단독주택을 평가하면 된다.

자료를 보자. 직선거리로 약 200m밖에 되지 않은 역세권이다. 그런데 위치가 무척 외진 곳에 있다. 학교 뒤에 붙은 상태고, 물건에 접근하려면 돌아서 가야 한다. 게다가 맹지다. 직접 가서 봐야 확실하겠지만, 위성지도로 봐도 다른 토지를 거쳐야 출입이 가능하단 사실을 확인할 수 있다.

물건의 위치

1. 감정 평가액

구 분		적용단가(원/㎡)	면적(㎡)	감정평가액(원)	비 고
토지	기호(1)	2,000,000	127.3	254,600,000	
건물	(2)	100,000	63.5	6,350,000	실측 사정
감정평가액(합계)				260,950,000	

감정평가서

이 물건의 감정평가금액을 보면 1m²당 200만 원이다.

가. 인근 매매사례

기호	소재지	토지 건물	면 적 (㎡)	용도지역 (이용상황)	토지단가 /천원/㎡	거래가액 (천원)	자료 출처	거래시점
1	창신동 14 -○○	대 건물	72.7 33.06	2종주거 /단독주택	2,200	160,000	등기부 발췌	2014.03.
2	창신동 23-6○○	대 건물	178.5 229.85	2종주거 /단독주택	3,025	540,000	등기부 발췌	2014.04.

감정평가서

놓쳐서는 안 되는 감정가의 진실

그런데 인근 매매사례를 보면 매매가가 220만 원과 302만 원이다. 이 중 감정가가 비슷한 1번과 비교해보자.

인근 매매사례와의 비교

파란색 동그라미가 현재 물건지이고 빨간색 네모가 비교할 물건지다. 감정가는 각각 200만 원과 220만 원이다. 눈으로만 봐도 차이가 큰데, 감정가는 겨우 10% 정도 차이 난다. 지하철에서 거리부터 판이하고 맹지인 물건인데 겨우 20만 원 차이인 것이다.

게다가 로드뷰를 보면 역부터 계속 오르막이 이어진다. 역에서 비교 물건지까지는 약 100m 거리고, 현재 물건지까지는 약 300m인데 전부 오르막이다. 그러므로 너무 높게 감정된 사실을 알 수 있다. 값어치는 감정가보다 훨씬 더 낮을 것으로 추측된다. 아주 많이 떨어져야 입찰을 고려할 물건이다.

직장인이 경매로 투잡하는 성공 노하우 추리 경매

04 감정가로 추리하는 물건의 값어치

평택1계 2014-99○○ 사건편 단독주택					
소 재 지	경기 평택시 ▒▒▒ ▒▒▒ 406-5 (도로명 ▒ ▒) (17788) 경기 평택시 ▒▒▒ 장동관길 4L				
경 매 구 분	강제경매	채 권 자	김○경		
용　　도	단독주택	채무/소유자	○○건설	매 각 일 시	16.04.25 (10:00) [6 일전]
감 정 가	567,186,400 (14.07.22)	청 구 액	132,032,876	다 음 예 정	16.05.30 (136,182,000원)
최 저 가	194,545,000 (34%)	토 지 면 적	512 ㎡ (154.88평)	경매개시일	14.07.07
입찰보증금	10% (19,454,500)	건 물 면 적	전체 530.98 ㎡ (160.62평)	배당종기일	14.09.24

　　이번 물건은 평택에 나온 단독주택이다. 3층 건물이고 각층이 독립
돼 있다. 감정가는 약 5억 6,700만 원인데, 현재 세차례 유찰돼서 34%
인 1억 9,454만 원까지 떨어진 상태다. 도대체 무슨 문제가 있길래 이
렇게 많이 떨어진 것일까.

경기 평택시 〇〇〇 〇〇〇〇 〇〇〇-〇

사건	2014타경99〇〇 2014타경1650〇(중복)			매각물건번호	1		담임법관(사법보좌관)	김〇남
작성일자	2015.11.04			최선순위 설정일자		2008.08.14.근저당권		
부동산 및 감정평가액 최저매각가격의 표시	부동산표시목록 참조			배당요구종기		2014.09.24		

점유자 의 성명	점유부분	정보출 처 구분	점유의 권원	임대차 기간 (점유기간)	보증금	차임	전입신고일 자.사업자등 록신청일자	확정일자	배당요구 여부 (배당요구 일자)
김〇수	기호2. 201호	현황조 사	주거 임차인	2013.5.21~ 2016.5.20	30,000,000 원		2013.05.21	2013.10.21	
	기호2. 201호	권리신 고	주거 임차인	2013.5.21. 부터	30,000,000		2013.5.21	2013.10.21	2014.07.22
김〇수	기호2. 나동 3층 호	현황조 사	주거 임차인				2013.02.20		
	기호2.나 동 3층 호	권리신 고	주거 임차인	2012.8.24~ 2015.8.23	30,000,000		2013.2.20	2014.7.23	2014.07.23
이〇회	기호2. 101호	현황조 사	주거 임차인	2013.09.19~ 2016.09.18	30,000,000 원		2013.10.04	2013.10.04	
	기호2. 101호	권리신 고	주거 임차인	2013.9.19~ 2016.9.18	30,000,000		2013.10.4	2013.10.4	2014.07.18

<비고>

매각물건명세서를 보면 각층에 별로 세입자가 살고, 보증금은 각각 3,000만 원이다. 한 층 면적이 131.58m²로 약 50평 정도 되는데 보증금이 겨우 3,000만 원인 것이다. 보존등기가 2008년으로 아직 채 10년도 안 지났는데 보증금이 너무 낮다. 소유자를 확인하니 한 건설업체다. 아마 기숙사로 사용해서 가격이 낮은가 싶기도 하다.

결론적으로 이 물건에 모든 임차인이 대항력이 없기 때문에 인수사항은 없다.

(1) 인근 매매사례

기호	소재지	토지 건물	면적 (㎡)	용도지역 (이용상황)	토지단가 (원/㎡)	거래가액 (천원)	사료 출처	거래시점
#1	장동리 463-〇〇	대	879	계획관리 (단독주택)	407,212 (일괄)	357,9400,000	국토부 실거래	2013.06
		건물	12.9					

이번엔 감정평가서의 매매사례를 보자. 다음 그림의 물건과 비교해서 감정평가했다. 거래 시점은 2013년 6월로 3억 5,700만 원에 거래됐다. 꽤 높은 금액이다. 어떤 물건이기에 거래가액이 높은지 로드뷰로 확인해봤다.

비교 물건 로드뷰

계속해서 현재 경매 물건의 로드뷰를 살펴보자.

경매 물건 로드뷰

사진으로만 봐도 차이가 무척 많이 느껴진다. 이런 물건의 거래가를 현재 물건에 대입해서 감정한 것이다. 그러니 이렇게 높게 감정될 수밖에 없다.

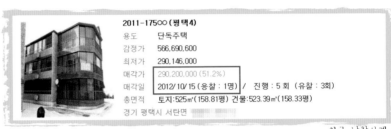

2011-1750○ (평택4)

용도	단독주택
감정가	566,690,600
최저가	290,146,000
매각가	290,200,000 (51.2%)
매각일	2012/10/15 (응찰 : 1명) / 진행 : 5회 (유찰 : 3회)
총면적	토지:525㎡(158.81평) 건물:523.39㎡(158.33평)

경기 평택시 서탄면

최근 낙찰사례

최근 낙찰사례를 보면 바로 옆에 동일한 건물이 2억 9,000만 원에 낙찰됐다. 거의 최저가에 단독이다. 그러므로 이 물건은 2억 9,000만 원보다도 더 가치가 낮을 것으로 추측된다. 이를 통해 물건이 너무 터무니없는 가격으로 감정돼 있음을 알 수 있다.

이렇게 감정평가된 금액은 절대로 물건의 값어치가 될 수 없으니 주의해야 한다.

05 두 번이나 미납한 이유

남부1계 2015-123○○ 다세대

소 재 지	서울 강서구 (07750) 서울 강서구				
경매구분	임의경매	채 권 자	협동조합양수인 협동조합승계인김○하	매각일시	16.06.22 (10:00) [4일전]
용 도	다세대	채무/소유자	고○한	다음예정	16.08.10 (103,424,000원)
감 정 가	**202,000,000** (15.07.22)	청 구 액	108,822,507	경매개시일	15.07.14
최 저 가	129,280,000 (64%)	토지면적	29.13 ㎡ (8.81평)	배당종기일	15.09.24
입찰보증금	20% (25,856,000)	건물면적	41.32 ㎡ (12.5평)		

두 번이나 미납된 물건이다. 왜 이렇게 미납했을까. 입찰 전에 조사를 잘했으면 미납하지 않았을 텐데 하는 안타까움이 든다. 어쩔 수 없이 미납해야만 하는 당사자의 마음은 얼마나 힘들까.

– 서울남부지방법원 2015-1230○○ [1] 매각물건명세서 –

서울 강서구 ▨▨▨▨▨

사건	2015타경1230○○			매각물건번호	1	담임법관(사법보좌관)		
작성일자	2016.09.01			최선순위 설정일자		2011.03.15 근저당권		
부동산 및 감정평가액 최저매각가격의 표시	부동산표시목록 참조			배당요구종기		2015.09.24		
점유자의 성명	점유부분	정보출처 구분	점유의 권원	임대차 기간 (점유기간)	보증금	차임	전입신고일 자.사업자등 록신청일자	확정일자	배당요구 여부 (배당요구 일자)
김○엽	본건건물 전부	현황조 사	주거 임차인	미상	3000만 원	월30만 원	2014.07.31		
	전부(방2 칸)	권리신 고	주거 임차인	2014.07.24~	삼천만원	삼십만원	2014.07.31	2014.07.21	2015.08.26

<비고>

매각물건명세서를 보면 현 세입자는 대항력이 없고, 보증금 3,000만 원에 월세 30만 원으로 살고 있다. 답사를 많이 다니다보면 보증금과 월세로 조금이나마 시세를 추측해볼 수 있다. 과거에 답사를 다녔던 물건과 비교하는 방법으로 가능하다.

필자가 보러 다녔던 물건 중에 비슷한 지역의 물건으로 판단해보자. 보통 보증금 1,000만 원에 월세 50만 원 정도 물건들의 시세는 약 1억원에서 1억 5,000만 원 정도 했다. 그런데 이 물건의 감정가는 2억 원으로 책정돼 있다. 너무 큰 차이가 있어서 자료를 더 찾아봤다.

출처: 매매(등기사항전부증명서)

기호	소재지	면적(전유, ㎡)	가격(원)	계약시점	비고
가	화곡동 ○○○-○○외 제2층 제○○○호	28.63	140,000,000	2015.03	2014년 신축

나	화곡동 ○○○-○○외 제2층 제○○○호	45.29	210,000,000	2015.02	2013년 신축
다	화곡동 ○○○-○○외 제2층 제○○○호	31.7	158,500,000	2015.01	2014년 신축

감정평가서

감정평가서를 보니 비슷한 크기에 2013년 보존등기된 물건과 비교해서 감정했다. 현재 물건은 2008년 보존등기된 물건인데, 2013년에 신축된 물건과 비교한 것이다. 게다가 저 금액도 신뢰가 가지 않는다. 분양가를 기준으로 한 매매일 가능성이 높기 때문이다.

순위번호	등 기 목 적	접 수	등 기 원 인	권 리 자 및 기 타 사 항
		제44○○호	매매	충청북도 광원군 □□□ □□□ □□□ 거래가액 금168,000,000원
2-1	2번등기명의인표시변경		2010년5월24일 전기	배○숙의 주소 서울특별시 양천구 □□□ □□□ 2011년3월15일 부기
3	소유권이전	2011년3월15일 제142○○호	2011년1월26일 매매	소유자 고○한 810611-******* 서울특별시 노원구 □□□ □□□ 거래가액 금174,000,000원
4	압류	2014년9월5일 제564○○호	2014년9월5일 압류(정수-014668)	권리자 서울특별시강서구
5	압류	2014년9월26일 제618○○호	2014년9월5일 압류(정수-014668)	권리자 서울특별시강서구
6	파산선고	2015년6월25일 제528○○호	2015년6월18일 서울중앙지방법원의 파산선고결정(2015하단2 6○○)	
7	임의경매개시결정	2015년7월14일 제586○○호	2015년7월14일 서울남부지방법원의 임의경매개시결정(2015 타경12○○)	채권자 □□□□농업협동조합 114636-□□□□□ 서울 서초구 □□□ □□□

그리고 현재 물건의 등기부등본을 보면 2011년 1억 7,400만 원에 매매했다. 이런 거래가격이 있음에도 불구하고 신축된 비싼 물건과 비교해서 감정한 것이다.

2015-1920O (남부3) [13평형]

용도	다세대
감정가	150,000,000
최저가	120,000,000
매각가	141,000,000 (94.0%)
매각일	2016/05/24 (응찰 : 7명) / 진행 : 2 회 (유찰 : 1회)
총면적	토지:21.36㎡(6.46평) 건물:36.72㎡ 11.11평

서울 강서구

최근 낙찰사례

현재 물건 근처에서 최근 낙찰된 물건과 비교해보는 것도 좋은 방법이다. 사례를 찾아보니 전용이 약 5㎡ 작은 물건이지만 보존등기가 2010년으로 2년 반 후에 건축된 사례가 있었다. 보증금 4,000만 원에 월세 45만 원이며, 일곱 명이 입찰해서 1억 4,100만 원에 낙찰됐다.

비교한 물건조차 1억 4,100만 원인데 현재 미납한 사람들은 1억 7,400만 원과 1억 6,900만 원으로 입찰한 것이다. 이들은 감정평가를 지나치게 신뢰한 것이 아닐까 추측해본다.

비교 물건을 계속 살펴보자. 직접 조사하지 않아도 입찰한 사람들이 열심히 조사했기 때문에 입찰가가 나왔을 것이다. 그리고 1~3등이 비슷한 금액을 쓴 것으로 보니 저 금액이 시세와 거의 비슷할 것이다. 이렇게 꼭 직접 가지 않고도 시세를 파악해볼 수도 있으니 자료를 잘 찾아보길 바란다.

② 20% ↓	161,600,000
2015-12-17 매각	
매수인	유○종
응찰수	1명
매각가	172,359,900 (85.33%)
허가	2015-12-24
납기	2016-02-02
	(대금미납)

②	161,600,000
2016-03-09 매각	
매수인	김○열
응찰수	1명
매각가	169,819,000 (84.07%)
허가	2016-03-16
납기	2016-04-22
	(대금미납)

경매 진행 내역

매수인	주○희
응찰수	7명
매각가	141,000,000 (94.00%)
2위	139,300,000 (92.87%)
3위	137,199,000 (91.47%)
차순위 신고	139,300,000

비교 물건 낙찰정보

7

사연 많은
경매 사건

mystery auction

+ + +

　경매 사건은 각자의 사연을 품고 있다. 이번에 나오는 많은 사연들을 보면서 '경매란 이런 것이다'는 걸 느끼게 될 것이다. 몰수당했다고 생각했던 보증금이 돌아오기도 하고, 무잉여나 대위변제로 경매의 흐름이 바뀌기도 한다. 위기를 맞은 세입자는 방어입찰로 손실을 최소화하기도 한다. 이렇게 다양한 사연들이 있는데, 이런 내용을 얼마나 많이 아느냐에 따라서 물건에 접근하는 방법이 조금씩 바뀌게 될 것이다. 그리고 정확한 배당을 알아야 인수사항이 얼마인지 정확히 파악할 수도 있다. 사연 많은 경매 사건을 하나씩 풀어보면서 경매의 매력에 빠져보자.

01 　아파트의 진짜 유치권

소 재 지	서울 서초구 (06583) 서울 서초구	아파트			
경 매 구 분	임의경매	채 권 자	파산채무자 ○○○○은행㈜의 파산관재인 예금보험공사		
용 도	아파트	채무/소유자	김○원/이○례	매 각 일 시	16.02.16 (10:00) [1 일전]
감 정 가	2,250,000,000 (14.12.29)	청 구 액	5,320,000,000	다 음 예 정	
최 저 가	1,440,000,000 (64%)	토 지 면 적	125.83 m² (38.06평)	경매개시일	14.12.23
입찰보증금	10% (144,000,000)	건 물 면 적	255.4 m² (77.26평)	배당종기일	15.03.19

이번에 볼 물건은 22억 5,000만 원에 감정된 방배동 아파트다. 전용 면적이 77평이고 방이 5개인데 일부는 복층으로 보인다.

– 서울중앙지방법원 2014-328○○ [2] 매각물건명세서 –

서울 서초구

사건	2014타경328○○			매각물건번호	2		담임법관(사법보좌관)		권○탁
작성일자	2016.05.23			최선순위 설정일자	2007.09.12. 근저당권				
부동산 및 감정평가액 최저매각가격의 표시	부동산표시목록 참조			배당요구종기	2015.03.19				

점유자의 성명	점유부분	정보출처 구분	점유의 권원	임대차 기간 (점유기간)	보증금	차임	전입신고일자.사업자등록신청일자	확정일자	배당요구 여부 (배당요구일자)
박○영	주민등록 상 502호	현황조사	주거 임차인	미상	미상		2014.04.25	미상	
박○규	주민등록 상 502호	현황조사	주거 임차인	미상	미상		2013.06.27	미상	
방○민	주민등록 상 502호	현황조사	주거 임차인	미상	미상		2012.04.06	미상	

※ 비고란

– 주식회사 ○○종합건설이 피담보채권 1,391,341,164원에 대한 2015. 11. 27.자 유치권신고서를 제출하였음 (2014. 12. 16. 확정, 서울고등법원 2013나2030200 판결, 서울중앙지방법원 2013가합118○○ 판결 참고) –주식회사 ○○종합건설 피담보채권을 2,374,471,590원으로 정정하는 서면(2016. 1. 4.자) 제출하였음 – 특별매각조건 매수보증금 20%

매각물건명세서를 보면 모든 전입자는 최선순위 설정일자인 근저당 보다 늦기 때문에 대항력 있는 세입자는 없으며, 전부 인도명령 대상이 다. 그러므로 인수할 사항은 없다.

그런데 비고란에 특이사항이 기재돼 있다. 유치권이 신고돼 있는데, 13억 원으로 신고했다가 추후에 23억 원으로 정정하는 서면을 제출했다. 그럼 여기서 비고란에 쓰여있는 판결의 결과부터 확인해보자.

사건번호	2013나203020○○	사건명	[전자] 유치권부존재확인
원고	파산채무자 ○○○○은행 주식회사의 파산관재인 예금보험공사	피고	주식회사 ○○종합건설
재판부	제22민사부(나) (전화:02-530-1236)		
접수일	2013.12.17	종국결과	2014.11.20 원고패
원고소가	1	피고소가	
수리구분	제소	병합구분	없음
상소인		상소일	
상소각하일			
인지액	2,780,500원		
	송달료,보관금 종결에 따른 잔액조회		잔액조회
판결도달일	2014.12.01	확정일	2014.12.16

대법원 '나의 사건 검색' 페이지

1순위 근저당권자가 유치권자를 상대로 유치권부존재확인 소송을 걸었고 근저당권자가 패소했다. 그러므로 진짜 유치권이 확정이 되는 판결이다.

당시 매각물건명세서의 작성일자는 2016년 2월 1일로 비고란에 판결의 결과까지 친절히 알려줬음에도 입찰했다. 입찰자는 입찰보증금 1억 4,400만 원을 한순간에 날린 것이다.

①   2,250,000,000
2015-12-01 유찰

② 20%↓   1,800,000,000
2016-01-05 유찰

③ 20%↓   1,440,000,000
2016-02-16 매각

매수인	박○규외1
응찰수	1명
매각가	1,530,000,000 (68.00%)

허가   2016-02-23
납기   2016-03-29
(대금미납)

경매 진행 내역

2016.01.04	유치권자 주식회사 ○○종합건설 유치권정정신고서 제출
2016.02.22	최고가매수신고인 소송위임장 제출
2016.02.22	최고가매수인 열람및복사신청 제출
2016.02.23	최고가매수신고인 매각물허가신청서 제출
2016.02.24	채권자 파산채무자 ○○○○은행주식회사의 파산관재인 예금보험공사 보정서 제출
2016.03.24	교부권자 서울특별시 교부청구서 제출

문건처리 내역

문건접수 내역을 보면 최고가매수신고인이 소송위임장과 매각불허
가신청서를 제출했다. 당연히 받아들여지지 않았다. 매각물건명세서에
친절하게 쓰여있는 내용을 왜 간과했는지 의문이다.

02 최고가매수신고인을 살린 경매 취하

경매 입찰 시 입찰 봉투를 제출하면 낙
장불입이다.

제출한 입찰보증금(보통 최저가 10%)은
돌려받지 못하므로 입찰가는 신중하게 결
정해야 한다.

이 물건의 보증금은 1,536만 원으로
스물네 명이 입찰했는데, 낙찰자는 실수
로 0을 한 개 더 써서 최고가매수신고인이
된다.

①	240,000,000
	2009-04-06 유찰
② 20% ↓	192,000,000
	2009-05-25 유찰
③ 20% ↓	153,600,000
	2009-07-06 변경
③	153,600,000
	2009-08-24 매각

매수인	박○애
응찰수	24명
매각가	1,928,880,00 0 (803.70%)

경매 진행 내역

2008.12.22	근저당권자 장○숙 채권계산서 제출	
2009.02.27	근저당권자 이○익 채권계산서 제출	
2009.07.03	채권자 최○숙 기일연기신청 제출	
2009.08.24	낙찰인 김○연 매각불허가신청 제출	
2009.08.25	최고가매수신고인 매각불허가신청 제출	

문건처리 내역

문건처리 내역을 보면 최고가매수신고인 김 씨는 두 번에 걸쳐서 매각불허가신청서를 제출하지만 받아들여지지 않았다. 잔금을 납부할 수 없으므로 미납하게 됐고, 결국 입찰보증금 전액 몰수됐다.

2009.07.03	채권자 최○숙 기일연기신청 제출	
2009.08.24	낙찰인 김○연 매각불허가신청 제출	
2009.08.25	최고가매수신고인 매각불허가신청 제출	
2009.10.20	채권자 최○숙 (각종)취하서(포기서포함) 제출	

문건처리 내역

그런데 낙찰자에게 기적 같은 일이 일어났다. 채권자가 취하서를 제출한 것이다. 경매가 취하가 되면 처음 상태로 되돌려야 하므로 몰수된 보증금도 입찰자에게 돌려준다. 포기하고 있던 보증금을 찾아가란 연락을 받고 낙찰자 김 씨가 얼마나 기분이 짜릿했을까 상상해본다.

03 연속 미납하기와 닭 쫓던 개

청주4계 2015-49○○[1] 니○▥ 전					
소 재 지	충북 청주시 청원구 ▥▥▥ ▥▥▥▥ ▥· ▥▥▥▥ ▥				
경매구분	임의경매	채 권 자	김○현 외2		
용 도	전	채무/소유자	이○주	매 각 일 시	16.12.02 (10:00) [1 일전]
감 정 가	170,216,000 (15.05.06)	청 구 액	400,000,000	다 음 예 정	
최 저 가	170,216,000 (100%)	토 지 면 적	2030 m² (614.07평)	경매개시일	15.04.03
입찰보증금	20% (34,043,200)	건 물 면 적	0 m² (0평)	배당종기일	15.06.12

때로는 취하시키기 위해서 특이한 방법을 동원하기도 한다. 이번 건이 좋은 예다.

경매 과정을 보면 이 물건에 다섯 번이나 입찰하고 미납한다. 첫 매각기일이 2015년 10월 2일이므로 약 14개월의 시간을 버틴 것이다. 몰수된 보증금만 1,700만 원, 3,400만 원, 3,400만 원, 3,400만 원, 3,400만 원, 3,400만 원, 총 1억 8,700만 원이므로 감정가를 넘어선다.

그럼 왜 이런 일을 하는 걸까. 이유는 정말 단순하다. 취하하려고 하는 것이다. 취하하면 몰수된 모든 보증금은 입찰자에게 돌려준다. 당장은 돈이 없어서 경매에 넘어갔지만 여기저기서 빌려서 약 3개월씩 버틴 것이다. 이것은 입찰자가 경매의 취약점을 알고 있고, 추후에 돈이 들어올 확신이 있기 때문에 가능한 일이었다. 농지취득자격증명원을 제출하지 않으면 매각불허가가 되기 때문에 낙찰 때마다 농지취득자격증명원까지 발급받느라 상당히 고생했을 것이 뻔하다.

그런데 문건접수 내역을 보니 이런 상황을 보고 특정 업체에서 NPL을 매수한다. 입찰보증금이 많이 쌓여있기 때문에 매리트가 있다고 판단한 듯하다.

그러나 3일 후 '채무자 겸 소유자' 이 씨의 집행정지신청서가 제출됐다. 여섯 차례 미납으로 14개월을 버텼고 드디어 채무를 갚게 되니 경매정지신청을 한 것이다. NPL을 매수한 업체에서는 안타깝게도 닭 쫓던 개 지붕 쳐다보는 상황이 됐다. 3일 차

경매 진행 내역

직장인이 경매로 투잡하는 성공 노하우 추리 경매

이로 쓸데없는 고생만 한 것이다. 반대로 소유자 입장에서는 피말리는 싸움이지 않았을까 생각된다.

2016.10.05	채무자겸소유자 이○주 열람및복사신청 제출
2016.12.02	근저당권부질권자 대전○○○ ○○ ○○ ○○ 권리신고서 제출
2016.12.02	근저당권자 ○○○○협동조합 채권자변경신고서 제출
2016.12.02	근저당권자 주)○○옥션대부 동의서 제출
2016.12.05	채무자겸소유자 이○주 집행정지신청서 제출
2016.12.12	채권자 이○섭 열람및복사신청 제출

문건처리 내역

04 무잉여 방지를 위한 매수통지서

1) 매수신청서 제출

천안7계 2015-74○○ 아파트

소 재 지	충남 천안시 서북구 ○○○ ○○ ○○○○ ○○ ○○ ○○
	(31091) 충남 천안시 서북구 ○○ ○○

경매구분	임의경매	채 권 자	○○금속㈜		
용 도	아파트	채무/소유자	이○수	매각일시	15.10.20 (10:00) [6 일전]
감 정 가	391,000,000 (15.05.19)	청 구 액	80,748,000	다음예정	15.11.24 (191,590,000원)
최 저 가	273,700,000 (70%)	토지면적	66.37 m² (20.08평)	경매개시일	15.05.13
입찰보증금	10% (27,370,000)	건물면적	130.85 m² (39.58평) [48평형]	배당종기일	15.07.24

- 천안지원 2015-74○○ [1] 매각물건명세서 -
충남 천안시 서북구 ○○ ○○ ○○○

사건	2015타경74○○	매각물건번호	1	담임법관(사법보좌관)
작성일자	2015.09.24	최선순위 설정일자	2012.5.22.자 근저당권	
부동산 및 감정평가액 최저매각가격의 표시	부동산표시목록 참조	배당요구종기	/ 2.01.50	

점유자의 성명	점유부분	정보출처 구분	점유의 권원	임대차 기간 (점유기간)	보증금	차임	전입신고일 자.사업자 등록신청일 자	확정일자	배당요구 여부 (배당요구 일자)

조사된 임차내역 없음
<비고>

※ 최선순위 설정일자보다 대항요건을 먼저 갖춘 주택.상가건물 임차인의 임차보증금은 매수인에게 인수되는 경우가 발생할 수 있고, 대항력과 우선 변제권이 있는 주택.상가건물 임차인이 배당요구를 하였으나 보증금 전액에 관하여 배당을 받지 아니한 경우에는 배당받지 못한 잔액이 매수인에게 인수되게 됨을 주의하시기 바랍니다.

※ 등기된 부동산에 관한 권리 또는 가처분으로 매각허가에 의하여 그 효력이 소멸되지 아니하는 것
해당사항 없음
※ 매각허가에 의하여 설정된 것으로 보는 지상권의 개요
해당사항 없음
※ 비고란
신청채권자 ○○금속주식회사로부터 금296,700,000원에 매수신청이 있음.

또 다른 물건을 보자. 매각물건명세서의 비고란을 보면 매수신청이 있다고 표시돼 있다. 여기서 말하는 매수신청은 우선권을 주는 매수신청이 아니고, 최저가격을 보장하는 매수신청이다. 즉 낙찰된 금액이 매수신청한 금액보다 낮으면, 매수신청한 사람이 최종 낙찰되고, 낙찰된 금액이 매수신청한 금액보다 높으면 매수신청은 무효가 된다. 그러므로 이 물건을 입찰하려면 최소금액을 매수신청한 금액보다 1원이라도 높게 써야 한다.

보통 경매신청권자가 경매를 신청하고 배당을 전혀 받지 못한다면 경매를 진행할 이유(실익)가 없으므로 법원에서는 경매를 계속 진행하고 싶으면 무잉여가 되지 않을 금액으로 매수신청을 하라고 요청한다.

2015.08.05	배당요구권자 주식회사 ○○리플렉터 매각및 매각결정기일통지서 발송	2015.08.05 송달간주
2015.08.05	배당요구권자 황○교 매각및 매각결정기일통지서 발송	2015.08.05 송달간주
2015.08.05	교부권자 국민건강보험공단천안지사 매각및 매각결정기일통지서 발송	2015.08.05 송달간주
2015.09.16	채권자 ○○금속주식회사 매수통지서 발송	2015.09.18 도달
2015.10.21	채권자 ○○금속주식회사 추납통지서 발송	2015.10.26 도달

송달 내역

2015.07.23	배당요구권자 ○○캐피탈 주식회사 권리신고 및 배당요구신청서 제출
2015.08.24	교부권자 천안세무서 교부청구서 제출
2015.09.02	배당요구권자 근로복지공단 권리신고 및 배당요구신청서 제출
2015.09.03	배당요구권자 황○교의 소송대리인 변호사 오○삼 보정서(건강보험자격취득확인서) 제출
2015.09.23	채권자 ○○금속주식회사 매수신청 제출

문건처리 내역

이 물건의 문건송달 내역을 보면 법원에서 채권자에게 매수통지서를 발송했고, 문건접수 내역을 보면 채권자가 매수신청서를 제출한 것을 볼 수 있다. 그러므로 입찰하고 싶으면 매수신청된 금액보다 높게 써야 한다.

2) 매수신청서 미제출

남부6계 2015-139○○ ■■■ 아파트

소 재 지	서울 양천구 ■■■ ■■■ ■■■■■ ■■■ ■ ■ ■■■■ (08042) 서울 양천구 ■■■■■				
경매구분	강제경매	채 권 자	김○서		
용 도	아파트	채무자/소유자	김○의	매 각 일 시	16.07.13 (10:00) [39 일전]
감 정 가	263,000,000 (15.08.17)	청 구 액	30,000,000	다음예정	미정
최 저 가	210,400,000 (80%)	토지면적	57.58 m² (17.42평)	경매개시일	15.08.10
입찰보증금	10% (21,040,000)	건물면적	59.49 m² (18평) [25평형]	배당종기일	15.10.21

순위번호	등 기 목 적	접 수	등 기 원 인	권 리 자 및 기 타 사 항
				근저당권자 주식회사 ■■■■■은행 131111-■■■■■■ 경기도 성남시 수정구 ■■■■ ■■■■ ■ ■ ■■■■■■■
18	근저당권설정	2011년1월21일 제3000호	2011년1월21일 설정계약	채권최고액 금258,700,000원 채무자 김○의 서울 양천구 ■■■■ ■ ■■■ ■■■■■ ■■■ 근저당권자 ■■■■■ 131114- ■■■■■■ 경기도 의왕시 ■■■■■■■
18-1	18번근저당권이전	2016년4월12일 제16400호	2016년4월12일 확정채권대위변제	근저당권자 이○민 681202-******* 서울특별시 구로구 ■■■■ ■■ ■■■
18-2	18번근저당권부질권	2016년4월12일 제16400호	2016년4월12일 설정계약	채권액 금258,700,000원 채무자 이○면 서울특별시 구로구 ■■■■ ■■ ■■■ ■■ ■ 채권자 ■■■상호금고 116544-■■■■■■ 경기도 구리시 ■■■■ ■■■■
19	17번근저당권설정등기말소	2011년1월26일 제37○○호	2011년1월26일 해지	
20	8번근저당권설정등기말소	2011년1월26일 제37○○호	2011년1월26일 해지	

등기부등본

이 물건의 감정가는 2억 6,300만 원이고, 채권최고액은 2억 5,870만 원이다. 경매신청권자는 공정증서에 의한 강제경매로 배당에서 마지막 순위다. 그러므로 무잉여가 예상되는 물건이다.

2016.04.15	근저당권자 ○○○○○금고 매각및 매각결정기일통지서 발송	2016.04.15 송달간주
2016.04.15	임차인 박○규 매각및 매각결정기일통지서 발송	2016.04.15 송달간주
2016.04.21	채무자겸소유자 1 김○희(개명전:김○의) 통지서(근저당권변경) 발송	2016.04.27 폐문부재
2016.05.02	채무자겸소유자 1 김○희(개명전:김○의) 통지서(근저당권변경) 발송	2016.05.02 송달간주
2016.05.09	채권자 김○서 매수통지서 발송	2016.05.12 도달

송 달 내 역

문건송달 내역을 보면 법원에서 강제경매신청권자에게 매수통지서를 발송했다. 아마도 통지서에는 다음과 같은 내용이 쓰여 있을 것이다.

이 사건 경매절차에 있어서 별지기재 부동산에 대한 최저매각가격 금 108,949,000원으로는 압류채권자의 채권에 우선하는 부동산의 부담금 110,400,000원(근저당권자 ○○은행 주식회사 110,400,000원)과 절차비용을 변제하면 남을 것이 없다고 인정되므로 민사집행법 제 102조 제 1항(, 제 268조)에 의하여 통지합니다.
따라서 이 사건 경매절차를 계속하여 진행하기 위해서 채권자는 이 통지를 받은 날로부터 1주일 이내에 채권자의 채권에 우선하는 모든 부담금 및 절차비용을 변제하고 남을 만한 가격을 정하여 그 가격에 맞는 매수 신고가 없을 때에는 채권자 자신이 그 가격으로 매수하겠다고 신청하고 충분한 보증을 제공하여야 하며, 위 사항을 이행하지 않을 때에는 경매절차가 취소됨을 알려드립니다.

통지서를 받은 날로부터 일주일 이내에 매수청구를 하지 않으면 경매 절차가 취소된다는 내용이다. 경매를 넘긴 채권자가 매수청구하기 위해서는 금액을 고려해야 한다. 감정가를 넘기는 금액으로 매수통지서를 제출해야 하기 때문이다.

2016.04.21	채무자겸소유자 1 김○희(개명전:김○의) 통지서(근저당권변경) 발송	2016.04.27 폐문부재
2016.05.02	채무자겸소유자 1 김○희(개명전:김○의) 통지서(근저당권변경) 발송	2016.05.02 송달간주
2016.05.09	채권자 김○서 매수통지서 발송	2016.05.12 도달
2016.05.26	채무자겸소유자 김○희(개명전:김○의) 기각결정정본 발송	2016.06.02 폐문부재
2016.05.26	채권자 김○서 기각결정정본 발송	2016.05.31 도달

송 달 내 역

다시 문건송달 내역을 확인해보자. 통지서를 받고 나서 채권자는 아무런 행동을 취하지 않았다. 약 2주 후 법원에서 채권자와 소유자에게

직장인이 경매로 투잡하는 성공 노하우 추리 경매

기각결정정본을 발송했다. 이 물건은 이제 기각됐다. 그러니 쳐다볼 필요가 없는 물건이다.

 05 대위변제

1) 깡통저당의 위험성

경매에서 '깡통저당'이란 등기부등본에 근저당은 표시가 돼 있지만 실제로는 채무금액이 없는 근저당을 말한다.

[압류재산-매각] 2015-14088-0○○

소 재 지	서울 강북구 █████████████████████████████████			
	[도로명주소] (0) 서울 강북구 ██████			
처분방식	매각	재산종류	압류재산	물건상태	공고중
감 정 가	355,000,000 원	위임기관	도봉세무서	개 찰 일	16.03.24 (11:00)
최 저 가	177,500,000 원	소 유 자	윤○숙	입찰시작일	16.03.21 (10:00)
용 도	아파트	배분종기일	15.11.02	입찰종료일	16.03.23 (17:00)
면 적	대 37.75㎡ 지분(총면적 144,296.6㎡), 건물 84.76㎡			

【 을 구 】 (소유권 이외의 권리에 관한 사항)				
순위번호	등 기 목 적	접 수	등 기 원 인	권 리 자 및 기 타 사 항
3	근저당권설정	2012년10월15일 제66400호	2012년10월15일 설정계약	채권최고액 금230,000,000원 채무자 윤○숙 경기도 용인시 수지구 ████████████████ 근저당권자 주식회사██은행 110111-███████ 서울특별시 중구 ██████████
3-1	3번등기명의인표시변경		2011년10월31일 도로명주소	주식회사██은행의 주소 서울특별시 중구 █████ 2013년11월13일 부기
3-2	3번등기명의인표시변경	2014년11월11일 제76768호	2014년6월25일 본점이전	주식회사██은행의 주소 서울특별시 중구 ████████
3-3	3번등기명의인표시변경	2014년11월11일 제76769호	2014년11월11일 취급지점변경	주식회사██은행의 취급지점 ███████지점
3-4	3번근저당권변경	2014년11월11일 제76770호	2014년11월11일 변경계약	채권최고액 금35,000,000원
4	근저당권설정	2013년10월16일 제68658호	2013년10월16일 설정계약	채권최고액 금130,000,000원 채무자 ○○○○주식회사 서울특별시 강남구 ████████ 근저당권자 주식회사████████은행 110111-███████ 서울특별시 서초구 ████████
5	4번근저당권설정등기 가등기	2014년8월13일 제52045호	2014년8월13일 ██지	

등기부등본을 보면 2012년 10월 15일에 3,600만 원의 근저당이 설정돼 있는 것을 확인할 수 있다. 등기부등본만을 봐서는 깡통저당인지 아닌지 알아낼 수 있는 방법은 없다.

■ 점유관계			[조사일시: 2015-10-01 /정보출처 : 현황조사서 및 감정평가서]				
점유관계	성 명	계약일자	전입일자 (사업자등록신청일자)	확정일자	보증금	차임	임차부분
임차인	강O현	미상	2014-11-10	미상	250000000	0	미상
공매재산의 현황			아파트				
기타			1. 본건 개요 및 현황 - 본건은 서울특별시 강북구 ▉▉ 소재 "▉▉▉초등학교" 북측 인근에 위치하며, 아파트로 이용중인 것으로 관찰되므로 정확한 이용 상태는 별도 재확인을 요함. 2. 관공서 열람내역 - 주민센터 : 전입세대주 "강O현" 등록됨. 3. 점유관계 현황 - 본건은 임차인이 사용중인 것으로 탐문조사되었으며, 임차인의 임차금액은 구두전술에 의거하여 등록한바, 정확한 점유관계 및 임차내역은 별도 재확인을 요함.					

공매재산명세서

공매재산명세서의 점유관계란을 보면 임차인이 있긴 있지만, 전입일이 2014년 11월 10일로 근저당 이후의 세입자이기 때문에 대항력이 없다. 그러므로 배당을 다 받지 못해도 집을 비워야 한다. 보증금 2억 5,000만 원의 세입자가 겨우 3,600만 원의 선순위 근저당 때문에 손해볼 수도 있는 상황이 됐다.

만약 세입자가 3,600만 원 이상을 손해볼 것 같으면 손해를 줄이기 위해서 선순위 근저당 3,600만 원을 대신 갚아버리는 게 현명하다. 대위변제하게 되면 세입자는 대항력 있는 세입자가 돼서 보증금 전액을 보호할 수 있기 때문이다.

이렇게 선순위 근저당이 설정돼 있지만, 실제로 채권이 없는 저당권을 깡통저당이라고 한다. 권리분석상 근저당이 말소기준권리가 돼야

직장인이 경매로 투잡하는 성공 노하우 추리 경매

하지만, 실제로는 말소기준권리가 아니다. 그러므로 주의 깊게 살펴봐야 한다.

■ 배분요구 및 채권신고 현황

번호	권리관계	성명	설정일자	설정금액	배분요구채권액	배분요구일
1	임차인	전세입주자		0	0	배분요구 없음
2	근저당권	주식회사〇〇은행	2012-10-15	36,000,000	0	2015-11-02
3	압류	동두천시청(세무과)	2015-03-04	0	15,509,210	2015-09-17
4	압류	성동세무서(재산세2과)	2015-07-15	0	0	배분요구 없음
5	교부청구	국민건강보험공단 강남북부지		0	10,610	2015-10-12
6	교부청구	강북구청		0	454,200	2015-10-20

공매재산명세서

공매재산명세의 배분요구 및 채권신고 현황을 보면 근저당의 설정일자와 설정금액은 있지만, 배분요구채권액은 0원으로 표시돼 있다. 배분요구일란에 쓰여있는 것을 보면 신고는 했지만, 배당받을 금액이 없다고 신고한 것이다. 그러므로 선순위 근저당권은 깡통저당이 되고 말소기준권리가 2015월 3월 4일 압류로 바뀐다. 그래서 임차인도 대항력 세입자가 되고, 배분요구를 하지 않았으므로 2억 5,000만 원 전액 인수사항이 되니 입찰할 때 주의해야 한다.

지금 우리가 살펴보고 있는 물건은 공매이기 때문에 채권금액이 표시되지만, 경매의 경우 표시되지 않는다. 그러므로 선순위 근저당이 소액이고 그 다음에 세입자가 있다면 한 번쯤 확인하는 것이 좋다. 말소기준권리가 변동돼서 전액 인수가 되는 상황이 발생할 수도 있기 때문이다. 이처럼 권리분석을 할 때 눈에 보이지 않는 부분까지 전부 고려해야 한다. 권리분석을 너무 쉽게 보지 말자.

2) 대위변제로 보증금을 지킨 세입자

남부1계 2015-10010○ 다세대

소 재 지	서울 강서구		
	(07771) 서울 강서구		
경 매 구 분	강제경매	채 권 자	신용보증기금

용 도	다세대	채무/소유자	조○일	매 각 일 시	16.05.18 (10:00) [7 일전]
감 정 가	156,000,000 (15.04.27)	청 구 액	74,065,883	다 음 예 정	16.06.22 (32,715,000원)
최 저 가	40,894,000 (26%)	토 지 면 적	30.78 m² (9.31평)	경매개시일	15.04.09
입찰보증금	10% (4,089,400)	건 물 면 적	59.7 m² (18.06평)	배당종기일	15.08.27

– 서울남부지방법원 2015-10010○ [1] 매각물건명세서 –
서울 강서구

사건	2015타경10010○	매각물건번호	1	담임법관(사법보좌관)	
작성일자	2016.05.02	최선순위 설정일자	2013.12.24 가압류		
부동산 및 감정평가액 최저매각가격의 표시	부동산표시목록 참조	배당요구종기	2015.08.27		

점유자의 성명	점유부분	정보출처 구분	점유의 권원	임대차 기간 (점유기간)	보증금	차임	전입신고일 자.사업자등 록신청일자	확정일자	배당요구 여부 (배당요구 일자)
이○명	본건전부	현황조 사	주거 임차인	미상	140,000,000 원	없음	2013.09.23	미상	

<비고>

매각물건명세서를 보면 최선순위 설정일자인 가압류보다 전입이 빠른 이 씨가 있다. 그리고 정보출처 구분을 보면 '현황조사'란 표시가 있다. 여기서 현황조사란 법원에서 조사관이 조사를 나가서 전입세대열람 내역도 확인하고, 물건지를 방문해 점유자와 대화한 내용도 표시해서 확인할 수 있는 부분을 말한다. 정보출처에 권리신고라 표시됐다면, 계약서와 함께 법원에 권리신고를 했다는 뜻이다. 이 물건의 경우에는 별도로 권리신고는 하지 않고, 조사관이 방문했을 때 구두로 보증금이 1억 4,000만 원이라 얘기한 것으로 보인다. 그렇게 추측하면 조금 이상한 느낌이 든다. 일반적인 경우에는 권리신고를 했어야 하는데 하지 않았고, 권리신고를 하지 않았다면 보증금도 말하지 말아야 했다. 구두로 1억 4,000만 원이라 말하고 권리신고를 하지 않은 경우는 아주 드물다. 그러니 정보를 더 찾아봐야 한다.

직장인이 경매로 투잡하는 성공 노하우 추리 경매

2013.01		2013.02		2013.03		2013.04		2013.05		2013.06	
계약일	보증금 월세(층)	계약일	보증금 월세(층)	계약일	보증금 월세(층)	계약일	보증금 월세(층)	계약일	보증금 월세(층)	계약일	보증금 월세(층)
		11~20	12,000 (2)								

2013.07		2013.08		2013.09		2013.10		2013.11		2013.12	
계약일	보증금 월세(층)	계약일	보증금 월세(층)	계약일	보증금 월세(층)	계약일	보증금 월세(층)	계약일	보증금 월세(층)	계약일	보증금 월세(층)
		21~31	13,000 (1)								

국토교통부 실거래가

국토교통부 임대 내역을 찾아보니 2013년 8월에 1층으로 1억 3,000만 원을 신고한 내역이 발견됐다. 그런데 왜 조사관이 물어봤을 때는 1억 4,000만 원이라 했을까. 자료가 잘못 기재돼 있을 가능성도 있지만, 세입자의 보증금은 자료와 같이 1억 3,000만 원일 가능성이 높다. 1억 4,000만 원 인수라고 낙찰받았는데, 알고보니 1억 3,000만 원이 인수 사항이라고 한다면 낙찰자는 좋을 수도 있다. 그런데 등기부등본을 보던 중 특이점을 발견했다.

순위번호	등 기 목 적	접 수	등 기 원 인	권리자 및 기 타 사항
16	압류	2015년5월11일 제37000호	2015년5월11일 압류(세무과-9858)	권리자 서산시
17	가압류	2015년6월12일 제48000호	2015년6월12일 서울남부지방법원의 가압류결정(2015카단200 0)	청구금액 금12,586,480 원 채권자 이○병 880108-******* 서울 강서구
18	압류	2016년2월12일 제7800호	2016년1월14일 압류(장수과-1107)	권리자 서울특별시강서구

【 을 구 】				(소유권 이외의 권리에 관한 사항)
순위번호	등 기 목 적	접 수	등 기 원 인	권리자 및 기 타 사항
1	근저당권설정	2000년4월14일 제25000호	2000년4월14일 설정계약	채권최고액 금55,900,000원 채무자 권○윤 서울 강서구 근저당권자 주식회사 은행 110111 서울 영등포구
1-1	1번근저당권이전	2006년4월7일 제24200호	2001년11월1일 회사합병	근저당권자 주식회사 은행 110111 서울 중구
2	1번근저당권설정등기말소	2006년4월7일 제24200호	2006년4월7일 해지	

등기부등본

현재 세입자인 이 씨의 가압류가 보인다. 정상적인 세입자라면 가압류를 할 필요까진 없는데, 왜 그랬을지 의문이 든다. 그래서 자료를 더 찾아보니 과거에 경매에 나왔다가 취하된 적이 있었다. 과거 매각물건 명세서를 살펴보자.

− 서울남부지방법원 2014-2870○ [1] 매각물건명세서 −

서울 강서구

사건	2014타경2870○		매각물건번호	1	담임법관(사법보좌관)	신○권
작성일자	2015.03.04		최선순위 설정일자	2010.11.12. 근저당권		
부동산 및 감정평가액 최저매각가격의 표시	부동산표시목록 참조		배당요구종기	2015.02.23		

점유 자의 성명	점유부 분	정보 출처 구분	점유의 권원	임대차 기간 (점유기간)	보증금	차임	전입신고일 자.사업자등 록신청일자	확정일자	배당요구 여부 (배당요구 일자)
이○ 명		현황 조사	주거 임차인				2013.09.23		
	101호 전부	권리 신고	주거 임차인	2013.9.13-	130,000,000 원		2013.9.23	2015.1.20	2015.01.05

<비고>

과거 매각물건명세서

순위번호	등 기 목 적	접 수	등 기 원 인	권 리 자 및 기 타 사 항
				←신원동자명→
7	근저당권설정	2009년10월23일 제7300호	2009년10월23일 설정계약	채권최고액 금11,400,000원 채무자 조○씨 서울특별시 강서구 근저당권자 주식회사 은행 110111- 서울특별시 중구
8	4번근저당권설정, 6번근저당권설정, 7번근저당권설정 등기말소	2010년11월12일 제7100호	2010년11월12일 해지	
9	근저당권설정	2010년11월12일 제7100호	2010년11월12일 설정계약	채권최고액 금143,000,000원 채무자 조○씨 서울특별시 강서구 근저당권자 ○○○○○금고 164144- 배천광역시 배천구
9-1	9번근저당권변경	2013년9월24일 제5500호	2013년9월24일 변경계약	채권최고액 금13,000,000원
9-2	9번등기명의인표시변경	2011년10월31일 도로명주소		○○○○○금고의 주소 대전광역시 대덕구 2013년11월12일 부기
10	근저당권설정	2012년8월1일 제4700호	2012년8월1일 설정계약	채권최고액 금13,000,000원 채무자 조○씨 서울특별시 강서구

과거 등기부등본

세입자 이 씨는 근저당보다 전입신고가 늦기 때문에 대항력 없는 세입자이고 보증금이 1억 3,000만 원인데, 근저당이 겨우 1,300만 원이었다. 전입신고만 하고 확정일자를 늦게 받아서 배당 마지막 순위가 된 것이다. 그래서 세입자는 선순위 근저당인 1,300만 원을 대위변제해서 대항력을 가져가는 방법을 택한 것이다. 이건 정말 탁월한 선택이었고, 덕분에 경매를 취하할 수 있었다. 그런데 그 후에 다시 이 물건이 경매에 나온다.

대위변제한 채권을 받기 위해 가압류를 걸었고, 현재 등기부등본에 표시됐다. 대위변제로 1억 3,000만 원은 지켰지만 대위변제한 1,300만 원은 거의 받기 어려울 것으로 추측된다. 그래서 법원 조사관이 조사를 갔을 때 1억 4,000만 원으로 말한 것 같다. 여기까지 살펴보면 이 물건은 1억 3,000만 원만 인수하면 되는 물건인 것이 확실하다.

3) 미래가 걱정되는 세입자

임대차계약을 할 때 국세나 지방세의 완납증명서를 확인하는 경우는 별로 없다. 대항력이 없는 세입자의 경우에는 필수적으로 확인해야 하는 사항이지만, 부동산 중개업소조차 확인을 하지 않는 것이 현실이다. 그럼 여기서 아무런 문제가 없다고 생각한 세입자가 완납증명서를 확인하지 않아서 생기는 피해가 얼마나 큰지 살펴보자.

세금에 의한 압류의 배당 기준일은 등기부에 등기된 날짜가 아니라 법정기일이다. 법정기일은 납세의무가 확정되는 날짜이기 때문에 낙찰받기 전까지는 개인정보 보호를 이유로 날짜와 금액을 알려주지 않는다. 그러므로 압류가 등기돼 있다면, 법정기일은 등기부등본에 접수된 날짜보다 몇 개월 전으로 추측해야 한다.

중앙21계 2015-112○○	다세대		
소 재 지	서울 종로구 ○○○ (03112) 서울 종로구 ○○○		
경매구분	임의경매	채 권 자	○○○○(새)
용 도	다세대	채무/소유자	정○애
감 정 가	310,000,000 (15.07.06)	청 구 액	66,853,160
최 저 가	248,000,000 (80%)	토 지 면 적	35.55 ㎡ (10.75평)
입찰보증금	10% (24,800,000)	건 물 면 적	61 ㎡ (18.45평)
		매 각 일 시	16.06.07 (10:00) [9 일전]
		다 음 예 정	16.07.12 (198,400,000원)
		경매개시일	15.06.29
		배당종기일	15.09.22

– 서울중앙지방법원 2015-112○○ [1] 매각물건명세서 –
서울 종로구 ○○○

사건	2015타경112○○		매각물건번호	1		담임법관(사법보좌관)	
작성일자	2016.05.23		최선순위 설정일자	2010. 3. 31. 근저당권			
부동산 및 감정평가액 최저매각가격의 표시	부동산표시목록 참조		배당요구종기	2015.09.22			

점유자의 성명	점유부분	정보출처 구분	점유의 권원	임대차 기간 (점유기간)	보증금	차임	전입신고일자. 사업자등록신청일자	확정일자	배당요구 여부 (배당요구 일자)
김○선	1층 102호 전부	현황조사	주거 임차인	미상	미상		2014.07.15	미상	
	제1층 제102호	권리신고	주거 임차인	2014.07.15.~ 2016.07.14.	185,000,000		2014.07.15.	2014.07.15	2015.07.22

<비고>

매각물건명세서를 보면 세입자는 2014년 7월 15일에 전입신고를 하고, 확정일자를 받아 점유를 시작했다.

순위번호	등 기 목 적	접 수	등 기 원 인	권리자 및 기타사항
4	3번압류등기말소	2012년10월31일 제55300호	2012년10월31일 해제	
5	압류	2014년9월17일 제41100호	2014년9월17일 압류(부가가치세과-6990)	권리자 국 처분청 남대구세무서
6	압류	2014년12월9일 제56500호	2014년12월5일 압류(소득세과-4501)	권리자 국 처분청 종로세무서
7	압류	2015년1월26일 제3800호	2015년1월23일 압류(세무2과-2358)	권리자 서울특별시종구
8	가압류	2015년6월15일 제31500호	2015년6월15일 서울중앙지방법원의 가압류결정(2015카단408○○)	청구금액 금10,030,000 원 채권자 천○일 570705-******* 서울 서초구 ○○○○
9	임의경매개시결정	2015년6월29일 제33900호	2015년6월29일 서울중앙지방법원의 임의경매개시결정(2015 타경112○○)	채권자 ○○○○○○○금고 114344-0000477 서울 관악구 ○○○

그런데 약 2개월 후에 압류가 들어왔다. 그것도 금액이 큰 부가가치

직장인이 경매로 투잡하는 성공 노하우 추리 경매

세다. 전입하고 2개월 후에 압류가 들어왔다면 전입 당시에도 이미 이 물건에 세금이 밀려 있었을 것으로 추측된다. 하지만 안타깝게도 계약 당시에 국세와 지방세를 확인하지 않은 것으로 보인다.

【 을 구 】		(소유권 이외의 권리에 관한 사항)		
순위번호	등 기 목 적	접 수	등 기 원 인	권 리 자 및 기 타 사 항
1	근저당권설정	2009년9월17일 제48700호	2009년9월17일 설정계약	채권최고액 금150,000,000원 채무자 권○광 서울특별시 강남구 근저당권자 금고 114444 서울특별시 성북구
2	1번근저당권설정등기말소	2010년3월31일 제15400호	2010년3월31일 해지	
3	근저당권설정	2010년3월31일 제15400호	2010년3월31일 설정계약	채권최고액 금253,500,000원 채무자 정○애 서울특별시 성북구 근저당권자 ○○○○○○금고 114344- 서울특별시 관악구
3-1	3번등기명의인표시변경		2011년10월31일 도로명주소	○○○○○○○금고의 주소 서울특별시 관악구 2013년8월2일 부기
3-2	3번근저당권변경	2014년7월17일 제32900호	2014년7월17일 변경계약	채권최고액 금78,000,000원
4	근저당권설정	2013년7월9일 제34500호	2013년7월9일 설정계약	채권최고액 금60,000,000원 채무자 정○애 서울특별시 종로구

그리고 세입자의 전입 날짜보다 빠른 근저당이 있다. 이때문에 세입자는 대항력이 없다. 이제 세입자는 배당을 얼마나 받을 수 있을지 확인해야 한다. 배당 순서는 1순위 근저당 7,800만 원, 2순위 법정기일이 빠른 압류인 부가가치세, 3순위가 세입자 1억 8,500만 원 순으로 배당될 것이다. 결국 낙찰가와 부가가치세가 얼마인지에 따라 세입자가 받는 배당이 달라진다.

여기서 세입자가 최대한 빠른 시간 안에 해야 할 일이 있다. 서류열람을 통해서 부가가치세가 얼마인지 미리 확인하고 그 금액이 너무 커서 7,800만 원 이상 배당받지 못할 것으로 예상되면 근저당을 대위변제해서 대항력 있는 세입자로 바꾸는 것이다. 선택은 세입자의 몫이지만 이런 방법이 있다는 걸 아는 것과 모르는 것은 차이가 있기 마련이다.

06 방어입찰, 위기를 기회로

북부5계 2015-184○○ 〔██ ██ 다세대

소 재 지	서울 중랑구 ████ █ ████████ ███ ███ KC██ (02191) 서울 중랑구 ████████ ██ ██				
경 매 구 분	강제경매	채 권 자	김○영		
용 도	다세대	채무/소유자	문○구외1	매 각 일 시	16.05.16 (10:00) [15 일전]
감 정 가	230,000,000 (15.10.26)	청 구 액	125,000,000	다 음 예 정	16.06.20 (147,200,000원)
최 저 가	184,000,000 (80%)	토 지 면 적	42.22 ㎡ (12.77평)	경매개시일	15.10.19
입찰보증금	10% (18,400,000)	건 물 면 적	72.72 ㎡ (22평)	배당종기일	15.12.30

– 서울북부지방법원 2015-184○○ [1] 매각물건명세서 –
서울 중랑구 ████ █ ████ ███ ███ ███ ███ ███

사건	2015타경184○○		매각물건번호	1	담임법관(사법보좌관)		
작성일자	2016.04.27		최선순위 설정일자	2009.07.20.(근저당권)			
부동산 및 감정평가액 최저매각가격의 표시	부동산표시목록 참조		배당요구종기	2015.12.30			

점유자의 성명	점유부분	정보출처 구분	점유의 권원	임대차 기간 (점유기간)	보증금	차임	전입신고일자. 사업자등록신 청일자	확정일자	배당요구 여부 (배당요구 일자)
김○영	건물전부 (301호)	등기사 항전부 증명서	임차권자	2009.07.17. 부터	125,000,000		2009년 7월 20일	2009년 7월 20일	
	전부	권리신 고	주거 임차권자	2009.07.17. 부터 2015.08.19. 까지	125,000,000		2009.09.20.	2009.07.20	2015.10.29

<비고>
김○영 : 임대차계약일자 : 2009년 7월 8일 점유개시일자 : 2009년 7월 17일 김○영 : 신청채권과 동일 채권임

이번 건의 매각물건명세서를 보면 세입자가 안타깝다는 생각이 절로 든다.

먼저 전입신고란을 살펴보면 2009년 9월 20일은 2009년 7월 20일을 잘못 표기한 오타로 보인다. 최선순위 설정일자인 근저당과 전입신고 날짜가 동일하다. 세입자를 들이면서 같은 날 근저당을 설정한 것이다. 전입신고의 효력은 익일 0시에 발휘되므로 세입자는 근저당보다 후

순위가 된다. 예를 들어서 오전 9시에 전입신고를 하고 이사를 해서 점유해도 그날 오후 5시에 근저당이 들어오면 세입자는 근저당보다 후순위가 된다. 개인적으로 계약과 잔금납부 당시에는 근저당이 없던 물건에 후에 근저당을 등기하는 행위는 사기라 생각한다. 세입자는 1순위라고 믿고 있을 것이기 때문이다. 현재 주택임대차보호법에서는 이런 행위를 막을 수 있는 방법이 없다. 그래서 이렇게 안타까운 일이 발생한다.

그러면 세입자 입장에서는 이를 막을 수 있는 방법이 전혀 없는 것일까. 약간의 트릭을 이용한다면 완전하지는 않지만, 어느 정도 방어해볼 수 있다. 바로 전입신고를 활용하는 방법을 통해서다.

전입신고는 집주인의 허락을 요하지 않는다. 즉, 계약서만 있다면 주민센터에서 전입신고를 하고 확정일자를 받을 수 있다. 하루 전에 미리 전입신고를 하면 서류상 근저당보다 선순위가 된다. 현 주택임대차보호법에서 대항력은 전입과 점유의 조건을 모두 만족해야 한다. 그런데 전입을 먼저하고 점유를 하지 않았기 때문에 대항력은 점유를 개시하는 날 발휘된다. 그래도 서류상에서는 선순위 임차인이 되니 만일의 사태에 대비할 수 있을 것이다.

순위번호	등 기 목 적	접 수	등 기 원 인	권 리 자 및 기 타 사 항
5-1	5번근저당권이전	2012년5월2일 제36○○호	2012년4월27일 계약양도	근저당권자 장○연 580206-******* 부산광역시 연제구
5-2	5번근저당권부질권	2015년1월27일 제7○○호	2015년1월26일 실권계약	채권액 금225,000,000원 채무자 권○안 부산광역시 연제구 채권자 정○숙 570101-******* 경기도 용인시 기흥구 공동담보목록 제2015-12호
6	주택임차권	2015년7월24일 제90○○호	2015년6월22일 서울북부지방법원의 임차권등기명령(2015카임1○○)	임차보증금 금125,000,000원 범 위 건물전부(301호) 임대차계약일자 2009년7월8일 주민등록일자 2009년7월20일 점유개시일자 2009년7월17일 확정일자 2009년7월20일 임차권자 김○영 720224-******* 서울특별시 중랑구
7	5-2번질권등기말소	2015년9월11일 제114200호	2015년9월9일 해지	

같은 물건의 등기부등본을 보면 임차권등기가 돼 있다. 점유개시일 자가 주민등록일자보다 빠르다. 점유를 아무리 빨리해도 전입신고를 하지 않으면 그 효력은 인정되지 않는다. 정말 안타까운 부분이다.

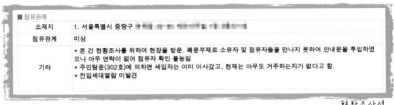

그리고 현황조사서를 보면 세입자는 임차권등기를 하고 이사한 것 으로 보인다. 그러면 이곳에는 누가 살고 있는 걸까. 빈집을 상대로 명 도하기는 쉽지 않다. 그러므로 이 같은 경우에는 임차권자에게 연락을 해서 명도확인서를 줄 테니 점유를 넘겨달라고 요구해보는 것이 좋다. 다른 사람이 살고 있지 않다면 임차권자가 마지막이었을 테니 열쇠를 가지고 있을 가능성이 높기 때문이다.

순위번호	등 기 목 적	접 수	등 기 원 인	권 리 자 및 기 타 사 항
				서울특별시 중구
				공동담보목록 제2009-65호
2	근저당권설정	2009년3월25일 제2800호	2009년3월25일 설정계약	채권최고액 금180,000,000원 채무자 문○○ 서울특별시 광진구 근저당권자 주식회사 은행 110111 서울특별시 중구 공동담보목록 제2009-66호
3	1번근저당권설정, 2번근저당권설정 등기발소	2009년7월20일 제72○○호	2009년7월20일 일부포기	
4	근저당권설정	2009년7월20일 제72○○호	2009년7월20일 설정계약	채권최고액 금91,000,000원 채무자 문○○ 서울특별시 광진구 근저당권자 주식회사 은행 110111 서울특별시 중구
5	근저당권설정	2009년8월25일 제85800호	2009년8월25일 설정계약	채권최고액 금225,000,000원 채무자 문○○ 서울특별시 광진구 근저당권자 재부금융투화사 110111 서울특별시 강남구 공동담보목록 제2009-178호

그나마 다행인 것은 근저당금액이 크지 않다는 점이다. 배당순서로 1순위 근저당 9,100만 원과 2순위 임차권자 1억 2,500만 원, 그리고 경매비용까지 합쳐서 약 2억 1,800만 원 이상으로 낙찰된다면, 세입자도 전액 배당이 가능하다. 그러나 그 이하로 낙찰이 된다면 낮아지는 만큼 세입자가 손해다. 어차피 손해를 입어야 한다면, 적극적으로 나서서 집을 가져오는 것도 한 방법이다. 그러므로 임차권자가 2억 1,800만 원에 입찰하는 게 가장 좋을 것이다. 감정가가 2억 3,000만 원인 물건을 2억 1,800만 원에 입찰한다면 낙찰 가능성이 상당히 높다. 그러니 다른 입찰자보다 훨씬 유리한 입장이다. 방어입찰을 통해 위기를 기회로 바꿔보자.

07 자꾸 변경되는 매각기일, 변경 이유는

고양12계 2014-351○○ 오피스텔(주거용)					
소 재 지	경기 고양시 (10449) 경기 고양시				
경 매 구 분	임의경매	채 권 자	전문유한회사		
용 도	오피스텔(주거용)	채무/소유자	최○자	매 각 일 시	16.06.15 (10:00) [29 일전]
감 정 가	480,000,000 (14.11.24)	청 구 액	216,283,706	다 음 예 정	16.07.20 (235,200,000원)
최 저 가	336,000,000 (70%)	토 지 면 적	27.16 m² (8.22평)	경매개시일	14.11.11
입찰보증금	10% (33,600,000)	건 물 면 적	181.1 m² (54.78평)	배당종기일	15.02.10

- 고양지원 2014-351○○ [1] 매각물건명세서 -
경기 고양시 일산동구

사건	2014타경351○○		매각물건번호	1	담임법관(사법보좌관)	서○석
작성일자	2016.05.31		최선순위 설정일자	2006.9.29.(근저당권)		
부동산 및 감정평가액 최저매각가격의 표시	부동산표시목록 참조		배당요구종기	2015.02.10		

점유자의 성명	점유부분	정보출처 구분	점유의 권원	임대차 기간 (점유기간)	보증금	차임	전입신고일자.사업자등록신청일자	확정일자	배당요구 여부 (배당요구일자)
이○영		현황조사	주거임차인				2013.05.28		
이○윤		현황조사	주거임차인				2013.06.18		

<비고>

이번에 볼 물건의 매각물건명세서를 보면 두 명의 전입자가 있는데, 대항력은 없으므로 인도명령 대상이다.

■기타
채무자(소유자)의 손자에 따르면, 임차인으로 조사한 이○영, 이○윤은 가족이라고 하나, 주민등록등재자이므로 임차인으로 기재함.

현황조사서

그리고 현황조사서에 따르면 두 명 다 소유자의 가족으로 나와 있다. 그러므로 권리상 별다른 문제는 없을 것이다.

그런데 이 물건에 다섯 차례나 변경이 있었다. 왜 이렇게 많이 된 걸까. 일단 문건처리 내역부터 확인해보자.

①	480,000,000
	2015-05-20 유찰
② 30%↓	336,000,000
	2015-06-24 변경
②	336,000,000
	2015-09-02 변경
②	336,000,000
	2015-11-11 변경
②	336,000,000
	2016-01-20 변경
②	336,000,000
	2016-04-06 변경

경매 진행 내역

2015.02.04	교부권자 고양시 일산동구 교부청구 제출
2015.06.22	채권자 ■■■■■■■■전문유한회사 기일연기신청서 제출
2015.08.28	채권자 ■■■■■■■■전문유한회사 기일연기신청서 제출
2015.11.05	채권자 ■■■■■■■■전문유한회사 매각기일연기신청서 제출
2016.01.14	채권자 ■■■■■■■■전문유한회사 기일연기신청서 제출
2016.03.31	채권자 ■■■■■■■■전문유한회사 기일연기신청서 제출
2016.03.31	채무자겸소유자 최○자 기일연기신청서 제출

문건처리 내역

같은 곳에서 모두 기일연기신청서를 제출했고, 소유자가 한 차례 기일연기신청서를 제출했다. 그러면 왜 기일연기신청서를 제출한 걸까. 이유를 알아보기 위해 서류를 찾아보자.

문 건 처 리 내 역

문건처리 내역을 확인해보니 경매가 진행되는 도중 채권자 변경신고서가 제출된 것이 확인된다. 은행에서 회사로 NPL이 넘어간 것이다.

【 을 구 】		(소유권 이외의 권리에 관한 사항)		
순위번호	등 기 목 적	접 수	등 기 원 인	권 리 자 및 기 타 사 항
1	근저당권설정	2006년9월29일 제111300호	2006년9월12일 설정계약	채권최고액 금307,700,000원 채무자 최○○ 경기도 고양시 석왕구 ▨▨▨▨ 근저당권자 주식회사○○○○은행 110111-▨▨▨▨ 서울 중구 ▨▨▨
1-1	1번근저당권변경	2009년4월8일 제45800호	2009년4월8일 변경계약	채권최고액 금178,000,000원
1-2	1번근저당권변경	2011년12월29일 제178400호	2011년12월29일 계약인수	채무자 최○수 경기도 고양시 일산동구 ▨▨▨ ▨▨▨
2	근저당권설정	2006년12월29일 제165600호	2006년12월29일 설정계약	채권최고액 금91,000,000원 채무자 최○수 경기도 고양시 석왕구 ▨▨▨▨ 근저당권자 주식회사한국외환은행 110111-0▨▨▨ 서울 중구 ▨▨▨
2-1	2번근저당권변경	2011년12월29일 제178400호	2011년12월29일 계약인수	채무자 최○수 경기도 고양시 일산동구 ▨▨▨ ▨▨▨

이어 등기부등본을 확인해보니 은행은 근저당이 2건 잡혀 있는데, 합치면 채권최고액이 2억 6,900만 원이다.

임 의 ○○○○은행
2014.11.11
*청구액:216,283,706원

경 매 청 구 액

그런데 경매 청구액은 2억 1,600만 원이다. 채권최고액과 약 5,300만 원 정도 차이가 난다.

보통 일반인이 대출을 받을 때는 금리가 3% 정도다. 그러나 이 이율은 정상적인 대출일 경우이고, 연체를 하면 확 치솟는다. 검색해보니 은행의 경우, 2015년 기준으로 연체이자 15%라고 나와 있다. 그나마 1 금융권이기 때문에 낮은 편이다.

채권최고액에는 원금과 이자 모두 보장을 한다. 아직 채권최고액까지는 5,300만 원이 채워지지 않았고 담보도 확실하므로 15%의 확정이자는 아주 큰 메리트가 있다. 그러므로 채권자는 어떤 방법을 사용해서든 15% 연체이자를 받아서 전부 채우고 싶을 것이다. 그래서 기일연기 신청서를 제출한 것으로 추측할 수 있다.

그럼 이제 계산해보자. 2014년 11월 11일 당시에 채권금액은 2억 1,600만 원이므로 연체이자 15%를 받아서 2억 6,900만 원까지 채우려면 약 1년 9개월 정도 걸린다. 그러면 2016년 8월 정도가 돼야 하고, 낙찰 후 배당기일까지 약 3개월 정도 소요되므로 3개월을 빼야 한다. 2016년 5월에 낙찰이 된다면 채권최고액인 2억 6,900만 원을 모두 받을 수 있다. 과연 필자의 추측이 맞을까. 연체이자로 채권최고액을 모두 채우기 위해서 변경을 하는 것이라면 2016년 6월에는 낙찰이 됐을 것이다.

과연 어떤 결과가 나왔을까. 2016년 5월에는 매각기일이 없었고 2016년 6월 15일에 매각됐다. 필자의 추측처럼 채권최고액을 모두 채우고 낙찰됐다.

 08 불허가, 이유를 알아보자

1) 무잉여에 의한 불허가

직장인이 경매로 투잡하는 성공 노하우 추리 경매

북부8계 2014-3○○ [blurred] 다세대

소 재 지	서울 중랑구 [blurred]				
	(02136) 서울 중랑구 [blurred]				
경 매 구 분	강제경매	채 권 자	강○남		
용 도	다세대	채무자/소유자	김○현	매 각 일 시	14.10.27 (10:00) [19 일전]
감 정 가	230,000,000 (14.01.14)	청 구 액	39,767,671	다 음 예 정	14.12.01 (117,760,000원)
최 저 가	147,200,000 (64%)	토 지 면 적	30.4 ㎡ (9.2평)	경매개시일	14.01.08
입찰보증금	10% (14,720,000)	건 물 면 적	60.07 ㎡ (18.17평)	배당종기일	14.03.20

이 물건은 다섯 명이 입찰을 했는데 매각불허가가 됐다. 그리고 다시 나왔는데, 입찰자가 한 명도 없어서 유찰됐다. 만약 불허가 이유를 알 수 있었고, 문제가 없단 사실을 알았다면 단독으로 낙찰받을 수 있는 좋은 기회였을지도 모른다. 그렇다면 불허가가 된 이유가 무엇일까. 문건처리내역 및 송달 내역을 보면 어느 정도 추측이 가능하다.

먼저 문건처리 내역을 봤더니 특별한 정보를 얻을 수 없었다. 다음으로 문건송달 내역을 확인해보도록 하자.

①		230,000,000
		2014-04-28 유찰
② 20% ↓		184,000,000
		2014-06-02 매각

매수인	임○진
응찰수	5명
매각가	195,500,000 (85.00%)
2위	193,100,100 (83.96%)

불허	2014-06-09

②		184,000,000
		2014-09-22 유찰
③ 20% ↓		147,200,000
		2014-10-27 진행

경매 진행 내역

2014.04.04	교부권자 국민건강보험공단중랑지사 매각및 매각결정기일통지서 발송	2014.04.07 도달
2014.04.29	근저당권자 주식회사 ○○은행 대표이사 이○우, 지배인 최○창 보정명령등본 발송	2014.05.02 도달
2014.06.10	채권자 강○남 매수통지서 발송	2014.06.13 도달
2014.06.23	채권자 강○남 중복경매통지서 발송	2014.06.25 도달
2014.06.23	채무자겸소유자 김○현 중복경매통지서 발송	2014.06.25 도달
2014.09.02	채권자 강○남 매각및 매각결정기일통지서 발송	2014.09.03 도달
2014.09.02	교부권자 의정부세무서(부가가치세과) 매각및 매각결정기일통지서 발송	2014.09.03 도달
2014.09.02	교부권자 서울특별시중랑구(세무1과) 매각및 매각결정기일통지서 발송	2014.09.03 도달

송달 내역

문건송달 내역에는 불허가 이후에 중복경매통지서가 발송이 됐다. 중복경매통지서는 하나의 물건에 여러 명이 경매를 신청한 경우에 발송된다. 중복경매를 신청하는 이유가 여러 가지가 있지만, 그중 하나는 무잉여가 되는 것을 방지하기 위함이다. 무잉여는 경매를 신청한 채권자에게 1원도 배당이 되지 않으면 경매의 실익이 없기 때문에 경매 절차는 기각이 돼야 한다.

이번엔 등기부등본을 살펴보자.

순위번호	등 기 목 적	접 수	등 기 원 인	권 리 자 및 기 타 사 항
6	5번압류등기말소	2006년11월3일 제101400호	2006년11월1일 해제	
7	압류	2009년10월19일 제106500호	2009년9월15일 압류(세무1과-11850)	권리자 서울특별시중량구
8	7번압류등기말소	2010년10월25일 제86300호	2010년10월25일 해제	
9	3번압류등기말소	2010년10월25일 제86400호	2010년10월25일 해제	
10	4번가압류등기말소	2010년11월1일 제88300호	2010년10월22일 해제	
11	가압류	2012년12월26일 제117300호	2012년12월24일 인천지방법원의 가압류결정(2012카단100 00)	청구금액 금41,000,000 원 채권자 강○남 760730-1****** 인천 계양구
12	가압류	2013년6월3일 제51800호	2013년6월3일 서울북부지방법원의 가압류 결정(2013카단3500)	청구금액 금60,217,257 원 채권자 ○○캐피탈주식회사 110111- 서울특별시 영등포구
13	강제경매개시결정	2014년1월8일 제2000호	2014년1월8일 서울북부지방법원의 강제경매개시결정(2014 타경300)	채권자 강○남 760730-1****** 인천 계양구
14	압류	2014년1월20일 제5000호	2014년1월20일 압류(징수부-900314)	권리자 국민건강보험공단 111471- 서울특별시 마포구
15	압류	2014년6월11일 제52800호	2014년5월14일 압류(세무1과-5010)	권리자 서울특별시중량구

갑구 등기부등본

경매신청권자는 강 씨고, 가압류에 의한 강제경매다. 경매신청권자인 강 씨보다 먼저 배당을 받는 채권금액을 보자.

직장인이 경매로 투잡하는 성공 노하우 추리 경매

【 을 구 】		(소유권 이외의 권리에 관한 사항)		
순위번호	등 기 목 적	접 수	등 기 원 인	권 리 자 및 기 타 사 항
1	근저당권설정	2003년1월29일 제3300호	2003년1월29일 설정계약	채권최고액 금84,000,000원 채무자 김○현 서울 중랑구 근저당권자 주식회사○○은행 110111- 시울 중구
1-1	1번등기명의인표시변경	2012년1월9일 제17ㅇㅇ호	2012년1월9일 취급지점변경	주식회사○○은행의 취급지점 본점
1-2	1번근저당권변경	2012년1월9일 제17ㅇㅇ호	2012년1월9일 변경계약	채권최고액 금68,300,000원
2	근저당권설정	2010년10월20일 제85ㅇㅇ호	2010년10월20일 설정계약	채권최고액 금30,000,000원 채무자 김○현 서울 중랑구 근저당권자 이○준 541006-1******* 서울특별시 중구
8	근저당권설정	2012년1월27일 제58ㅇㅇ호	2012년1월27일 설정계약	채권최고액 금90,000,000원 채무자 김○현 서울 중랑구 근저당권자 주식회사○○○개피탄대부금융 110111- 서울특별시 강남구
8-1	8번근저당권부질권	2012년3월6일 제417ㅇㅇ호	2012년3월5일 설정계약	채권액 금90,000,000원 변제기 2013년 3월 5일 채무자 주식회사○○○개피탄대부금융 서울특별시 강남구 채권자 조○상 760921-2****** 서울특별시 강남구
11	근저당권설정	2012년6월26일 제548ㅇㅇ호	2012년6월26일 설정계약	채권최고액 금30,000,000원 채무자 김○현 서울 중랑구 근저당권자 주식회사○○파이낸스대부 110111 서울특별시 서초구
11-1	11번근저당권부질권	2012년8월16일 제76ㅇㅇ호	2012년8월16일 설정계약	채권액 금30,000,000원 변제기 2013년 8월 16일까지 채무자 주식회사○○파이낸스대부 서울특별시 서초구 채권자 변○상 580105-1****** 서울특별시 동작구

을구 등기부등본

　　가압류보다 이전에 설정돼 있는 근저당 4건의 합산금액은 약 2억 2,000만 원이다. 그 이상으로 낙찰이 되지 않으면 경매신청권자인 강 씨는 1원도 배당을 받지 못하므로 무잉여가 된다. 이 물건도 당연히 1 억 9,500만 원에 낙찰됐으므로 무잉여로 인해 기각돼야 한다.

순위번호	등 기 목 적	접 수	등 기 원 인	권 리 자 및 기 타 사 항
			83)	
12	가압류	2013년6월3일 제51800호	2013년6월3일 서울북부지방법원의 가압류 결정(2013카단3500)	청구금액 금60,217,257원 채권자 ○○캐피탈주식회사 110111-○○○○○○ 서울특별시 영등포구
13	강제경매개시결정	2014년1월8일 제2000호	2014년1월8일 서울북부지방법원의 강제경매개시결정(2014 타경300)	채권자 강○남 700730-1****** 인천 계양구
14	압류	2014년1월20일 제5000호	2014년1월20일 압류(징수부-900314)	권리자 국민건강보험공단 111471-○○○○○○ 서울특별시 마포구
15	압류	2014년6월11일 제52800호	2014년5월14일 압류(세무1과-5010)	권리자 서울특별시중랑구
16	임의경매개시결정	2014년6월16일 제54400호	2014년6월16일 서울북부지방법원의 임의경매개시결정(2014 타경14200)	채권자 주식회사 ○○○캐피탈대부금융 110111-○○○○○○ 서울 강남구

중복 경매를 보여주는 등기부등본

그런데 며칠 뒤 근저당 중 세 번째 순서인 대부금융에서 임의경매신청이 들어왔다. 경매신청권자인 대부금융은 충분히 배당이 가능하므로 무잉여가 되지 않는다. 무잉여 때문에 불허가가 됐지만 중복경매신청으로 불허가 이유는 사라졌다. 이미 낙찰을 받았다가 불허가가 돼서 보증금을 돌려받은 낙찰자는 조금 억울하겠지만, 현재는 낙찰받아도 되는 물건이 됐다.

2) 재감정을 받아준 특이한 불허가

동부6계 2015-46○○ 단독주택

소 재 지	서울 송파구 (05756) 서울 송파구				
경매구분	임의경매	채 권 자	○○○○○협동조합		
용 도	단독주택	채무/소유자	임○이	매 각 일 시	16.04.18 (10:00) [7 일전]
감 정 가	162,100,000 (15.12.29)	청 구 액	156,008,048	다 음 예 정	16.05.23 (129,680,000원)
최 저 가	162,100,000 (100%)	토 지 면 적	43 ㎡ (13.01평)	경매개시일	15.05.08
입찰보증금	10% (16,210,000)	건 물 면 적	40 ㎡ (12.1평)	배당종기일	15.07.28

이번 물건은 2015년 11월 16일에 낙찰을 받았는데, 2015년 11월

직장인이 경매로 투잡하는 성공 노하우 추리 경매

23일에 불허가가 났다. 그리고 2015년 11월 건물가가 변경되면서 감정가도 조정됐다고 명시돼 있다. 이 부분을 처음 봤을 때는 특별한 내용이 아니라 생각했다.

경매 진행 내역

2015.07.17	교부권자 서울특별시송파구 교부청구서 제출
2015.11.12	교부권자 국(송파세무서) 교부청구서 제출
2015.11.20	최고가매수신고인 매각불허가신청 제출
2015.12.04	감정인 ○라임감정평가법인(주) 집행관협조요청 제출
2015.12.04	집행관 김○ 현황재조사보고서 제출
2015.12.10	채무자겸소유자 임○이 열람및복사신청 제출
2015.12.23	기타 조○철 감정평가서 제출
2015.12.23	감정인 ○○○감정평가법인(주) 감정평가서 제출
2016.01.05	감정인 ○○○감정평가법인(주) 감정평가서 제출
2016.01.05	기타 조○철 감정평가서 제출
2016.03.09	임차인 장○년(주민등록등재자) 권리신고 및 배당요구신청서 제출

문건처리 내역

그런데 문건처리 내역을 보면 낙찰자가 매각불허가신청서를 제출했고, 불허가를 받아낸 사실이 나온다. 필자는 그 이유가 무척 궁금해졌다. 며칠 후에 현황재조사보고서가 제출돼고 감정평가서가 두 차례 더 제출됐다. 도대체 얼마나 많은 변경사항이 있길래 다시 감정평가를 한 걸까. 현황조사서와 감정평가서의 전후를 비교해보자.

■ 기타
-본건 목적물 소재지에 출장하여 조사한 바, 거주자가 부재중이어서 조사하지 못 하였으나,
동사무소 주민등록등재자를 일응, 임차인으로 추정하여 임차인 등록 보고함
-세무서 등록현황상에는 임차인 없음

불허가 되기 전 현황조사서

불허가 되기 전 현황조사서 내용이다. 특별한 문제점은 보이지 않는다.

- 본건 목적물 정면에서 보아 왼쪽에는 복지이발관이 있었고, 오른쪽은 신축 건물 공사가 한창이었음
- 본건 목적물은 지붕에 천막을 덮어씌워서 바람에 날리지 않게 기와를 군데군데 쌓아 두었음(사진 참조)
- 신축 건물 공사장쪽 양철 처마가 녹아 내려서 너덜거리고 있었으며, 벽체에도 여러군데 금이 가 있었으며 시멘트를 덧바른 자국등이 있었음
- 자물쇠로 출입문을 시정하여 두어서 목적물 내부에 들어가 보지는 못하였음

불허가 후 변경된 현황조사서

그리고 불허가 후 변경된 현황조사서다. 부정적인 내용이 무척 많이 보인다. 그리고 이 내용을 기반으로 감정평가를 다시 했다. 이번엔 감정평가서가 어떻게 변경됐을지 확인해보자.

4. 건물단가 결정

구 분	제조달원가 (원/㎡)	(총)내용년수	실제 경과년수	잔존가치율	적용단가 (원/㎡)
지상 1층	600,000	40	29	11/40	165,000

※ 잔존가치율 = 잔존 내용년수/(총)내용년수

불허가 되기 전 감정평가서

불허가 전의 감정평가서 내용이다. 잔존가치율이 11/40으로 표시돼 있다.

4. 건물단가 결정

구 분	제조달원가 (원/㎡)	(총)내용년수	실제 경과년수	잔존가치율 (관찰감가)	적용단가 (원/㎡)
기호 가	600,000	40	30	5/40	75,000

※ 잔존가치율 = 잔존 내용년수/(총)내용년수

불허가 후 변경된 감정평가서

감정평가를 다시 한 후에는 잔존가치율이 5/40으로 바뀌었다. 그래서 660만 원에서 300만 원으로 감정가가 변경된다. 틀리면 변경하는 것이 맞지만, 총 감정가 1억 6,200만 원인 물건을 360만 원 때문에 현

황조사와 감정평가까지 다시 했다. 배보다 배꼽이 더 컸다는 느낌을 지울 수 없다. 보통 이런 경우에는 매각물건명세서에 언급을 하고 넘어가는 경우가 대부분인데 유독 이 물건만 불허가에 재감정까지 해서 시간을 많이 지체시켰다. 감정평가를 다시 하는 경우는 거의 본 적이 없으니 정말 드문 현상이다.

3) 서류접수 실수가 불러온 불허가

서산3계 2014-116○○[1] 〇〇〇 다세대

소 재 지	충남 서산시 대산읍 〇〇〇 〇〇〇〇〇〇 〇〇 〇〇 〇〇〇 (31909) 충남 서산시 〇〇〇〇 〇〇〇 〇〇				
경 매 구 분	임의경매	채 권 자	㈜○○상호저축은행 외1		
용 도	다세대	채무/소유자	박○석	매 각 일 시	15.06.01 (10:00) [10 일전]
감 정 가	75,000,000 (14.08.25)	청 구 액	152,286,395	다 음 예 정	15.07.06 (36,750,000원)
최 저 가	52,500,000 (70%)	토 지 면 적	47.5 ㎡ (14.37평)	경매개시일	14.08.11
입찰보증금	20% (10,500,000)	건 물 면 적	75.92 ㎡ (22.97평)	배당종기일	15.02.13

단체 물건이 경매에 나왔는데 그중에서 1번 물건만 불허가가 됐다.

낙찰이 된 날짜는 2015년 1월 12일이고, 불허가가 된 날짜는 2015년 1월 19일이다.

① 75,000,000
2014-12-08 유찰
② 30%↓ 52,500,000
2015-01-12 매각

매수인	최○웅
응찰수	3명
매각가	61,550,000 (82.07%)

불허 2015-01-19

경매 진행 내역

2014.12.26	기타 대전고등검찰청 전언통신문(서산14카단1300, 한○환) 제출	
2014.12.30	기타 대전고등검찰청 국가를제3채무자로하는결정정본 제출	
2015.01.12	임차인 전○숙 권리신고및배당요구신청 제출	
2015.01.12	임차인 조○부 차액지급신고서(상계신청) 제출	
2015.02.27	낙찰인 김○호 등기촉탁공신청 및 지정서 제출	

문건처리 내역

그런데 문건처리 내역을 보면 낙찰된 날짜인 2015년 1월 12일에 임차인이 권리신고 및 배당요구신청서를 제출했다. 이로 인해 경매에 영

향을 끼칠 이유가 없는데 불허가가 됐다. 왜 그랬는지 확인을 위해 자료를 더 찾아봤다.

2014.08.27	감정인 ○○감정 감정평가서 제출	
2014.08.27	교부권자 국(처분청:남인천세무서) 교부청구 제출	
2014.08.28	임차인 김○정 권리신고및배당요구신청 제출	
2014.09.02	채권자 주식회사○○상호저축은행 열람및복사신청 제출	
2014.09.18	임차인 이○직 권리신고및배당요구신청 제출	
2014.10.08	임차인 조○부 권리신고및배당요구신청 제출	
2014.10.10	근저당권자 김○규 채권계산서 제출	
2014.10.13	교부권자 국민건강인천남동지사 교부청구 제출	

문건처리 내역

이전에 접수된 문건처리 내역을 보니 김 씨, 이 씨, 조 씨의 권리신고가 있다. 김 씨는 6번 물건, 이 씨는 4번 물건, 조 씨는 2번 물건의 세입자다. 그런데 불허가된 물건의 세입자인 전 씨는 신고 내역이 보이지 않는다.

2014.08.20	전세권자 조○부 임차인통지서 발송	2014.08.21 도달
2014.08.20	전세권자 송○화 임차인통지서 발송	2014.08.21 수취인불명
2014.08.22	임차인 송○화 임차인통지서 발송	2014.08.22 송달간주
2014.08.27	임차인 전○숙 임차인통지서 발송	2014.08.28 송달간주
2014.11.25	임차인 전○숙 매각및 매각결정기일통지서 발송	2014.11.26 송달간주
2014.11.25	임차인 조○부 매각및 매각결정기일통지서 발송	2014.11.26 송달간주
2014.11.25	임차인 김○열 매각및 매각결정기일통지서 발송	2014.11.26 송달간주
2014.11.25	임차인 이○직 매각및 매각결정기일통지서 발송	2014.11.26 송달간주

송달 내역

그래서 송달 내역을 살펴보니 임차인 전 씨에게는 처음부터 송달간주로 처리돼서 송달된 적이 한 번도 없었다. 여러 개 물건을 다루다보니 법원에서 다른 물건의 임차인과 구별하다가 실수로 빠트린 것으로 보인다.

– 서산지원 2014-116○○ [1] 매각물건명세서 –

충남 서산시 대산읍 〇〇〇〇〇

사건	2014타경116○○	매각물건번호	1	담임법관(사법보좌관)	김〇록
작성일자	2015.03.11	최선순위 설정일자	2008. 8. 13. 근저당권		
부동산 및 감정평가액 최저매각가격의 표시	부동산표시목록 참조	배당요구종기	2015.02.13		

그리고나서 매각물건명세서를 살펴보니 배당요구종기일이 불허가 떨어진 후로 잡혀 있다. 결국 임차인 전 씨의 권리신고를 경매 당일에 접수받고 송달이 되지 않았단 사실을 안 것이다. 그래서 불허가로 결정하고 세입자의 권리신고를 유효하게 만들기 위해 배당요구종기일을 미루고 다시 경매를 진행했다.

법원의 실수는 이렇게 불허가를 내는 것으로 쉽게 해결된다. 그동안 힘들게 조사를 하고, 입찰하고, 낙찰까지 받았던 낙찰자는 아주 소액의 이자만 받고 끝이다. 아이러니하게도 경매에서 이런 일이 비일비재하다.

4) 송달 실수로 생긴 불허가

목포6계 2014-130○○[2] 〇〇〇 아파트

소 재 지	전남 목포시 〇〇〇〇〇〇〇〇〇〇〇〇호 (58702) 전남 목포시 〇〇〇〇〇					
경매구분	임의경매	채 권 자	㈜○○○○은행			
용 도	아파트	채무/소유자	김〇호/나〇	매 각 일 시	16.04.04 (10:00) [24 일전]
감 정 가	117,000,000 (14.11.03)	청 구 액	155,000,000	다 음 예 정	미정
최 저 가	65,520,000 (56%)	토 지 면 적	24.65 ㎡ (7.46평)	경매개시일	14.10.16
입찰보증금	10% (6,552,000)	건 물 면 적	59.79 ㎡ (18.09평) [23평형]	배당종기일	14.12.30

이번 물건은 두 번이나 불허가가 된 특이한 케이스다. 법원의 실수는 실수일 뿐이라 해도 말이다.

첫 번째 불허가 된 날짜를 보면 2015년 9월 7일이다. 그러면 바로 문건처리 내역부터 확인해보자.

불허가와 같은 날짜에 임차인 황 씨가 임차인신고서를 제출했다. 임차인신고서가 왜 그날에야 제출됐을까.

문건처리내역

접수일	접수내역	결과
2014.10.16	등기소 광주지방법원 목포지원 등기과 등기필증 제출	
2014.10.29	채권자 주식회사 ○○○○은행 보정서 제출	
2014.10.31	기타 집행관 현황조사서 제출	
2014.11.05	채권자 주식회사 ○○○○은행 보정서 제출	
2014.11.05	기타 ○○감정평가법인 감정평가서 제출	
2014.11.13	압류권자 목포시 미체납교부청구서 제출	
2014.11.13	압류권자 목포시 교부청구 제출	
2014.11.14	가압류권자 ○○은행주식회사 채권계산서 제출	
2014.11.19	교부권자 해남군 교부청구 제출	
2014.12.22	교부권자 국민건강보험공단목포지사 교부청구 제출	
2015.03.19	채권자 주식회사 ○○○○은행 열람및복사신청 제출	
2015.09.07	임차인 황○하 임차인신고서 제출	
2015.09.09	채권자 주식회사 ○○○○은행 열람및복사신청 제출	
2015.09.14	기타 주식회사 ○○○○은행 매각불허가결정에대한즉시항고 제출	

문건처리 내역

송달내역

송달일	송달내역	송달결과
2014.10.21	소유자 나○ 개시결정정본 발송	2014.10.23 도달
2014.10.21	채무자겸소유자 김○호 개시결정정본 발송	2014.10.27 폐문부재
2014.10.21	감정인 박○광 평가명령 발송	2014.10.24 도달
2014.10.21	압류권자 목포세무서 최고서 발송	2014.10.22 송달간주
2014.10.21	채권자 주식회사 ○○○○은행 대표이사 이○홈 개시결정정본 발송	2014.10.24 도달
2014.10.21	채권자 주식회사 ○○○○은행 대표이사 이○홈 보정명령등본 발송	2014.10.24 도달
2014.10.21	최고관서 목포시장 최고서 발송	2014.10.22 송달간주
2014.10.21	최고관서 국민건강보험공단 목포지사 최고서 발송	2014.10.22 송달간주
2014.10.21	최고관서 목포세무서 최고서 발송	2014.10.22 송달간주
2014.10.21	근저당권자 황○구 최고서 발송	2014.10.22 송달간주
2014.10.21	가압류권자 ○○○○○지신용보증기금관리기관농업협동조합중앙회 최고서 발송	2014.10.22 송달간주
2014.10.21	가압류권자 ○○은행주식회사 대표이사 신○식 최고서 발송	2014.10.22 송달간주
2014.10.21	압류권자 목포시 최고서 발송	2014.10.22 송달간주
2014.10.29	채권자 주식회사 ○○○○은행 대표이사 이○홈 주소보정명령등본 발송	2014.10.31 도달
2014.10.31	임차인 김○심 임차인통지서 발송	2014.11.06 폐문부재
2014.10.31	임차인 황○하 임차인통지서 발송	2014.11.04 수취인부재
2014.11.05	임차인 황○하 임차인통지서 발송	2014.11.06 송달간주

2014.11.05	채무자겸소유자1 김○호 개시결정정본 발송	2014.11.10 도달
2014.11.10	임차인 김○심 임차인통지서 발송	2014.11.11 송달간주
2015.08.11	채권자 주식회사 ○○○○은행 매각및 매각결정기일통지서 발송	2015.08.11 송달간주
2015.08.11	교부권자 국민건강보험공단목포지사 매각및 매각결정기일통지서 발송	2015.08.11 송달간주
2015.08.11	교부권자 해남군 매각및 매각결정기일통지서 발송	2015.08.11 송달간주
2015.08.11	교부권자 목포시 매각및 매각결정기일통지서 발송	2015.08.11 송달간주
2015.08.11	압류권자 목포세무서 매각및 매각결정기일통지서 발송	2015.08.11 송달간주
2015.08.11	압류권자 목포시 매각및 매각결정기일통지서 발송	2015.08.11 송달간주
2015.08.11	소유자 나○ 매각및 매각결정기일통지서 발송	2015.08.11 송달간주
2015.08.11	채무자겸소유자 김○호 매각및 매각결정기일통지서 발송	2015.08.11 송달간주
2015.08.11	임차인 김○심 매각및 매각결정기일통지서 발송	2015.08.11 송달간주
2015.08.11	임차인 황○하 매각및 매각결정기일통지서 발송	2015.08.11 송달간주
2015.08.11	근저당권자 황○구 매각및 매각결정기일통지서 발송	2015.08.11 송달간주

송달 내역

송달 내역을 보면 임차인 황 씨는 수취인부재, 송달간주로 처리돼 있다. 경매는 진행됐지만 임차인은 권리신고서를 받지 못한 것이다. 수취인부재라면 보정명령 후 다시 발송해야 하는데, 법원의 실수로 송달간주 처리해 버린 것이다. 그러니 낙찰된 후 낙찰자가 찾아갔을 때 세입자는 경매에 넘어간 사실을 알게 됐을 것이고, 당연히 법원에 항의하면서 임차인 서류를 제출한 것으로 보인다. 그러므로 법원에서도 매각물건명세서의 오류로 매각불허가 처리를 한 것이다.

경매 진행 내역

그런데 두 번째 불허가는 더 재미있다.

이번 불허가 날짜는 2016년 1월 11일이다. 문건처리 내역을 통해 같은 날 무슨 일이 일어났는지 확인해보자.

2015.12.09	채권자 주식회사 ○○○○은행 열람및 복사신청 제출	
2015.12.10	채권자 주식회사 ○○○○은행 배당기일지정신청서 제출	
2016.01.13	채권자 주식회사 ○○○○은행 보정서 제출	
2016.01.13	채권자 주식회사 ○○○○은행 즉시항고장 제출	
2016.01.13	최고가매수신고인 열람및복사신청 제출	
2016.01.22	채권자 주식회사 ○○○○은행 항고철회 및 속행신청서 제출	

문건처리 내역

채권자가 항고장을 제출했다. 처음에 불허가가 됐는데 또 불허가가 떨어져서 항고장을 제출한 것으로 보인다.

2015.10.27	최고가매수인 대금지급기한통지서(물건1) 발송	2015.10.30 도달
2015.10.30	채권자 주식회사 ○○○○은행 매각및 매각결정기일통지서 발송	2015.11.02 송달간주
2015.10.30	소유자 나○ 매각및 매각결정기일통지서 발송	2015.11.02 송달간주
2015.10.30	임차인 황○하 매각및 매각결정기일통지서 발송	2015.11.02 송달간주
2015.10.30	근저당권자 황○구 매각및 매각결정기일통지서 발송	2015.11.02 송달간주
2015.10.30	압류권자 목포시 매각및 매각결정기일통지서 발송	2015.11.02 송달간주
2015.10.30	압류권자 목포세무서 매각및 매각결정기일통지서 발송	2015.11.02 송달간주
2015.10.30	교부권자 목포시 매각및 매각결정기일통지서 발송	2015.11.02 송달간주
2015.10.30	교부권자 해남군 매각및 매각결정기일통지서 발송	2015.11.02 송달간주
2015.10.30	교부권자 국민건강보험공단목포지사 매각및 매각결정기일통지서 발송	2015.11.02 송달간주
2016.01.04	채권자 주식회사 ○○○○은행 추납통지서 발송	2016.01.07 도달

불허가 되기 전 송달 내역

문건송달 내역 중 불허가 날짜를 기준으로 앞뒤를 자세히 살펴보자. 매각및매각결정기일통지서를 발송했고, 전부 송달간주로 표시돼 있다. 매각불허가가 되기 전에는 총 아홉 차례 서류를 발송했다.

2016.01.04	채권자 주식회사 ○○○○은행 추납통지서 발송	2016.01.07 도달
2016.01.26	압류권자 목포시 매각및 매각결정기일통지서 발송	2016.01.26 송달간주
2016.01.26	근저당권자 황○구 매각및 매각결정기일통지서 발송	2016.01.26 송달간주
2016.01.26	임차인 황○하 매각및 매각결정기일통지서 발송	2016.01.26 송달간주
2016.01.26	채무자겸소유자 김○호 매각및 매각결정기일통지서 발송	2016.01.26 송달간주
2016.01.26	채권자 주식회사 ○○○○은행 매각및 매각결정기일통지서 발송	2016.01.26 송달간주
2016.01.26	압류권자 목포세무서 매각및 매각결정기일통지서 발송	2016.01.26 송달간주
2016.01.26	소유자 나○ 매각및 매각결정기일통지서 발송	2016.01.26 송달간주
2016.01.26	교부권자 목포시 매각및 매각결정기일통지서 발송	2016.01.26 송달간주
2016.01.26	교부권자 해남군 매각및 매각결정기일통지서 발송	2016.01.26 송달간주
2016.01.26	교부권자 국민건강보험공단목포지사 매각및 매각결정기일통지서 발송	2016.01.26 송달간주
2016.04.12	채권자 주식회사 ○○○○은행 보정명령등본 발송	2016.04.18 도달

불허가 후 송달 내역

그런데 매각불허가가 난 후에 발송 서류가 하나 늘었다. 추가된 서류는 채무자 겸 소유자 김 씨의 매각및매각결정기일통지서다. 비록 송달간주이지만 발송을 안 한 게 발견돼서 매각불허가를 내고 다시 발송을 한 것이다. 결국 같은 물건에서 연속 두 번의 송달 실수를 했다. 처음 불허가가 됐을 때도 송달실수인데 한 번 더 해서 또 불허가가 된 것이다. 법원에서는 본인들 실수에만 너무 관대한 것이 아닐까 하는 생각이 든다. 어렵게 낙찰받은 사람만 그동안의 수고가 억울할 뿐이다.

5) 송달주체는 누구인가

대전5계 2014-150○○ 기하동 아파트

소 재 지	대전 유성구 지족동 전1구 동부아파트사거리 30억동 외9층 40억동 호 (34079) 대전 유성구 노은동로 10번					
경매구분	임의경매	채 권 자	덕○(새)		
용 도	아파트	채무/소유자	이○이	매 각 일 시	16.04.11 (10:00) [6 일전]
감 정 가	272,000,000 (14.07.04)	청 구 액	204,614,660	다 음 예 정	16.05.16 (65,307,000원)
최 저 가	93,296,000 (34%)	토 지 면 적	48.41 ㎡ (14.64평)	경매개시일	14.07.01
입찰보증금	10%~30% (확인요망)	건 물 면 적	84.37 ㎡ (25.52평) [32평형]	배당종기일	15.04.15

– 대전지방법원 2014-150○○ [1] 매각물건명세서 –

대전 유성구 지족동 전1구 동부아파트사거리 30억동 외9층 40억동 호

사건	2014타경150○○		매각물건번호	1	담임법관(사법보좌관)	이○우
작성일자	2016.10.12		최선순위 설정일자	2012.9.28. 근저당권		
부동산 및 감정평가액 최저매각가격의 표시	부동산표시목록 참조		배당요구종기	2015.04.15		

점유자의 성명	점유부분	정보출처 구분	점유의 권원	임대차 기간 (점유기간)	보증금	차임	전입신고일 자.사업자동 록신청일자	확정일자	배당요구 여부 (배당요구 일자)
명○호		현황조 사	- 임차인				2013.04.29		
윤○림	전체	현황조 사	주거 임차인	미상	185,000,000	미상	2012.06.29	받았다고 는 하나 확 인할 수 없 으며, 날 짜는 미상	

<비고>
명○호 : 임차인 명○호와, 윤○림은 부부사이로 동일세대 거주함. 윤○림 : 현황재조사보고서상에, "가사도우미의 도움으로 임차인 윤○림에게 전화상 문의"하였다고 기재됨.(권리신고는 하지 않았으나, 진정한 임차인인 경우 대항력 있음)

매각물건명세서를 보면 근저당이 설정돼 있고 현황조사서상 임차인이 두 명 표시돼 있다. 그중 윤 씨는 대항력이 있고 명 씨는 대항력이 없다. 비고란을 보면 이들은 부부로 동일세대에 거주한다고 표시돼 있다.

전입세대열람 내역(동거인포함)

행정기관: 서울특별시 용산구					작업일시 : 2014년 12월 04일 11:41
주소 : 대전광역시 유성구					페 이 지 : 1
대전광역시 유성구 (일반+산)					

순번	세대주성명	전입일자	등록구분	최초전입자	전입일자	등록구분	동거인 수	동 거 인 사 항
			주 소					순 번 성 명 전입일자 등록구분
1	명○○	2013-04-29	거주자	윤 **	2012-06-29	거주자		
	대전광역시 유성구							

- 이하여백 -

①	272,000,000
	2014-12-22 유찰
② 30%↓	190,400,000
	2015-02-02 매각

매수인	문○애
응찰수	7명
매각가	237,999,000 (87.50%)

| 불허 | 2015-02-24 |

| ④ 30%↓ | 93,296,000 |
| | 2016-01-18 매각 |

매수인	박○진
응찰수	1명
매각가	116,550,000 (42.85%)

| 허가 | 2016-01-25 |
| 납기 | 2016-02-29 (대금미납) |

경매 진행 내역

전입세대열람 내역을 보면 윤 씨는 2012년, 명 씨는 2013년에 전입했다. 명 씨가 세대주이므로 아내인 윤 씨가 먼저 살고 있다가 결혼하면서 남편인 명 씨가 들어온 것으로 보인다. 이때 전입일자는 가장 먼저 전입한 윤 씨의 2012년 6월 29일로 인정된다. 이런 경우를 세대합가라고 한다. 그러므로 세입자는 대항력이 있다.

처음에는 다행히 불허가가 됐지만 무려 일곱 명이나 입찰을 했고 그 다음에는 한 명이 입찰을 했다. 총 여덟 명이 입찰을 하지 말아야 할 물건에 입찰한 것이다.

12	근저당권설정	2012년9월28일 제166*00호	2012년9월28일 설정계약	채권최고액 금260,000,000원 채무자 명○○ 대전광역시 서구 근저당권자 *율*새*을금고 164144-*0*0*3 대전광역시 서구
12-1	12번등기명의인표시변경		2011년10월31일 도로명주소	*율*새*을금고의 주소 대전광역시 대덕구 2013년9월3일 부기
12-2	12번근저당권변경	2013년11월11일 제107400호	2013년11월11일 계약인수	채무자 이○이 대전광역시 유성구

이들은 모두 근저당 때문에 대항력 세입자를 가장임차인으로 판단하고 입찰한 것으로 보인다. 감정가는 2억 7,200만 원인데, 대출이 2억 6,000만 원이므로 정상적인 세입자가 아니고 무상거주각서를 제출한 지인이라 추측했을 것이다. 그러나 필자가 생각하기엔 진정한 세입자로 보인다. 게다가 2012년 전입이므로 간단히 몇 번 클릭만 해도 그 결과를 확인할 수 있다.

2012.01		2012.02		2012.03		2012.04		2012.05		2012.06	
계약일	보증금 월세(층)	계약일	보증금 월세(층)	계약일	보증금 월세(층)	계약일	보증금 월세(층)	계약일	보증금 월세(층)	계약일	보증금 월세(층)
1~10	17,500 (5)	11~20	4,000 60 (7)	1~10	17,000 (3)	1~10	17,500 (16)	11~20	100 90 (18)	1~10	18,000 (5)
	5,000 65 (13)				18,000 (17)	21~30	18,000 (13)			11~20	18,500 (8)
11~20	18,500 (8)			11~20	17,000 (4)			21~31	16,000 (3)		18,000 (10)
21~31	17,000 (9)										
	18,000 (6)										

2012.07		2012.08		2012.09		2012.10		2012.11		2012.12	
계약일	보증금 월세(층)	계약일	보증금 월세(층)	계약일	보증금 월세(층)	계약일	보증금 월세(층)	계약일	보증금 월세(층)	계약일	보증금 월세(층)
21~31	5,000 65 (16)			21~30	18,000 (18)	11~20	18,000 (9)			1~10	12,500 (2)
					20,000 (14)		21,000 (7)			21~31	10,000 50 (11)
						21~31	19,000 (13)				20,000 (3)
											19,000 (20)

국토교통부 실거래가

국토교통부 실거래가를 조회해보면 2012년 6월에 보증금이 1억 8,500만 원인 8층이 신고된 내역이 있다. 이 물건의 전입일자는 2012년 6월 29일이다. 실거래와 일치할 가능성이 무척 높다. 이렇게 몇 번 클릭만 해도 진정한 세입자인지 찾아낼 수 있는데, 보지 않고 입찰한 것을 보면 답답할 따름이다. 세입자는 진정한 세입자로 보이므로 낙찰자 인수사항이 된다.

그러면 왜 불허가가 됐을까. 고민하다보니 예전에 친구에게 받은 전화 내용이 떠올랐다. 공매로 낙찰을 받았는데 불허가가 돼서 항의했다고 한다. 그러자 소유자의 누나가 송달받았다는 이유로 소유자가 불허가신청을 해서 불허가됐다는 답변을 들었다고 한다. 경매에서 송달이 얼마나 중요한 문제인지 한 번 더 깨닫게 된 계기였다.

다시 물건으로 돌아가면, 불허가 날짜는 2015년 2월 24일이다. 이 날짜를 기준으로 문건송달 내역을 살펴보자.

송달내역

송달일	송달내역	송달결과
2014.07.01	채무자겸소유자 이○이 개시결정정본 발송	2014.07.09 폐문부재
2014.07.01	채권자 ○○새마을금고 대표자 이사장 심○환 개시결정정본 발송	2014.07.03 도달
2014.07.01	감정인 신○철 평가명령 발송	2014.07.03 도달
2014.07.07	최고관서 국민건강보험공단 남양주가평지사 최고서 발송	2014.07.08 송달간주
2014.07.07	최고관서 남양주세무서 최고서 발송	2014.07.08 송달간주
2014.07.07	최고관서 대전시 유성구청장 최고서 발송	2014.07.08 송달간주
2014.07.10	임차인 명○호 임차인통지서 발송	2014.07.15 도달
2014.07.15	채권자 ○○새마을금고 대표자 이사장 심○환 주소보정명령등본 발송	2014.07.17 도달
2014.07.22	채무자겸소유자1 이○이 개시결정정본 발송	2014.08.12 폐문부재
2014.07.22	법원 의정부지방법원 집행관 귀하 촉탁서 발송	2014.07.25 도달
2014.08.26	채권자 ○○새마을금고 대표자 이사장 심○환 주소보정명령등본 발송	2014.08.27 도달
2014.09.02	채무자겸소유자1 이○이 개시결정정본 발송	2014.09.15 폐문부재
2014.09.02	법원 의정부지방법원 집행관 귀하 촉탁서 발송	2014.09.04 도달
2014.09.24	채권자 ○○새마을금고 대표자 이사장 심○환 주소보정명령등본 발송	2014.09.25 도달
2014.10.01	채무자겸소유자1 이○이 개시결정정본 발송	2014.10.19 기타송달불능
2014.10.01	법원 의정부지방법원 집행관 귀하 촉탁서 발송	2014.10.06 도달
2014.10.28	채권자 ○○새마을금고 대표자 이사장 심○환 주소보정명령등본 발송	2014.10.29 도달
2014.11.06	채무자겸소유자1 이○이 개시결정정본 발송	2014.11.21 도달
2014.12.03	채권자 ○○새마을금고 대표자 이사장 심○환 매각및 매각결정기일통지서 발송	2014.12.04 송달간주
2014.12.03	채무자겸소유자 이○이 매각및 매각결정기일통지서 발송	2014.12.04 도달
2014.12.03	교부권자 대전광역시유성구 매각및 매각결정기일통지서 발송	2014.12.04 송달간주
2014.12.03	임차인 명○호 매각및 매각결정기일통지서 발송	2014.12.04 송달간주
2015.02.05	채권자 ○○새마을금고 대표자 이사장 심○환 추납통지서 발송	2015.02.06 도달
2015.02.06	최고가매수신고인 윤○애 매각결정기일변경통지서 발송	2015.02.09 송달간주
2015.02.06	채권자 ○○새마을금고 대표자 이사장 심○환 매각결정기일변경통지서 발송	2015.02.09 송달간주
2015.02.06	임차인 명○호 매각결정기일변경통지서 발송	2015.02.09 송달간주
2015.02.06	채무자겸소유자 이○이 매각결정기일변경통지서 발송	2015.02.07 도달
2015.02.13	채권자 ○○새마을금고 대표자 이사장 심○환 매각결정기일통지서 발송	2015.02.16 도달
2015.02.13	최고가매수신고인 윤○애 매각결정기일통지서 발송	2015.02.16 도달
2015.02.13	채무자겸소유자 이○이 매각결정기일통지서 발송	2015.02.14 도달
2015.02.13	임차인 명○호 매각결정기일통지서 발송	2015.02.16 도달
2015.03.06	임차인 윤○림 임차인통지서 발송	2015.03.09 도달
2015.05.15	채권자 ○○새마을금고 매각및 매각결정기일통지서 발송	2015.05.15 송달간주
2015.05.15	교부권자 대전광역시유성구 매각및 매각결정기일통지서 발송	2015.05.15 송달간주
2015.05.15	임차인 윤○림 매각및 매각결정기일통지서 발송	2015.05.15 송달간주
2015.05.15	임차인 명○호 매각및 매각결정기일통지서 발송	2015.05.15 송달간주
2015.05.15	채무자겸소유자 이○이 매각및 매각결정기일통지서 발송	2015.05.16 도달

2015.09.01	채권자 ○○새마을금고 매각및 매각결정기일통지서 발송	2015.09.01 송달간주
2015.09.01	임차인 명○호 매각및 매각결정기일통지서 발송	2015.09.01 송달간주
2015.09.01	임차인 윤○림 매각및 매각결정기일통지서 발송	2015.09.01 송달간주
2015.09.01	교부권자 대전광역시유성구 매각및 매각결정기일통지서 발송	2015.09.01 송달간주
2015.09.01	채무자겸소유자 이○이 매각및 매각결정기일통지서 발송	2015.09.02 도달
2016.02.02	최고가매수인 이의신청각하결정(항고보증미제출) 발송	2016.02.05 도달
2016.02.11	최고가매수신고인 박○진 대금지급기한통지서 발송	2016.02.15 도달
2016.03.28	채권자 ○○새마을금고 매각및 매각결정기일통지서 발송	2016.03.29 송달간주
2016.03.28	임차인 명○호 매각및 매각결정기일통지서 발송	2016.03.29 송달간주
2016.03.28	임차인 윤○림 매각및 매각결정기일통지서 발송	2016.03.29 송달간주
2016.03.28	교부권자 대전광역시유성구 매각및 매각결정기일통지서 발송	2016.03.29 송달간주
2016.03.28	채무자겸소유자 이○이 매각및 매각결정기일통지서 발송	2016.03.29 도달

송달 내역

　　임차인 명 씨에게만 송달된 상태로 경매가 진행됐다가 불허가 결정이 된 후로 임차인 윤 씨에게도 송달을 한다. 세대주는 명 씨이지만 권리신고는 윤 씨가 했으므로 계약자는 윤 씨로 보인다. 이때 계약자가 아니라 배우자에게만 송달이 됐기 때문에 불허가가 된 것이다. 부부이기 때문에 중요한 사항이 아닐 수도 있지만, 법원은 절차상 문제로 불허가를 결정한 것으로 보인다. 입찰하지 말아야 할 물건을 입찰해서 낙찰받은 최고가매수신고인은 불허가로 인해 보증금을 돌려받은 것을 아깝다고 생각하고 있을까, 아니면 다행이라고 생각하고 있을까.

6) 동일인이지만 다른 사람

의정부14계 2014-272○○ ○○○○ 아파트

소 재 지	경기 남양주시 진접읍 ○○○○○ ○○○○○ ○○○○ ○○ ○○○ ○○○○				
	(12061) 경기 남양주시 진접읍				
경매구분	임의경매	채 권 자	한국주택금융공사		
용 도	아파트	채무/소유자	최○연/최○연외1	매 각 일 시	15.05.26 (10:30) [5 일전]
감 정 가	265,000,000 (14.05.26)	청 구 액	192,493,862	다 음 예 정	15.06.30 (212,000,000원)
최 저 가	265,000,000 (100%)	토 지 면 적	56.44 ㎡ (17.07평)	경매개시일	14.06.13
입찰보증금	10% (26,500,000)	건 물 면 적	84.99 ㎡ (25.71평) [34평형]	배당종기일	15.05.08

이번 건은 열다섯 명이나 입찰했고, 97.57%
에 낙찰됐지만 불허가가 됐다. 먼저 등기부등
본부터 확인해보자.

①	265,000,000
	2014-12-02 유찰
①	265,000,000
	2015-01-06 유찰
② 20% ↓	212,000,000
	2015-02-10 매각

매수인	김○훈
응찰수	15명
매각가	258,550,000 (97.57%)
불허	2015-02-17

경매 진행 내역

순위번호	등 기 목 적	접 수	등 기 원 인	권 리 자 및 기 타 사 항
				차압류, 가처분 등 소유권에 제한을 가하는 일체의 행위를 할 수 없음. 2010년9월29일 부가
2	소유권이전	2012년3월5일 제20900호	2012년1월5일 매매	공유자 지분 2분의 1 최○인 710322-******* 경기도 남양주시 진접읍 지분 2분의 1 최○아 731006-******* 경기도 남양주시 진접읍 거래가액 금243,350,000원
3	1-1번금지사항등기말소	2012년3월5일 제20900호		2번 소유권이전등기로 인하여
4	2번최○인지분가압류	2014년2월21일 제17200호	2014년2월21일 서울중앙지방법원의 가압류 결정(2014카단34200)	청구금액 금50,975,067 원 채권자 주식회사○○은행 110111- 서울특별시 중구
5	2번최○인지분가압류	2014년4월14일 제38900호	2014년4월14일 부산지방법원 동부지원의 가압류 결정(2014가단20200)	청구금액 금90,000,000 원 채권자 기술신용보증기금 180171- 부산광역시 남구
6	2번최○아지분강제경매개시결정	2014년5월19일 제5300호	2014년5월19일 의정부지방법원의 강제경매개시결정(2014타경22800)	채권자 ○○캐피탈주식회사 110111- 서울특별시 영등포구
7	임의경매개시결정	2014년6월13일 제62900호	2014년6월13일 의정부지방법원의 임의경매개시결정(2014타경27200)	채권자 한국주택금융공사 110171- 서울 중구

【 을 구 】 (소유권 이외의 권리에 관한 사항)

순위번호	등 기 목 적	접 수	등 기 원 인	권 리 자 및 기 타 사 항
1	근저당권설정	2012년3월5일 제20900호	2012년3월5일 설정계약	채권최고액 금224,400,000원 채무자 최○인 경기도 남양주시 진접읍 근저당권자 주식회사우리은행 110111- 서울특별시 중구
1-1	1번근저당권이전	2013년2월12일 제1500호	2012년4월23일 확정채권양도	근저당권자 한국주택금융공사 110171- 서울특별시 중구

두 명이 공유했고 첫 번째 경매는 강제경매로 한 명의 지분만 경매 신청이 됐다. 두 번째 경매는 임의경매로 물건 전체에 대한 경매다. 이번에도 불허가가 된 2015년 2월 17일 전후로 문건송달 내역을 확인해보자.

2014.12.24	기타 채무자겸소유자 최○아 매각및 매각결정기일통지서 발송	2014.12.26 도달
2014.12.24	배당요구권자 ○○캐피탈주식회사 대표이사 정○영 매각및 매각결정기일통지서 발송	2014.12.26 도달
2015.02.12	채권자 한국주택금융공사 사장 서○대, 대리인 이○ 보정명령등본 발송	2015.02.16 도달
2015.03.02	소유자1 최○아 개시결정정본/경정결정정본 발송	2015.03.04 도달
2015.03.02	법원 의정부지방법원 법원경위 귀하 촉탁서 발송	

송달 내역

송달 내역을 보면 불허가기 되기 5일 전에 보정명령등본이 발송이 됐다. 보정명령은 무언가가 잘못돼 있으니 정정하라는 요청이다.

2014.06.16	등기소 남양주등기소 등기필증 제출
2014.07.10	채권자 한국주택금융공사 공시송달신청 제출
2015.02.26	채권자 한국주택금융공사 당사자표시정정신청 제출
2015.04.08	가압류권자 주식회사○○은행 채권계산서 제출
2015.04.09	기타 남양주시 교부청구서 제출

문건처리 내역

그리고 문건처리 내역을 보면 보정명령을 받은 채권자가 당사자표시정정신청서를 제출했다. 무언가 변화가 있었고, 그 변화로 인해 불허가됐다고 판단된다. 그러면 무엇이 잘못된 것일까. 이번에는 사건기본내역을 살펴보자.

사건기본내역			
사건번호	2014타경228○○	사건명	부동산강제경매
중복/병합/이송	2014타경272○○중복)		
접수일자	2014.05.16	개시결정일자	2014.05.19
담당계	경매14계 전화 : 031-828-■■■(구내:366)		
청구금액	10,048,106원	사건항고/정지여부	
종국결과	미종국	종국일자	

당사자구분	당사자명	당사자구분	당사자명
채권자	○○캐피탈 주식회사	채무자겸소유자	최○아
채무자겸소유자	최○언	근저당권자	한국주택금융공사
가압류권자	주식회사 ○○은행	가압류권자	기술신용보증기금
공유자	최○언	교부권자	남양주시

강제경매 사건 기본 내역

등기부등본에 표시가 돼 있듯이 첫 번째 경매는 한 명의 지분에 신청된 강제경매다.

● 사건기본내역

사건번호	2014타경272○○	사건명	부동산임의경매
중복/병합/이송	2014타경228○○(병합)		
접수일자	2014.06.11	개시결정일자	2014.06.13
담당계	경매14계 전화 : 031-828-□□□ 구내: 366)		
청구금액	192,493,862원	사건항고/정지여부	
종국결과	미종국	종국일자	

● 당사자내역

당사자구분	당사자명	당사자구분	당사자명
채권자	한국주택금융공사	소유자	최○아
채무자겸소유자	최○언	가압류권자	기술신용보증기금
가압류권자	주식회사 ○○은행	교부권자	남양주시
배당요구권자	○○캐피탈주식회사		

임의경매 사건 기본 내역

그 후 물건 전체에 대해 이의경매신청이 들어와 두 가지 경매 사건이 병합됐다. 채무자 겸 소유자였던 최 씨는 소유자로 바뀌게 된다. 그러므로 강제경매일 때의 최 씨와 임의경매일 때의 최 씨는 동일인이지만 서류상에서 권리관계가 다른 사람이 되는 것이다.

2014.11.20	채권자 한국주택금융공사 사장 서○대, 대리인 이○ 매각및 매각결정기일통지서 발송	2014.11.21 도달	
2014.11.20	채무자겸소유자 최○아 매각및 매각결정기일통지서 발송	2014.11.21 도달	
2014.11.20	채무자겸소유자 최○언 매각및 매각결정기일통지서 발송	2014.11.21 도달	
2014.11.20	근저당권자 한국주택금융공사 매각및 매각결정기일통지서 발송	2014.11.21 도달	

2014.11.20	공유자 최O언 매각및 매각결정기일통지서 발송	2014.11.21 도달
2014.11.20	교부권자 남양주시 매각 및 매각결정기일통지서 발송	2014.11.21 도달
2014.11.24	기타2 채무자겸소유자 최O언 중복경매통지서//매각 및 매각결정기일통지서 발송	2014.11.25 도달
2014.11.24	채무자겸소유자1 최O아 중복경매통지서 발송	2014.11.25 도달
2014.11.24	채무자겸소유자2 최O언 중복경매통지서 발송	2014.11.25 도달
2014.11.24	기타1 채무자겸소유자 최O언 중복경매통지서/매각 및 매각결정기일통지서 발송	2014.11.25 도달
2014.12.24	채무자겸소유자 최O언 매각및 매각결정기일통지서 발송	2014.12.26 도달
2014.12.24	채무자겸소유자 최O아 매각및 매각결정기일통지서 발송	2014.12.26 도달
2014.12.24	채권자 한국주택금융공사 사장 서O대, 대리인 이O 매각 및 매각결정기일통지서 발송	2014.12.26 도달
2014.12.24	교부권자 남양주시 매각및 매각결정기일통지서 발송	2014.12.26 도달
2014.12.24	기타 채무자겸소유자 최O언 매각및 매각결정기일통지서 발송	2014.12.26 도달
2014.12.24	기타 채무자겸소유자 최O아 매각및 매각결정기일통지서 발송	2014.12.26 도달
2014.12.24	배당요구권자 OO캐피탈주식회사 대표이사 정O영 매각및 매각결정기일통지서 발송	2014.12.26 도달
2015.02.12	채권자 한국주택금융공사 사장 서O대, 대리인 이O 보정명령등본 발송	2015.02.16 도달
2015.03.02	소유자1 최O아 개시결정정본/경정결정정본 발송	2015.03.04 도달
2015.03.02	법원 의정부지방법원 법원경위 귀하 촉탁서 발송	

송달 내역

그런데 임의경매로 병합되면서 권리관계가 바뀐 최 씨가 아니라 바뀌기 전 채무자 겸 소유자 최 씨에게만 계속 송달됐다. 이것을 알게 된 법원에서는 불허가 결정을 내린다. 채권자에게 보정명령등본 발송하고 채권자가 당사자표시정정신청서를 제출한 후에 변경된 소유자 최 씨에게 다시 송달을 하는 것으로 경매를 시작한다. 실제로 최 씨는 동일인이지만 서류상 송달에서는 다른 사람이 되는 것이다. 이렇게 동일임에도 잘못 구별되면 불허가 결정을 내리는 사유가 된다.

7) 채무자가 신청한 불허가

안양4계 2014-109○○ 평촌동 아파트

소 재 지	경기 안양시 동안구		
	(14101) 경기 안양시 동안구		
경 매 구 분	임의경매	채 권 자	김O분 (변경전 ㈜OOOO은행)	
용 도	아파트	채무자/소유자	조O면/심O인	매 각 일 시	15.10.06 (10:30) [40 일전]
감 정 가	480,000,000 (14.10.07)	청 구 액	415,704,199	다 음 예 정	15.11.10 (307,200,000원)
최 저 가	384,000,000 (80%)	토 지 면 적	55.11 ㎡ (16.67평)	경매개시일	14.09.26
입찰보증금	20% (76,800,000)	건 물 면 적	101.99 ㎡ (30.85평) [38평형]	배당종기일	15.03.06

이 물건은 2015년 6월 23일에 불허가 결정
됐다. 이번엔 문건처리 내역부터 살펴보자.
　불허가 되기 4일 전에 불허가신청서가 접수
됐는데, 신청자가 채무자다.

②	384,000,000
	2015-06-16 매각

매수인	권〇민
응찰수	4명
매각가	441,999,000 (92.08%)
2위	430,000,000 (89.58%)
3위	420,000,000 (87.50%)
4위	415,134,000 (86.49%)

불허	2015-06-23

경매 진행 내역

문건처리내역

접수일	접수내역	결과
2014.10.02	법원 안양지원 집행관 조〇기 현황조사서 제출	
2014.10.10	등기소 안양등기소 등기촉탁보정명령문 제출	
2014.10.10	감정인 (주)감정평가법인 〇〇 감정평가서 제출	
2014.10.13	등기소 안양등기소 등기필증 제출	
2015.01.08	채권자 김〇분 (변경전 주식회사〇〇〇〇은행) 채권자변경신청서 제출	
2015.02.12	채권자 김〇분 (변경전 주식회사〇〇〇〇은행) 법원보관금계좌변경신청서 제출	
2015.05.08	채권자 김〇분 (변경전 주식회사〇〇〇〇은행) 매각기일연기신청서 제출	
2015.05.27	근저당권부질권자 〇〇〇〇수산업협동조합 권리신고 및 배당요구신청서 제출	
2015.06.19	채무자 조〇면 매각불허가신청 제출	
2015.07.01	최고가매수신고인 매수신청보증금 환급신청서 제출	
2015.07.06	채권자 김〇분 (변경전 주식회사〇〇〇〇은행) 보정서 제출	

문건처리 내역

송달내역

송달일	송달내역	송달결과
2014.09.30	채무자 조〇면 개시결정정본 발송	2014.10.02 도달
2014.09.30	최고관서 안양시 동안구청장 최고서 발송	2014.09.30 송달간주
2014.09.30	소유자 심〇인 개시결정정본 발송	2014.10.06 수취인불명
2014.09.30	채권자 주식회사 〇〇〇〇은행 대표이사 조〇형,지배인 전〇인 개시결정정본 발송	2014.10.02 도달
2014.09.30	감정인 이〇범 평가명령 발송	2014.10.02 도달
2014.10.23	소유자 심〇인 개시결정정본 발송	2014.10.23 송달간주
2015.01.09	채무자1 조〇면 채권양도통지서 발송	2015.01.14 도달
2015.01.09	소유자1 심〇인 채권양도통지서 발송	2015.01.14 수취인불명
2015.01.16	소유자1 심〇인 채권양도통지서 발송	2015.01.16 송달간주
2015.02.06	최고관서 국민건강보험공단 안양동안지사 최고서 발송	2015.02.09 송달간주
2015.02.06	최고관서 안양시 동안구청장 최고서 발송	2015.02.09 송달간주
2015.02.06	최고관서 동안양세무서장 최고서 발송	2015.02.09 송달간주
2015.03.19	채무자 조〇면 매각및 매각결정기일통지서 발송	2015.03.19 송달간주
2015.03.19	채권자 김〇분 (변경전 주식회사〇〇〇〇은행) 매각및 매각결정기일통지서 발송	2015.03.19 송달간주
2015.03.19	소유자 심〇인 매각및 매각결정기일통지서 발송	2015.03.19 송달간주
2015.05.26	채무자 조〇면 매각및 매각결정기일통지서 발송	2015.05.27 송달간주
2015.05.26	채권자 김〇분 (변경전 주식회사〇〇〇〇은행) 매각및 매각결정기일통지서 발송	2015.05.27 송달간주

2015.05.26	소유자 심○인 매각및 매각결정기일통지서 발송	2015.05.27 송달간주
2015.06.18	채권자 김○분 (변경전 주식회사○○○○은행) 추납통지서 발송	2015.06.22 도달
2015.06.22	소유자1 심○인 개시결정정본, 경정결정 발송	2015.06.29 폐문부재
2015.06.23	채권자 김○분 (변경전 주식회사○○○○은행) 보정명령등본 발송	2015.06.26 도달
2015.06.29	채권자 김○분 (변경전 주식회사○○○○은행) 보정명령등본 발송	2015.07.03 도달
2015.07.03	채권자 김○분 (변경전 주식회사○○○○은행) 주소보정명령등본 발송	2015.07.08 도달
2015.07.07	소유자1 심○인 개시결정정본 발송	2015.07.16 도달

송달 내역

불허가가 결정되기 하루 전에 소유자 심 씨에게 개시결정정본과 경정결정을 발송했다. 개시결정정본은 경매를 시작할 때 보내는 서류인데 낙찰된 후에 보냈다. 소유자 심 씨를 기준으로만 살펴보면 2014년 9월 30일에 개시결정정본을 처음 발송했지만 수취인불명이었다. 그러면 주소보정명령등본이 발송돼야 하는데, 다음 송달 때 바로 송달간주로 처리했다. 그 이후로는 계속 송달간주로 처리해서 결국 소유자 심 씨는 개시결정정본을 받은 적이 없다.

곰곰이 생각해보자. 채무자와 소유자가 다르므로 채무자는 물상보증인이고 서로 아는 지인일 수밖에 없다. 그리고 채무자는 소유자가 서류를 받지 않았다는 이유로 매각불허가를 신청했다. 일반적으로는 일어나기 어려운 일이다. 송달이 안 된 것을 찾아서 불허가신청을 하는 것 자체가 일반인에게는 어렵기 때문이다. 그런데 그걸 찾아내서 신청한 것을 보면 가족처럼 잘 아는 사이고, 경매 절차를 늦춰야 하는 이유가 반드시 있을 것으로 추측된다. 그렇지 않고서는 송달 문제로 채무자가 불허가를 신청하는 건 쉽지 않기 때문이다.

 09 선순위 가처분이 말소기준권리

서부6계 2015-59○○ 근린시설

소 재 지	서울 은평구 251 3 (03324) 서울 은평구 251 3			
경매구분	임의경매	채 권 자	○○○○○협동조합	
용 도	근린시설	채무/소유자	한○라/김○우	매 각 일 시 16.05.24 (10:00) [18 일전]
감 정 가	1,370,676,000 (15.06.05)	청 구 액	719,141,660	다 음 예 정 16.06.28 (701,786,000원)
최 저 가	877,233,000 (64%)	토 지 면 적	195.7 m² (59.2평)	경매개시일 15.05.08
입찰보증금	10% (87,723,300)	건 물 면 적	454.8 m² (137.58평)	배당종기일 15.07.21

− 서울서부지방법원 2015-59○○ [1] 매각물건명세서 −
서울 은평구

사건	2015타경59○○	매각물건번호	1	담임법관(사법보좌관)
작성일자	2016.05.04	최선순위 설정일자	목록1) 2013.08.08(근저당) 목록2) 2015.03.20(수급인의 저당권설정등기청구권 가처분)	
부동산 및 감정평가액 최저매각가격의 표시	부동산표시목록 참조	배당요구종기	2015.07.21	

매각물건명세서의 최선순위 설정일자에 목록1과 목록2가 있다. 이 물건에서 목록1은 토지고, 목록2는 건물이다. 어렵게 생각할 필요는 없다. 토지와 건물이 각각 최선순위 설정일자가 있다고 생각하면 된다. 그중 건물의 최선순위 설정일자는 가처분이라 표시돼 있다.

※ 비고란
1 일괄매각 2 유치권신고(15.06.23) 이○주,이○봉(금액:2억원, 건물 내,외장공사, 각 설비 및 전기공사) 3.건물의 선순위 가처분 권자 정○수 배당요구함 4.유치권신고(16.04.22) 정○수(금액:445,570,000원, 건설공사도급계서 제출)

매각물건명세서 비고란

그리고 비고란에는 가처분권자가 배당요구를 했다고 기록돼 있다. 일반적으로는 가처분권자는 배당요구를 하지 못한다. 그래서 등기부등본으로 좀 더 내용을 살펴보았다.

【 갑 구 】 (소유권에 관한 사항)				
순위번호	등 기 목 적	접 수	등 기 원 인	권 리 자 및 기 타 사 항
1	소유권보존			소유자 김○우 57○○○○-******* 서울특별시 은평구 가처분 등기의 촉탁으로 인하여 2015년3월20일 등기

2	가처분	2015년3월20일 제192○○호	2015년3월19일 서울서부지방법원의 가처분결정(2015가합200)	피보전권리 민법 제666조에 기한 수급인의 저당권설정청구권 채권자 정○수 470722-******* 서울특별시 강북구 수○동 75길-1, 2층 금지사항 매매, 증여, 전세권, 저당권, 임차권의 설정 기타일체의 처분행위 금지
3	임의경매개시결정	2015년5월8일 제34100호	2015년5월8일 서울서부지방법원의 임의경매개시결정(2015 타경5900)	채권자 ○○○○○엽농조합 124138-000◇◇◇◇ 인천광역시 남구 도화동 386-◇◇ (청천동지점)
4	압류	2015년7월1일 제48800호	2015년7월1일 압류(세무1과-11541)	권리자 서울특별시은평구

가처분의 피보전권리는 수급인의 저당권설정청구권이다. 즉 채권자가 채무자에게 근저당설정을 요구하는 가처분이고, 2015년 3월 20일에 접수를 했으므로 접수날짜로 순위보전의 효력이 생긴다.

【　　을　　구　　】　(소유권 이외의 권리에 관한 사항)

순위번호	등 기 목 적	접 　 수	등 기 원 인	권 리 자 및 기 타 사 항
1	근저당권설정	2015년4월15일 제27200호	2015년4월15일 추가설정계약	채권최고액 금840,000,000원 채무자 한○라 경기도 파주시 팩팬지도 841, 8901동 100◇호 (동패동, 팩팬자이아 동동모모모룸) 근저당권자 ○○○○○엽농조합 124138-000◇◇4 인천광역시 남구 도화동 386-◇◇ (청천동지점) 공동담보 토지 서울특별시 은평구 갈현동 564-3의 담보물에 추가
2	저당권설정	2015년10월20일 제78100호	2015년2월24일 수급인의 저당권설정 청구권	채권액 금445,570,000원 변제기 2015년 4월 25일 이 자 연 24퍼센트 채무자 한○라 경기도 파주시 팩팬지도 841, 8901동 100◇호 (동패동, 팩팬자이아 동동모모모룸) 저당권자 정○수 470722-******* 서울특별시 동대문구 제기동로23가길 22, 501동 401호 (청경동, 동아아오트렐래루트) 서울서부지방법원 2015가합2000 확정판결에 의하여
2-1	2번저당권경정	2016년1월8일 제1600호	2015년10월20일 신청착오	목적 저당권설정(2015년 3월 20일 접수 제192○○호 가처분에 기함)

을구 등기부등본을 보면 근저당이 먼저 설정이 돼 있고 저당권이 설정됐다. 이는 가처분에 기한 설정이라고 나와 있다. 순위번호 2번으로 저당권을 설정하고 3개월 후에 다시 2-1 '저당권경정으로 가처분에 기함'으로 변경했다. 만약 2-1이 없었다면 저당권은 접수날짜인 2015년

10월 20일로 봐야 한다. 그러나 가처분을 걸고 승소를 했기 때문에 가처분 순위보전효력을 따르게 된다. 그러므로 저당권 설정일자는 2015년 3월 20일로 봐야 한다. 결국 가처분권자가 곧 저당권자이므로 배당요구를 한 것이다. 결국 말소기준권리는 첫 번째 근저당인 2015년 4월 15일이 아니라 가처분한 날인 2015년 3월 20일로 봐야 한다.

점유자의 성명	점유부분	정보출처 구분	점유의 권원	일대차 기간 (점유기간)	보증금	차임	전입신고일자, 사업자등록신청일자	확정일자	배당요구 여부 (배당요구일자)
김O경	미상	현황조사	주거 임차인	미상	미상	미상	2015.03.30	미상	
	6층 주택 (48.8㎡)	권리신고	주거 임차인	2015.3.30.-	25,000,000	500,000	2015.3.30.	2015.3.30.	2015.06.03
노O승 (OO에 스앤디)	미상	현황조사	점포 임차인	미상	50,000,000	600,000	2015.03.31	미상	
	4층 67.16 ㎡	권리신고	점포 임차인	2015.3.30.-	50,000,000		2015.07.21.	2015.07.21.	2015.07.21
맹O주	미상	현황조사	주거 임차인	미상	미상	미상	2011.11.15	미상	
맹O주 (OO마 이크로그 래픽스, 라보)	미상	현황조사	점포 임차인	미상	미상	미상	1993.11.09	미상	
이O봉 (OO ENG)	미상	현황조사	점포 임차인	미상	60,000,000	500,000	2015.03.25	미상	
	2층 전부 (91.04㎡)	권리신고	점포 임차인	2015.03.25.-	60,000,000	500,000	2015.03.25.	-	2015.06.04
이O주	미상	현황조사	주거 임차인	미상	미상	미상	2015.03.25	미상	
	5층 54.74 ㎡	권리신고	주거 임차인	2015.03.23.-	50,000,000	400,000	2015.03.25.	2015.03.25.	2015.06.09
이O주	미상	현황조사	주거 임차인	미상	미상	미상	2015.03.27	미상	
	3층 91.04 ㎡	권리신고	점포 임차인	2015.03.27.-	60,000,000	550,000	2015.3.27.		2015.06.11
이O주 (OO건 설)	미상	현황조사	점포 임차인	미상	60,000,000	550,000	2015.03.27	미상	
조O수	미상	현황조사	점포 임차인	미상	미상	미상	미상	미상	
홍O아	미상	현황조사	주거 임차인	미상	미상	미상	2015.05.06	미상	
홍O복	미상	현황조사	주거 임차인	미상	미상	미상	미상	미상	

<비고>
이O주 : 계약서상 임대목적이 상가, 사무실로 되어있으나, 2015.3.27. 전입신고 및 갈현2동주민센터의 확정일자 있음

매각물건명세서 임차인내역

직장인이 경매로 투잡하는 성공 노하우 추리 경매

첫 번째 근저당이 말소기준권리였다면 빨간 두 명과 파란 박스 네 명이 전부 대항력이 있는 세입자였을 것이다. 그렇게 됐다면 낙찰자는 인수해야 할 사항이 많이 생기게 된다. 그러나 며칠 차이로 인해 가처분이 말소기준권리가 됨으로써 파란 박스의 네 명은 전부 대항력 없는 세입자가 됐었다. 그러니 전혀 배당받지 못하고 나가야 할 것으로 보인다. 등기부등본에 가처분을 보았다면 계약을 하지 말았어야 하는데 안타까운 상황이다. 만약 이들이 공인중개사를 통해서 계약을 했다면 손해배상 청구를 해야 한다.

10 배당도 알아야 한다

1) 최우선변제 배당

최우선변제 배당을 하기 위해서는 기준일이 되는 근저당설정 날짜와 물건지의 지역을 알아야 한다. 그리고 전입신고와 배당요구를 해야만 최우선변제 배당을 받을 수 있다.

동부2계 2015-65○○ 실내동 다세대					
소 재 지	서울 강동구 실내동 387-19 굴건빌라 2층 201호 (05375) 서울 강동구 ○○대로99길 26				
경 매 구 분	임의경매	채 권 자	박○영		
용 도	다세대	채무/소유자	박○미	매 각 일 시	16.03.21 (10:00) [22 일전]
감 정 가	295,000,000 (15.06.26)	청 구 액	150,000,000	나 올 예 정	16.04.25 (188,800,000원)
최 저 가	236,000,000 (80%)	토 지 면 적	44.33 m² (13.41평)	경매개시일	15.06.22
입찰보증금	10% (23,600,000)	건 물 면 적	76.86 m² (23.25평)	배당종기일	15.09.07

이번 물건의 등기부등본을 먼저 확인해 보자. 근저당이 총 3개 설정돼 있다.

순위번호	등 기 목 적	접 수	등 기 원 인	권 리 자 및 기 타 사 항
1	근저당권설정	2005년10월31일 제66○○호	2005년10월28일 설정계약	채권최고액 금76,800,000원 채무자 한○남 서울 강동구 길동동 437 외1 근저당권자 주식회사○○은행 110111-○○○○○ 서울 중구 회현동1가 203 (둔촌택지점)
2	근저당권설정	2012년4월18일 제24○○호	2012년4월18일 설정계약	채권최고액 금19,200,000원 채무자 한○남 서울특별시 강동구 양재대로○○길 203, 201호 (길동동) 근저당권자 주식회사○○은행 110111-○○○○○ 서울특별시 중구 회현동1가 203 (둔촌택지점)
3	근저당권설정	2013년11월14일 제44○○호	2013년11월13일 설정계약	채권최고액 금140,000,000원 채무자 한○남 서울특별시 강동구 양재대로○○길 203, 201호 1동○호(길동동) 근저당권자 박○아 761128-○○○○○○ 서울특별시 용산구 ○○○로○길 14, ○○○호 (후암동)
4	3번근저당권설정등기말소	2013년12월4일 제52○○호	2013년12월4일 해지	
5	근저당권설정	2014년11월3일 제47○○호	2014년11월3일 설정계약	채권최고액 금150,000,000원 채무자 박○미 경기도 부천시 원미구 길주○○편집 89-45, 123동 (상동,○○○○텔204)

그리고 매각물건명세서를 확인해보면 두 명의 세입자가 있다. 편의상 세입자1, 세입자2로 호칭하도록 하자.

– 서울동부지방법원 2015-65○○ [1] 매각물건명세서 –
서울 강동구 ○○동 385-4동 ○○아파트 2층 201호

사건	2015타경65○○		매각물건번호	1	담임법관(사법보좌관)	
작성일자	2016.03.04		최선순위 설정일자	2005.10.31. 근저당권		
부동산 및 감정평가액 최저매각가격의 표시	부동산표시목록 참조		배당요구종기	2015.09.07		

점유 자의 성명	점유부 분	정보 출처 구분	점유의 권원	임대차 기간 (점유기간)	보증금	차임	전입신고일자. 사업자등록신 청일자	확정일 자	배당요구 여부 (배당요구 일자)
이○ 금(주 민등 록등 재자)	미상	현황 조사	주거 임차인	미상	미상		2007.01.29.	미상	
		권리 신고	주거 임차인	2013.12.04.-2016.12.04.	30,000,000		2007.01.29.	없음	2015.07.24
이○ 자(주 민등 록등 재자)	미상	현황 조사	주거 임차인	미상	미상		2005.10.31.	미상	
		권리 신고	주거 임차인	2013.12.04.~ 2016.12.04.	70,000,000		2005.10.31.		2015.07.24

<비고>
이○자(주민등록등재자) : 배당요구서상 확정일자 2015.06.26.로 주장하나 해당자료 제출된 바 없음.

직장인이 경매로 투잡하는 성공 노하우 추리 경매

두 사람 다 배당요구는 했지만 전입신고는 돼 있는데 확정일자가 없다. 그러므로 최우선변제는 받을수 있지만 우선변제권은 없다. 그러니 먼저 최우선변제 배당을 해보자. 그를 위해서는 근저당설정일자에 해당하는 날짜의 금액을 확인할 수 있는 소액임차금표가 있어야 한다.

기간	지역	보증금	최우선변제
2001.9.15 ~ 2008.8.20	수도권 과밀 억제권역	4,000	1,600
	광역시(일부제외)	3,500	1,400
	기타지역	3,000	1,200
2008.8.21 ~ 2010.7.25	수도권 중 과밀 억제권역	6,000	2,000
	광역시(일부제외)	5,000	1,700
	기타지역	4,000	1,400
2010.7.26 ~ 2013.12.31	서울특별시	7,500	2,500
	과밀억제권역 (서울제외)	6,500	2,200
	광역시(일부제외)	5,500	1,900
	그 밖의 지역	4,000	1,400
2014.1.1 ~ 2016.03.30	서울특별시	9,500	3,200
	과밀억제권역 (서울제외)	8,000	2,700
	광역시(일부제외)	6,000	2,000
	그 밖의 지역	4,500	1,500

소액임차금표

감정가인 2억 9,500만 원으로 배당금액을 예상해보면, 먼저 최우선변제 배당의 기준일은 1번 근저당(2005년 10월 31일, 우리은행 7,680만 원)이 된다.

(1) 세입자1 최우선변제 1,600만 원(2005년 10월 31일 근저당 기준으로 4,000만 원에 1,600만 원)

(2) 세입자2 최우선변제 없음(2005년 10월 31일 근저당 기준으로 4,000만 원을 초과했으므로 최우선변제 없음).

(3) 1번 근저당 7,680만 원을 배당

1번 근저당에 기한 최우선변제가 전부 배당이 됐으므로 최우선변제 기준일이 2번 근저당(2012년 4월 18일, 우리은행 1,920만 원)으로 넘어가게 된다. 그래서 다시 두 번째 최우선변제를 배당을 하게 된다.

- **(4)** 세입자1 최우선변제 900만 원(2012년 4월 18일 근저당 기준으로 2,500만 원 배당)

- **(5)** 세입자2 최우선변제 2,500만 원(2012년 4월 18일 근저당 기준으로 2,500만 원 배당)

- **(6)** 2번 근저당 1,920만 원 배당

2번 근저당에 기한 최우선변제도 전부 배당이 됐으므로 최우선변제 기준일이 3번 근저당(2014년 11월 3일 개인근저당 1억 5,000만 원)으로 넘어 간다. 그래서 다시 세 번째 최우선변제를 배당하게 된다.

- **(7)** 세입자1 최우선변제 500만 원(2014년 11월 3일 근저당기준으로 3,200만 원 배당이지만, 보증금이 3,000만 원이므로 3,000만 원까지만 배당)

- **(8)** 세입자2 최우선변제 700만 원(2014.11.03 근저당기준으로 3200 배당)

- **(9)** 3번 근저당 1억 5,000만 원 남은 배당금 1억 3,700만 원 배당

이렇게 최우선변제 배당이 끝나면 세입자1은 3,000만 원을 모두 배당을 받았지만 세입자2는 3,200만 원만 배당받고 나머지 3,800만 원은 배당받지 못한다. 최선순위 설정일자인 근저당과 전입일자가 동일하기 때문에 전입의 효력은 익일 0시이므로 근저당보다 후순위가 돼서 대항력이 없다. 그러므로 인수사항이 없는 물건이다.

직장인이 경매로 투잡하는 성공 노하우 추리 경매

2) 다가구주택도 배당해볼 만하다

광주3계 2015-178○○	다가구주택				
소 재 지	광주 광산구 ■■■ ■■-■■ (62352) 광주 광산구 ■■■■■ ■-■				
경 매 구 분	강제경매	채 권 자	김○석		
용 도	다가구주택	채무/소유자	한○해	매 각 일 시	16.05.27 (10:00) [26 일전]
감 정 가	169,579,670 (15.10.06)	청 구 액	55,421,917	다 음 예 정	16.07.01 (94,965,000원)
최 저 가	118,706,000 (70%)	토 지 면 적	202.4 ㎡ (61.23평)	경매개시일	15.09.16
입찰보증금	10% (11,870,600)	건 물 면 적	전체 237.25 ㎡ (71.77평)	배당종기일	15.12.21

이 물건은 배당이 아주 중요한 물건이다. 배당표에 따라서 인수금액이 결정이 되기 때문에 정확하게 배당표를 만들 수 있어야 한다. 대한주택공사법에 따른 대한주택공사나, 지방공기업법에 따른 주택사업을 목적으로 설립된 지방공사는 '주택임대차보호법시행령에 의해 대항력을 인정받는 법인'으로 규정하고 있다. 그러므로 한국토지주택공사도 세입자로 보고 배당하면 된다.

- 광주지방법원 2015-178○○ [1] 매각물건명세서 -
광주 광산구

사건	2015타경178○○		매각물건번호	1	담임법관(사법보좌관)		
작성일자	2016.05.04		최선순위 설정일자	2014.04.29. 근저당권			
부동산 및 감정평가액 최저매각가격의 표시	부동산표시목록 참조		배당요구종기	2015.12.21			

점유자 의 성명	점유부분	정보출 처 구분	점유의 권원	임대차 기간 (점유기간)	보증금	차임	전입신고일자. 사업자등록신 청일자	확정일자	배당요구 여부 (배당요구 일자)
김○석	2층 85.05㎡ 중 북서 쪽 별지 도면표시 ㄱ,ㄴ, ㄷ,ㄹ,ㄱ 을 순차 적으로 연결한 (가)부분 60㎡	등기사 항전부 증명서	주거 임차권자	2013.05.28.	55,000,000		2013.11.05	2013.05.28.	
	주선(4)	현황조 사	주거 임차인	2013.11~ 현재	미상		2013.11.05		
	2층 방3 칸	현황조 사	주거 임차권자	2013.05.28~ 2015.05.27	55,000,000		2013.11.05.	2013.05.28.	

이름	부분	구분	용도	기간	금액			
	2층안채 (방3칸)	권리신 고	주거 임차인	2013.05.28.~ 2015.05.27	55,000,000	2013.11.05	2013.05.28	2015.10.16
김○재	주선(2)	현황조 사	주거 임차인	2013.05~ 현재	16,000,000	2013.05.29		
	1층 1칸	권리신 고	주거 임차인	2013.05.28~ 2015.05.28	16,000,000	2013.05.29	2013.05.23	2015.10.05
박○주	주선(1)	현황조 사	주거 임차인	2014.07~ 현재	70,000,000	2014.07.17		
	1층 본체 (방3칸)	권리신 고	주거 임차인	2014.07.20~	70,000,000	2014.07.17	2014.07.17	2015.10.06
박○자	주선(1)	현황조 사	주거 임차인			2014.08.11		
임○만	주선(3)	현황조 사	주거 임차인	2013.09~ 현재	18,000,000	2013.09.26		
	2층방1	권리신 고	주거 임차인	2013.09.14~ 2015.09.13	18,000,000	2013.09.26	2013.09.26	2015.10.28
한국토 지주택 공사	1층 중 남쪽 별 지도면 시 ㄱ, ㄴ,ㄷ, ㄹ,ㄱ을 순차적으 로 연결 한 선내 부분 80.696 ㎡	등기사 항전부 증명서	주거 임차권자	2012.08.03.	50,000,000	2012.07.25.	2012.07.25.	
	1층 일 부	권리신 고	주거 임차권자	2012. 08. 03.~ 2014. 08. 02.	50,000,000	2012.07.25	2015.07.25	2015.11.20

<비고>

매각물건명세서를 보면 복잡해보이지만 포인트만 짚어내면 어렵지 않다. 최선순위 설정일자인 근저당을 기준으로 빨간 박스 네 명은 근저당보다 빠르기 때문에 대항력이 있는 세입자이고, 파란 박스는 대항력이 없는 세입자다. 모든 세입자가 배당요구했으므로 우선변제 순서대로 나열하면 다음과 같다.

1. 2012년 7월 25일에 전입한 한국토지주택공사 5,000만 원

2. 2013년 5월 29일에 전입한 임차인 김 씨 1,600만 원

3. 2013년 9월 26일에 전입한 임차인 임 씨 1,800만 원

4. 2013년 11월 5일에 전입한 임차인 김 씨 5,500만 원

5. 2014년 4월 29일 근저당권자 2,000만 원

6. 2014년 7월 17일에 전입한 임차인 박 씨 7,000만 원

이제 배당금을 1억 2,000만 원으로 두고 배당표를 만들어보자.

2014.1.1 ~ 2016.03.30	서울특별시	9,500	3,200
	과밀억제권역 (서울제외)	8,000	2,700
	광역시(일부제외)	6,000	2,000
	그 밖의 지역	4,500	1,500

소액임차금표

최우선변제를 계산하기 위해 근저당설정일을 봐야 하는데, 2014년 4월 29일이므로 2,000만 원에 해당된다. 가장 먼저 최우선변제를 배당해보자.

(1) 1번 임차인 2,000만 원

(2) 2번 임차인 1,600만 원

(3) 3번 임차인 1,800만 원

(4) 4번 임차인 2,000만 원

모두 합산하면 7,400만 원인데 여기서 문제가 발생한다. 최우선변제의 최대금액은 낙찰가의 1/2를 넘지 못하기 때문이다. 최대 최우선변제금액은 6,000만 원이므로 7,400만 원 배당을 6,000만 원 배당으로 다시 계산해야 한다.

(1') 1번 임차인 2,000만 원 × 6,000만 원 ÷ 7,400만 원 = 1,622만 원

(2') 2번 임차인 1,600만 원 × 6,000만 원 ÷ 7,400만 원 = 1,297만 원

(3′) 3번 임차인 1,800만 원 × 6,000만 원 ÷ 7,400만 원 = 1,459만 원

(4′) 4번 임차인 2,000만 원 × 6,000만 원 ÷ 7,400만 원 = 1,622만 원

최우선변제 배당이 끝나면 확정일자에 의한 일반배당을 한다. 전입과 확정일자가 거의 비슷하기 때문에 순서대로 배당하면 된다.

(5) 1번 임차인 못받은 3,378만 원

(6) 2번 임차인 못받은 303만 원

(7) 3번 임차인 못받은 341만 원

(8) 4번 임차인 못받은 3,878만 원

여기까지 합산하면 1억 3,900만 원이다. 낙찰가가 1억 2,000만 원이므로 마지막 4번 임차인은 1,900만 원을 받지 못하는데, 대항력이 있으므로 낙찰자 인수사항이다. 그러므로 입찰할 때 경매비용과 대항력 임차인 비용을 합하면 약 1억 4,100만 원이 되고, 그 이하로 낙찰을 받으면 인수사항이 발생한다. 그러므로 1억 4,100만 원 이상으로 입찰하는 것이 좋다. 다가구주택도 그냥 볼 때는 복잡할 것 같지만, 이렇게 차례대로 배당하면 해볼 만하다.

직장인이 경매로 투잡하는 성공 노하우 추리 경매

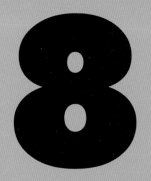

딱한 세입자로
남지 말자

mystery auction

＋　　　＋　　　＋

경매를 하다 보면 안타까운 사연들을 많이 보인다. 일하느라 바빠서 전입신고를 조금 늦게 했더니 경매가 진행되버린 경우도 있고, 집주인의 부탁으로 잠깐 전출했는데 근저당이 들어와서 보증금을 전부 날리는 사연도 있다. 또 전세보증금을 받기 위해서 경매로 넘기거나 집주인이 전세금을 빼주지 않아서 나갔다가 보증금을 보호받지 못한 일 등 다양한 사연이 존재한다. 이런 이야기들을 보면서 우리는 어떻게 대처해야 하는지 알아볼 필요가 있다. 조금만 경매에 대해 알았다면 일어나지 않았을 일들, 어떤 것들이 있는지 살펴보자.

01 이러지도 저러지도 못하고 영원히 유찰될 물건

감정가 5,400만 원인 오피스텔이다. 현재 세입자는 보증금 4,500만 원을 냈다. 그중 500만 원은 2011년 12월 9일에 증액됐지만, 보증금 전부 최선순위 설정일자인 가압류보다 빠르기 때문에 대항력이 있다. 즉 배당받지 못하는 금액은 전액 낙찰자 인수사항이다.

부산4계 2015-88○○ 주거용 오피스텔(주거용)

소 재 지	부산 연제구 ○○동 ○○○+. ○○+○○ 옥시플러 1동 ○○○				
	(47541) 부산 연제구 ○○○ ○○ ○○○ ○○○ ○○				
경 매 구 분	강제경매	채 권 자	김○수		
용 도	오피스텔(주거용)	채무/소유자	이○영	매 각 일 시	16.03.11 (10:00) [9 일전]
감 정 가	54,000,000 (15.04.17)	청 구 액	45,000,000	다 음 예 정	16.04.08 (11,324,000원)
최 저 가	14,155,000 (26%)	토 지 면 적	6.8 ㎡ (2.06평)	경매개시일	15.04.10
입찰보증금	10% (1,415,500)	건 물 면 적	28.12 ㎡ (8.51평)	배당종기일	15.06.24

- 부산지방법원 2015-88○○ [1] 매각물건명세서 -
부산 연제구 ○○○ ○○○○+. ○○+○○ 옥시플러

사건	2015타경88○○			매각물건번호	1	담임법관(사법보좌관)		
작성일자	2016.05.03			최선순위 설정일자	2013.2.15.가압류			
부동산 및 감정평가액 최저매각가격의 표시	부동산표시목록 참조			배당요구종기	2015.06.24			

점유자의 성명	점유부분	정보출처 구분	점유의 권원	임대차 기간 (점유기간)	보증금	차임	전입신고일자.사업자등록신청일자	확정일자	배당요구 여부 (배당요구일자)
김○수	전부	현황조사	주거 임차인	2009.6.25.~ 2011.6.24.	45,000,000		2010.03.09	2009.07.01	
	전부	권리신고	주거 임차인	2009.6.24~	45,000,000		2010.3.9	2009.7.1	2015.04.22

<비고>
김○수 보증금 45,000,000원 중 5,000,000원은 2011.12.9. 증액되었으며, 증액된 부분에 대하여는 확정일자는 2014.3.2.임.

문제는 최근 낙찰사례인데 낙찰가가 평균 3,600만 원 정도다. 이 물건을 3,600만 원에 낙찰받는다면 900만 원 인수사항이 발생한다. 현재 최저가인 1,400만 원에 받는다고 하더라도 3,100만 원 인수사항이 발생한다. 즉 낙찰 금액에 상관없이 4,500만 원을 주고 산 거나 다름없다. 경매비용까지 합치면 더 높은 금액이 될 텐데, 과연 입찰하는 사람이 있을지 의문이 든다. 결국 이러지도 저러지도 못하고 계속 유찰될 물건으로 보인다. 임차인은 보증금을 받지 못해 경매까지 넘겼는데, 과연 세입자는 보증금을 받을 수 있을까.

2014-1400[1] (부산12)

용도	오피스텔(주거용)
감정가	52,000,000
최저가	33,280,000
매각가	36,488,000 (70.2%)
매각일	2014/10/14 (응찰 : 3명) / 진행 : 3회 (유찰 : 2회)
총면적	토지:7.07㎡(2.14평) 건물:29.22㎡(8.84평)
부산 연제구	

2014-1400[3] (부산12)

용도	오피스텔(주거용)
감정가	49,000,000
최저가	31,360,000
매각가	36,788,000 (75.1%)
매각일	2014/10/14 (응찰 : 3명) / 진행 : 3회 (유찰 : 2회)
총면적	토지:7.87㎡(2.38평) 건물:32.56㎡(9.85평)
부산 연제구	

2014-1400[4] (부산12)

용도	오피스텔(주거용)
감정가	47,000,000
최저가	30,080,000
매각가	35,288,000 (75.1%)
매각일	2014/10/14 (응찰 : 3명) / 진행 : 3회 (유찰 : 2회)
총면적	토지:6.34㎡(1.92평) 건물:26.22㎡(7.93평)
부산 연제구	

2014-1400[2] (부산12)

용도	오피스텔(주거용)
감정가	44,000,000
최저가	35,200,000
매각가	36,088,000 (82.0%)
매각일	2014/09/05 (응찰 : 1명) / 진행 : 2회 (유찰 : 1회)
총면적	토지:6.07㎡(1.84평) 건물:25.08㎡(7.59평)
부산 연제구	

최근 낙찰사례

물건들을 보다 보면 한끗 차이로 안타까운 일이 일어나기도 한다. 다음 사례도 그렇다.

- 울산지방법원 2015-1002○○ [1] 매각물건명세서 -

울산 동구 ▒▒▒ ▒▒▒

사건	2015타경1002○○ 2015타경162○○(병합)			매각물건번호	1		담임법관(사법보좌관)	
작성일자	2016.05.26			최선순위 설정일자	목록1. 2012.11.13. 근저당권 목록2. 2011.12.20. 근저당권			
부동산 및 감정평가액 최저매각가격의 표시	부동산표시목록 참조			배당요구종기	2015.07.30			

점유자 의 성명	점유부분	정보출 처 구분	점유의 권원	임대차 기간 (점유기간)	보증금	차임	전입신고일자. 사업자등록신 청일자	확정일자	배당요구 여부 (배당요구 일자)
권○덕	3층 165.8㎡ 중 남쪽 66.32㎡ (301 호)	등기사 항전부 증명서	주거 주택임차 권자	2012.09.15.~	110,000,000		2012.08.22.	2012.08.22.	
		현황조 사	주거 주택임차 권자				2012.08.22		
	3층 165.8㎡ 중 일부 남쪽 66.32㎡ (방3칸)	권리신 고	주거 주택임차 권자	2012.09.29. 부터 2014.09.29. 까지	110,000,000		2012.08.22	2012.08.22	2015.06.01
김○미	303호 (3층 방 1칸)	현황조 사	주거 임차인				2015.05.08		
		권리신 고	주거 임차인	2015.03.08.~ 2016.03.08.	5,000,000	400,000	2015.05.08	2015.07.21	2015.07.24

이 물건의 점유자 김 씨는 말소기준등기 이후 전입했기 때문에 대항력이 없다. 신고한 임대차기간 및 점유기간은 2015년 3월 8일부터다. 그러나 전입신고는 2개월 후인 2015년 5월 8일에 했고 정상적으로 배당요구까지 한 상태다.

여기서 잠깐 최우선변제를 받기 위한 요건을 다시 보면 전입신고와 점유, 그리고 배당요구 외에 숨겨진 한 가지가 더 있다.

> **제8조(보증금 중 일정액의 보호)** ① 임차인은 보증금 중 일정액을 다른 담보물권자(擔保物權者)보다 우선해 변제받을 권리가 있다. 이 경우 임차인은 주택에 대한 경매신청의 등기 전에 제3조제1항의 요건을 갖추어야 한다.

주택임대차보호법 제8조를 보면 보증금 중 일정액(최우선변제)의 요건에는 경매신청등기 전에 전입과 점유를 해야 한다. 경매가 나온 것을 보고 전입신고를 해서 최우선변제를 받아간다면 문제가 발생하기 때문이다.

순위번호	등 기 목 적	접 수	등 기 원 인	권 리 자 및 기 타 사 항
4	3번임의경매개시결정등기말소	2014년9월3일 제73700호	2014년9월2일 취하	
5	2번가압류등기말소	2014년9월12일 제75300호	2014년9월4일 해제	
6	임의경매개시결정	2014년9월25일 제79300호	2014년9월25일 울산지방법원의 임의경매개시결정(2014 타경15100)	채권자 원○산 619448-****** 울산 동구 ████████████████
7	6번임의경매개시결정등기말소	2015년4월23일 제82200호	2015년4월6일 취소기각결정	
8	강제경매개시결정	2015년5월8일 제95100호	2015년5월8일 울진지방법원의 강제경매개시결정(2015 타경100200)	채권자 권○덕 810808-****** 울산 동구 ████████████████

그런데 이 물건의 등기부등본을 보면 경매개시결정등기된 날짜는 2015년 5월 8일이다. 하필 세입자가 전입신고한 날과 동일하다. 그래서 세입자 김 씨는 최우선변제 요건에 해당되지 않으므로 보증금 500만 원을 배당받지 못한다. 딱 하루만이라도 일찍 전입신고를 했다면 좋았을 텐데 하는 안타까움이 남는다. 그렇다고 세입자가 아예 손을 놓고

있을 수는 없다. 이런 경우 월세를 더 이상 내지 않고 보증금에서 차감시키는 방법으로 손해를 줄이는 것이 현명하다.

03 착한 임차인은 하지 말자

【 을 구 】			(소유권 이외의 권리에 관한 사항)	
순위번호	등 기 목 적	접 수	등 기 원 인	권 리 자 및 기 타 사 항
1	근저당권설정	2009년11월30일 제7100호	2009년11월30일 설정계약	채권최고액 금432,000,000원 채무자 신○만 부산광역시 동구 근저당권자 주식회사 ○○은행 110111 서울특별시 중구
1-1	1번근저당권이전	2012년2월15일 제7200호	2010년5월30일 확정채권양도	근저당권자 한국주택금융공사 110171 서울특별시 중구
2	근저당권설정	2013년1월17일 제3100호	2013년1월17일 설정계약	채권최고액 금432,000,000원 채무자 신○만 서울특별시 강남구 근저당권자 주식회사 ○○은행 110111 서울특별시 중구 (분자화지점)
2-1	2번등기명의인표시변경	2014년1월9일 제1200호	2013년11월20일 취급지점변경	주식회사 ○○은행 하남지점 여신정리부
2-2	2번근저당권이전	2014년1월9일 제1200호	2013년11월20일 확정채권양도	근저당권자 주식회사 ○○은행 110111 서울특별시 강남구
3	1번근저당권설정등기말소	2013년1월18일 제3200호	2013년1월18일 해지	
4	주택임차권	2013년5월2일 제25600호	2013년4월25일 서울동부지방법원의 임차권등기명령(2013카 기700)	임차보증금 금240,000,000원 범 위 건물의 제3층 제301호 전부 임대차계약일자 2009년 10월 25일 주민등록일자 2013년 1월 21일 점유개시일자 2009년 11월 30일 확정일자 2009년 12월 17일 임차권자 신○원 741124-1****** 서울 성동구
4-1				4번 등기는 건물만에 관한 것임 2013년5월2일 부기

등기부등본을 보면 임차인이 보증금을 받지 못해서 임차권등기를 한 상태다. 세부 내용을 보면 계약과 점유는 2009년부터 한 것으로 보이지만, 주민등록일자는 2013년 1월 21일로 돼 있다. 근저당설정 4일 후에 전입을 했다. 필자의 추측은 임대인이 임차인에게 잠시 전입을 빼

달라고 요청을 했고, 그 사이에 근저당을 설정한 것이 아닐까 한다. 계약과 점유일자가 아무리 빨라도 전입신고가 늦기 때문에 임차인은 대항력을 상실한다. 그러므로 보증금 2억 4,000만 원 대부분 받지 못할 것으로 보인다. 임대인이 어떻게 임차인을 설득했는지는 모르겠지만, 이렇게 너무 착한 임차인이 되지 않는 게 좋다.

04 전입신고 실수는 치명적이다

광주2계 2015-1430○○ 아파트

소 재 지	광주 서구 (61969) 광주 서구				
경 매 구 분	강제경매	채 권 자	김○순		
용 도	아파트	채무/소유자	민○현	매 각 일 시	16.02.04 (10:00) [7 일전]
감 정 가	126,000,000 (15.08.05)	청 구 액	103,379,421	다 음 예 정	16.03.10 (61,740,000원)
최 저 가	88,200,000 (70%)	토 지 면 적	35.71 ㎡ (10.8평)	경매개시일	15.07.24
입찰보증금	10% (8,820,000)	건 물 면 적	84.99 ㎡ (25.71평)	배당종기일	15.10.27

– 광주지방법원 2015-1430○○ [1] 매각물건명세서 –
광주 서구

사건	2015타경1430○○		매각물건번호	1	담임법관(사법보좌관)
작성일자	2016.01.12		최선순위 설정일자	2012. 11. 9. 압류	
부동산 및 감정평가액 최저매각가격의 표시	부동산표시목록 참조		배당요구종기	/ 2.01.51	

점유자의 성명	점유부분	정보출처 구분	점유의 권원	임대차 기간 (점유기간)	보증금	차임	전입신고일자. 사업자등록신 청일자	확정일자	배당요구 여부 (배당요구 일자)
김○순	전부	등기사 항전부 증명서	주거 임차인	2012.10.2.~	92,000,000		2014.08.14.	2012.10.02.	
	전부 주선(1)	현황조사	주거 임차인	2012~ 현재	92,000,000		2014.08.14		
	전부	권리신고	주거 임차인	2012.10.2.~ 2014.10.2.	92,000,000		2012.10.02.	2012.10.02.	2015.10.26

<비고>
김○순 : 신청채권자임

매각물건명세서를 보면 세입자 김 씨는 2012년에 전입신고를 하고

확정일자까지 받았다. 여기까지는 대항력 있는 세입자로 보증금 9,200
만 원 전부 안전하다. 한 달 후에 압류등기가 들어왔고 그 이후에는 근
저당도 설정됐다. 2년이 지난 후 세입자는 소유자에게 보증금을 달라고
했지만, 소유자는 보증금을 주지 못했다.

■ 점유관계	
소재지	1. 광주광역시 서구 ██████
점유관계	채무자(소유자)점유, 임차인(별지)점유
기타	임차인 김○순의 딸에게 문의하고 김○순에게 유선상으로 문의함. 현재 12년도부터 거주하다가 전세금을 빼주지 않아 14.8월경부터 다시점유하고 있다고 함. 관리비 연체금은 없으며 14.8월경 보일러수리비 400,000원 비용 청구되었다함.

현황조사서

현황조사서 내용을 보면 세입자는 소유자가 전세금을 주지 않아서
전출했다가 다시 2014년 8월부터 전입과 점유를 하고 있다고 진술했다.
그러나 안타깝지만 한 번 전출하면 다시 되돌릴 수 없다.

순위번호	등 기 목 적	접 수	등 기 원 인	권 리 자 및 기 타 사 항
				근저당권자 곽○수 ██214-******* 인천광역시 남동구 ████
9-1	9번근저당권이전	2015년12월8일 제2593○○호	2015년12월7일 확정채권양도	근저당권자 조○순 72122S-****** 서울특별시 영등포구 ████
10	주택임차권	2014년10월31일 제2373○○호	2014년10월6일 광주지방법원의 임차권등기명령(2014카기14○○)	임차보증금 금92,000,000원 범 위 건물 전부 임대차계약일자 2012년8월29일 주민등록일자 2014년8월14일 점유개시일자 2012년10월2일 확정일자 2012년10월2일 임차권자 김○순 540903-******* 광주광역시 서구 ████

등기부등본을 보면 주택임차권등기가 돼 있지만 주민등록일자가 재
전입한 2014년 8월 14일로 돼 있다.

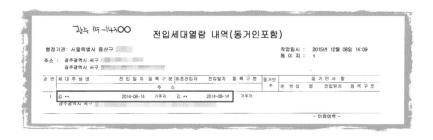

전입세대열람 내역을 확인해봐도 마찬가지다. 주변에 물어보고 주택 임차권등기를 설정한 후에 전출했어야 했는데 그전에 해버린 잠깐의 실수로 대항력을 상실해서 보증금은 대부분 배당받기 힘들 것으로 보인다. 전입신고란 이렇게 무서운 것이다.

 가만히 있어서 보증금 전액을 날리는 세입자

대전3계 2015-2290○ 아파트			

소 재 지	대전 유성구 (34178) 대전 유성구				
경 매 구 분	강제경매	채 권 자	㈜○○은행	매 각 일 시	16.07.04 (10:00) [8 일전]
용 도	아파트	채무/소유자	정○석	다 음 예 정	16.08.16 (79,870,000원)
감 정 가	163,000,000 (15.12.08)	청 구 액	38,678,173	경매개시일	15.11.19
최 저 가	114,100,000 (70%)	토 지 면 적	33.92 ㎡ (10.26평)	배당종기일	16.02.08
입찰보증금	10% (11,410,000)	건 물 면 적	84.97 ㎡ (25.7평) [32평형]		

– 대전지방법원 2015-2290○ [1] 매각물건명세서 –
대전 유성구

사건	2015타경2290○	매각물건번호	1	담임법관(사법보좌관)	
작성일자	2016.10.04	최선순위 설정일자	2012.9.27.근저당권		
부동산 및 감정평가액 최저매각가격의 표시	부동산표시목록 참조	배당요구종기	2016.02.08		

점유자의 성명	점유부분	정보출처 구분	점유의 권원	임대차 기간 (점유기간)	보증금	차임	전입신고일자.사업자등록신청일자	확정일자	배당요구 여부 (배당요구일자)
임○진		현황조사	- 임차인				2012.11.27		
	전부	권리신고	주거 임차인	2012.10.10.~ 2016.10.10.	90,000,000		2012.11.27	2012.11.27	2016.05.25

<비고>

임차인 임 씨는 2012년 11월 27일에 전입신고하고 확정일자를 받았다. 최선순위 설정일자인 근저당보다 2개월이 늦어 대항력 없는 세입자다. 그런데 무슨 이유인지 모르겠지만 배당요구종기일 이후에 배당요구를 해서 배당요구는 하지 않은 것으로 간주됐다. 그러므로 1원도 배당을 받지 못하고 나가야 한다. 왜 신고를 늦게 했을까.

전 체	84.61㎡		84.37㎡								
2012.01		2012.02		2012.03		2012.04		2012.05		2012.06	
계약일	보증금 월세(층)	계약일	보증금 월세(층)	계약일	보증금 월세(층)	계약일	보증금 월세(층)	계약일	보증금 월세(층)	계약일	보증금 월세(층)
		1~10	3,000 50 (5)	1~10	10,000(10)	21~30	10,000(16)	1~10	11,000 (7)		
		11~20	11,000 (2)								
2012.07		2012.08		2012.09		2012.10		2012.11		2012.12	
계약일	보증금 월세(층)	계약일	보증금 월세(층)	계약일	보증금 월세(층)	계약일	보증금 월세(층)	계약일	보증금 월세(층)	계약일	보증금 월세(층)
				1~10	9,000(16)	21~31	10,000 (9) 11,500(17)				

국토교통부 실거래가

이 물건의 국토교통부 자료를 찾아보면 임 씨는 진정한 세입자가 맞다. 당시 보통 전세는 1억 원에서 1억 1,000만 원 정도인데, 이 물건만 9,000만 원에 들어온 것을 보면 근저당이 있다는 사실을 알고 들어온 것으로 보인다. 신고 내역이 있는 걸로 봐서 부동산 중개업소를 통한 계약일 가능성이 무척 높다. 그러면 왜 근저당이 1억 2,000만 원이나 있는데 9,000만 원에 계약했을까. 아마 부동산 중개업소에서 너무 터무니 없는 계약을 했을 가능성이 높다.

2015.11.25	주무관서 국민건강보험공단 군산지사 최고서 발송	2015.11.25 송달간주
2015.11.25	감정인 변O정 평가명령 발송	2015.11.30 도달
2015.12.01	임차인 임O진 임차인통지서 발송	2015.12.04 도달
2015.12.10	채무자겸소유자 1 정O석 개시결정정본 발송	2016.01.06 수취인불명
2015.12.10	법원 전주지방법원 군산지원 집행관 귀하 촉탁서 발송	2015.12.14 도달

송달 내역

송달 내역을 보면 법원에서는 임차인통지서를 발송하여 도달했다고 표시돼 있다. 그 이후에 발송된 송달은 모두 송달간주로 처리해서 더는 서류가 가지 않았을 것으로 보인다. 그러면 이렇게 중요한 임차인 통지서를 누가 받았을까. 본인이 받고 잊어버린 걸까, 아니면 다른 누군가가 받고 전해주지 않은 걸까. 거기까진 알 수 없지만, 딱 한 번의 도달 절차로 인해 모든 보증금을 받지 못하는 임차인의 입장은 얼마나 억울할까. 이 물건은 명도가 상당히 어려울 것으로 생각된다. 낙찰자 입장에서는 최대한 낮게 낙찰받고 조금이라도 이사비를 더 많이 주는 것이 임차인을 도와주는 것이라 생각해본다.

보통권리는 가라!
특수권리가 있다
mystery auction

일반 물건보다 더 많은 권리가 숨어있는 특수 물건이 있다. 경매를 하다가 일반 물건이 지겹다고 느껴진다면, 입찰자가 적은 특수 물건에 도전해도 좋을 것이다.

특수 물건을 파악하기 위해서 전세권이 무엇인가 파헤쳐보고 인수하는 경우와 그렇지 않은 경우, 각각의 투자에 대해서 살펴봐야 한다. 또 한 명이 두 가지의 권리를 가지는 경우에 대해서 어떻게 접근하는지 알아야 한다. 보통 경매 투자자가 무척 어려워하는 함정과 접근법에 대해서 실제 사례를 들어 이야기해보자.

 01 돈이 돈을 버는 아파트 지분 투자법

필자가 생각하기엔 아파트 지분 투자는 특수 물건임에도 일반 물건처럼 쉬운 투자 방식이다. 지분을 취득한 이후에 취할 행동을 알면 정말 간단하다. 다른 지분권자의 지분까지 매수해서 완전한 물건을 만들거나, 필요에 따라서 다른 지분권자에게 내 지분을 팔면 된다. 만약 협상이 되지 않는다면 공유물분할판결문을 받아서 물건 전체를 경매에 넘기면 자금 회수도 가능하다. 그러다보니 요즘 아파트 지분은 특수 물건으로 취급하기 어려울 정도로 높은 가격에 낙찰된다.

보통 아파트 지분이 경매로 나오는 건 부부 공동명의이거나 상속을 받은 이후 한 명의 지분에 문제가 생긴 경우가 많다.

지분경매의 가장 큰 특징은 공유자에게 우선매수청구권이 주어진다는 것이다. 갑과 을이 공동명의인 상태에서 갑의 지분이 경매로 나왔다면, 을에게만 우선매수를 할 수 있는 권한을 준다. 그러므로 을은 갑의 지분이 얼마에 낙찰이 되는지 지켜보다가 을이 원하는 금액으로 낙찰되면 공유자우선매수권을 행사해서 갑의 지분을 가져오면 된다.

또 하나의 특징은 대출이 쉽지 않다는 것이다. 금융권에서는 대출이 되지 않기 때문에 현금을 필요로 한다. 그러다 보니 지렛대의 효과를 얻을 수 없어 동일한 금액의 감정가여도 입찰자가 확 줄어들 수밖에 없다.

동부7계 2014-13○○	주상복합(아파트)				
소 재 지	서울 송파구 (05553) 서울 송파구				
경매구분	임의경매	채 권 자	○○○○○협동조합		
용 도	주상복합(아파트)	채무/소유자	변○섭/변○섭외2	매 각 일 시	14.12.08 (10:00) [35 일전]
감 정 가	525,000,000 (14.02.05)	청 구 액	1,341,895,726	다 음 예 정	미정
최 저 가	336,000,000 (64%)	토 지 면 적	전체 26.98 m² 중 지분 8.09 m² (2.45평)	경매개시일	14.01.22
입찰보증금	10% (33,600,000)	건 물 면 적	전체 176.03 m² 중 지분 52.81 m² (15.98평) [69평형]	배당종기일	14.04.14

10분의 3 지분 경매

이번에 볼 아파트 지분은 돈이 돈을 번다는 사실을 너무나도 잘 보여주는 물건이다.

스카이뷰

위치는 설명할 필요가 없을 정도로 좋다. 그런데 이 물건에는 한 번 봐야 할 뒷이야기가 있다.

물건관리번호	2013-01805-OOO		
물건명	서울 송파구 ▨▨▨▨ ▨▨▨▨...▨ ▨▨▨▨		
응찰자수	3명		
입찰금액	757,150,000원 , 736,300,000원 , 721,100,000원		
개찰결과	낙찰	낙찰금액	757,150,000원
물건누적상태	유찰 : 4 회		
감정가격 (최초 최저입찰가)	1,200,000,000 원	낙찰가율 (감정가격 대비)	63%
최저 입찰가	720,000,000 원	낙찰가율 (감정가격 대비)	105%

10분의 7 지분 공매 낙찰 내역

등기부등본을 보면 과거에 공매로 10분의 7 지분이 나온 적이 있었다. 지분은 여러 명이 공유하므로 지분권자는 물건 전체에 대한 권리행사에 제약을 받는다. 어느 부분이 내 소유라고 말할 수 있는 부분 없이 전체를 공유하기 때문이다. 게다가 지분은 금융권에서는 대출이 되지 않는다. 따라서 8억 원 정도 현찰이 있는 사람만 입찰이 가능한 물건이기 때문에 많은 유찰이 있었고, 결국 63%에 낙찰된 것이다.

현재 경매 물건은 나머지 10분의 3 지분이 나온 상황이다. 당연히 10분의 7을 낙찰받은 사람이 공유자우선매수할 것으로 예측된다. 기존 지분을 전부 가지고 있기 때문에 경매로 30%를 낙찰받으면 합쳐서 대출도 가능할 것이다. 그러므로 입찰보증금만 있으면 충분히 공유자우선매수가 가능하다. 약 15억에서 22억 원 정도 하는 아파트 10분의 7을 7억 5,700만 원에 사고 나머지를 합쳐도 약 11억 원 정도에 매수한 것이나 다름없다. 만약 자금이 있다면 이런 물건에 입찰해야 하지 않을까.

02 전세, 그리고 전세권

전세와 전세권은 전혀 다른 용어다. 그 차이점을 정확히 구별하지 못하면 물건과 관련된 대화를 하면서 또는 경매 관련 글을 읽을 때도 실수를 반복하게 될 것이다.

우리가 흔히 아는 건 전세다. 부동산 중개업소에 가서 전세를 구하러 왔다고 말할 때 쓰는 그 전세를 정확히 말하면 임대차다. 계약서를 작성하고 전입과 점유를 하면 그 효력이 발휘되며, 등기를 요하지 않는 특징이 있다. 등기부등본을 열람해도 나오지 않는다. 또 전세는 주택임대차보호법(특별법) 적용을 받는다.

전세권은 민법에 나온다. 전세와 달리 반드시 등기를 해야 한다. 그러므로 등기부등본을 열람하면 전세권이 표시돼 있어야 효력이 인정이 된다. 전입과 점유는 없어도 상관없다.

속초1계 2015-10○○[1] ○○동 아파트

소 재 지	강원 속초시 ○○동 ○○-○ ○○아파트 ○○동 ○○층 ○○○호 (24895) 강원 속초시 ○○○동				
경 매 구 분	임의경매	채 권 자	원주○○(새) (변경전상호: ○○(새))		
용 도	아파트	채무자/소유자	이○근/윤○진	매 각 일 시	16.08.29 (10:00) [1.2 일전]
감 정 가	92,000,000 (15.04.09)	청 구 액	139,421,487	다 음 예 정	미정
최 저 가	64,400,000 (70%)	토 지 면 적	22.41 ㎡ (6.78평)	경매개시일	15.03.31
입찰보증금	20% (12,880,000)	건 물 면 적	59.76 ㎡ (18.08평) [25평형]	배당종기일	16.01.22

순위번호	등 기 목 적	접 수	등 기 원 인	권 리 자 및 기 타 사 항
1-2	1번근저당권변경	2006년6월12일 제8000호	2006년6월1일 확정채무의 면책적인수	채무자 ○○○주식회사 광주시 ○○○
2	1번근저당권이전등기말소	2006년8월31일 제13400호	2006년8월31일 일부포기	
3	근저당권설정	2006년8월31일 제13500호	2006년8월31일 설정계약	채권최고액 규441,000,000원 채무자 이○○ 남양주시 화재읍면 ○○○ 근저당권자 ○○○ 141214 ○○○ 원주시 ○○○ 공동담보목록 제2006-89호
4	3번근저당권설정등기말소	2008년2월25일 제2000호	2008년2월21일 일부포기	
5	전세권설정	2008년3월5일 제2500호	2008년1월30일 설정계약	전세금 금55,000,000원 범 위 주거용건물의 전부 존속기간 2008년1월30일부터 2010년 1월 29일까지 전세권자 한국공항공사 114971-○○○○○ 서울특별시 강서구 ○○로 ○○
5-1				5번 등기는 건물만에 관한 것임 2008년3월5일 부기
6	근저당권설정	2011년5월18일 제6700호	2011년5월17일 설정계약	채권최고액 규350,000,000원 채무자 이○○ 남양주시 화재읍면 ○○○ ○○ ○○○ 근저당권자 윤혜란 470511 ○○○○○○○

이 물건의 등기부등본을 보면 전세권 설정이 돼 있다. 그런데 전세권자가 사람이 아닌 회사이기 때문에 전입을 해도 주택임대차보호법 적용을 받지 못한다. 그래서 전세권을 설정한 것으로 보인다. 전세권 설정등기일은 2008년 3월 5일이다.

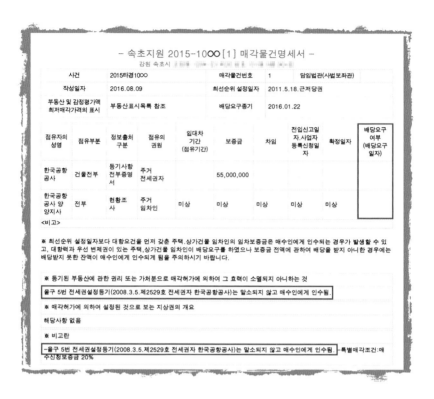

강원 속초시 ▨▨▨ ▨▨▨▨▨ ▨ ▨▨ ▨▨ ▨▨ ▨▨▨▨ ▨▨

사건	2015타경10○○			매각물건번호		1		담임법관(사법보좌관)	
작성일자	2016.08.09			최선순위 설정일자		2011.5.18.근저당권			
부동산 및 감정평가액 최저매각가격의 표시	부동산표시목록 참조			배당요구종기		2016.01.22			

점유자의 성명	점유부분	정보출처 구분	점유의 권원	임대차 기간 (점유기간)	보증금	차임	전입신고일 자.사업자 등록신청일 자	확정일자	배당요구 여부 (배당요구 일자)
한국공항 공사	건물전부	등기사항 전부증명 서	주거 전세권자		55,000,000				
한국공항 공사 양 양지사	전부	현황조 사	주거 임차인	미상	미상	미상	미상	미상	

<비고>

※ 최선순위 설정일자보다 대항요건을 먼저 갖춘 주택.상가건물 임차인의 임차보증금은 매수인에게 인수되는 경우가 발생할 수 있고, 대항력과 우선 변제권이 있는 주택.상가건물 임차인이 배당요구를 하였으나 보증금 전액에 관하여 배당을 받지 아니한 경우에는 배당받지 못한 잔액이 매수인에게 인수되게 됨을 주의하시기 바랍니다.

※ 등기된 부동산에 관한 권리 또는 가처분으로 매각허가에 의하여 그 효력이 소멸되지 아니하는 것

을구 5번 전세권설정등기(2008.3.5.제2529호 전세권자 한국공항공사)는 말소되지 않고 매수인에게 인수됨.

※ 매각허가에 의하여 설정된 것으로 보는 지상권의 개요

해당사항 없음

※ 비고란

－을구 5번 전세권설정등기(2008.3.5.제2529호 전세권자 한국공항공사)는 말소되지 않고 매수인에게 인수됨.－특별매각조건:매수신청보증금 20%

매각물건명세서를 보면 중간에 '매수인에게 인수됨'이라고 친절히 설명해 놨다. 5,500만 원 전액 인수사항이 된다.

그럼에도 두 명이나 입찰했고, 결국 미납을 했다. 이런 물건은 인수사항이 있으므로 낙찰받고자 하는 금액에서 5,500만 원을 빼고 입찰해야 한다. 그리고 낙찰이 돼 전세권을 인

경매 진행 내역

수할 때는 금액뿐만 아니라 존속기간까지 인수해야 한다. 전세권의 존속기간은 등기부등본에 쓰여있는데, 2008년 1월 20일부터 2010년 1월 29일까지다. 그런데 이것은 계약 당시의 기간이고, 지금은 2016

년이므로 자동연장이 됐을 것이다.

제312조(전세권의 존속기간)

① 전세권의 존속기간은 10년을 넘지 못한다. 당사자의 약정기간이 10년을 넘는 때에는 이를 10년으로 단축한다.

② 건물에 대한 전세권의 존속기간을 1년 미만으로 정한 때에는 이를 1년으로 한다. <신설 1984.4.10.>

③ 전세권의 설정은 이를 갱신할 수 있다. 그 기간은 갱신한 날로부터 10년을 넘지 못한다.

④ 건물의 전세권 설정자가 전세권의 존속기간 만료전 6월부터 1월까지 사이에 전세권자에 대해 갱신거절의 통지 또는 조건을 변경하지 아니하면 갱신하지 아니한다는 뜻의 통지를 하지 아니한 경우에는 그 기간이 만료된 때에 전전세권과 동일한 조건으로 다시 전세권을 설정한 것으로 본다. 이 경우 전세권의 존속기간은 그 정함이 없는 것으로 본다. <신설 1984.4.10.>

민법 제312조를 보면 자동연장됐을 경우에는 전세권의 존속기간은 정함이 없는 것으로 본다.

제313조(전세권의 소멸통고) 전세권의 존속기간을 약정하지 아니한 때에는 각 당사자는 언제든지 상대방에 대해 전세권의 소멸을 통고할 수 있고 상대방이 이 통고를 받은 날로부터 6월이 경과하면 전세권은 소멸한다.

민법 제313조 전세권의 소멸통고를 살펴보면, 존속기간을 약정하지 않았을 때(자동연장) 각 당사자는 언제든지 상대방에 대해 전세권의 소멸통고를 할 수 있다. 또 6개월이 지나면 소멸한다고 나와 있다. 즉 이 물건을 낙찰받고 잔금을 납부함과 동시에 전세권자에게 소멸통고를 하면 6개월 후에 계약이 종료되므로 인수한 5,500만 원을 돌려주고 내보낼 수 있다는 얘기다. 여기서 유의할 점은 6개월이 지났다고 해서 등기부등본에 등기돼 있는 전세권까지 말소되는 것은 아니라는 사실이다.

전세금을 돌려주면서 반드시 전세권 말소 서류를 받아야 한다.

03 선순위 전세권, 과연 인수일까

선순위로 전세권이 있는 물건의 경우에는 말소기준권리가 중요하다. 전세권이 말소기준권리가 되는 경우도 있지만 후순위권리가 말소기준권리가 되는 경우도 있다. 이때는 전세권이 인수사항이 될 수도 있으므로 주의해야 한다.

전세권이 말소기준권리가 되는 조건은 다음 조건을 모두 만족해야 한다. 첫째, 전세권이 최선순위로 설정돼 있어야 한다. 둘째, 물건 전체에 대한 전세권이어야 한다. 셋째, 전세권자가 경매를 신청했거나 배당

인천24계 2014-834○○[2] 인천 연수구 아파					
소 재 지	인천 연수구 (22002) 인천 연수구				
경 매 구 분	임의경매	채 권 자	전문유한회사(양도인:(주)○○은행)		
용 도	아파트	채무/소유자	(주)나O리/김O래	매 각 일 시	15.03.24 (10:00) [1 일전]
감 정 가	422,000,000 (14.12.10)	청 구 액	500,000,000	다 음 예 정	15.04.29 (295,400,000원)
최 저 가	422,000,000 (100%)	토 지 면 적	42.89 m² (12.97평)	경매개시일	14.12.02
입찰보증금	10% (42,200,000)	건 물 면 적	84.97 m² (25.7평) [33평형]	배당종기일	15.02.11

요구를 해야 한다.

이번에 살펴볼 사례는 선순위 전세권이 있는 물건이다. 이런 경우 전세권이 말소기준권리가 되는지 판단하는 게 가장 중요하다.

사건		2014타경834○○		매각물건번호	2	담임법관(사법보좌관)	박○호		
작성일자		2015.03.10		최선순위 설정일자	2014.7.17. 전세권				
부동산 및 감정평가액 최저매각가격의 표시		부동산표시목록 참조		배당요구종기	2015.02.11				
점유자의 성명	점유부분	정보출처 구분	점유의 권원	임대차 기간 (점유기간)	보증금	차임	전입신고일 자.사업자등 록신청일자	확정일자	배당요구 여부 (배당요구 일자)
오○진	전부	등기사항 전부증명서	주거 전세권자	~ 2016.6.15.	250,000,000			2014.7.17.	
		현황조사	주거 임차인				2014.06.13		
<비고>									
오○진 : 오○진은 전세권자로서 전세권설정등기일은 2014.7.17.임									

같은 물건의 매각물건명세서를 보면 최선순위 설정일자가 전세권으로 표시돼 있다. 점유자 오 씨는 전세권자이면서 주거 임차인으로 표시돼 있다. 전입일은 2014년 6월 13일이고 전세권은 2014년 7월 17일이므로 대항력 있는 세입자다. 그런데 배당요구 여부란에는 아무 것도 표시돼 있지 않다.

가장 먼저 전세권이 말소기준권리가 되는지 체크해보자. 전세권이 최선순위로 설정돼 있고 점유 부분이 전부라고 표시돼 있으므로 전체 경매다. 그러므로 두 가지 조건은 만족한다. 마지막으로 경매신청을 했거나 배당요구를 했어야 한다. 일단 경매신청은 하지 않았고 배당요구를 했는지는 자료를 더 찾아봐야 한다.

임차권리	전입자	점유	전입/확정/배당	보증금/차임	예상배당액	대항력	인수	형태
	오○진 전세권자	주거/전부	전입 : 2014-06-13 확정 : 2014-07-17	보 250,000,000		有	인수	주거

사설경매정사이트에서는 대항력 있는 임차인이고, 예상배당액이 없으니 전액 인수사항으로 표시하고 있다.

접수일	접수내역	결과
2014.12.03	등기소 인천지방법원 등기과 등기필증 제출	
2014.12.11	감정인 ○○ 감정평가사사무소 감정평가서 제출	
2014.12.11	가압류권자 신용보증기금 채권계산서 제출	
2014.12.17	전세권자 오○진 채권계산서 제출	
2014.12.23	교부권자 국민건강보험공단부천북부지사 교부청구 제출	
2014.12.24	기타 인천지법 집행관실 현황조사서 제출	
2014.12.26	가압류권자 기술신용보증기금 채권계산서 제출	

문건처리 내역

문건처리 내역을 보면 전세권자 오 씨가 채권계산서를 제출했다고 돼 있다. 채권계산서를 제출했다고 해서 무조건 배당요구로 보는 것이 맞을까. 꼭 그렇지 않다. 매각물건명세서에서는 배당요구를 하지 않았다고 나와 있으므로 다른 자료를 통해서 확실히 확인하는 것이 좋다. 전세권이 말소기준권리가 되지 않으면 2억 5,000만 원을 인수해야 하는 상황이 된다.

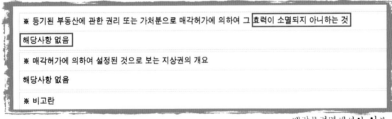

※ 등기된 부동산에 관한 권리 또는 가처분으로 매각허가에 의하여 그 효력이 소멸되지 아니하는 것

해당사항 없음

※ 매각허가에 의하여 설정된 것으로 보는 지상권의 개요

해당사항 없음

※ 비고란

매각물건명세서의 일부

매각물건명세서의 중간을 보면 '등기된 부동산에 관한 권리 또는 가처분으로 매각허가에 의하여 그 효력이 소멸되지 아니하는 것'에 해당 사항 없음으로 나와 있다. 전세권이 인수사항이라면 반드시 이곳에 표시하게 돼 있다. 그런데 '해당사항 없음'이 쓰여있으므로 인수사항이 아니라는 뜻이 된다. 즉 전세권이 말소기준권리가 된 것이다. 이는 다음 판례를 통해서도 확인할 수 있다.

대법원 2010. 6. 24. 선고 2009다40790 판결

【판시사항】

[2] 집행법원이 매각물건명세서의 작성에 관해 부담하는 의무의 내용 및 집행법원이나 경매담당 공무원이 매각물건명세서 작성에 관한 직무상의 의무를 위반한 경우, 국가배상책임이 성립하는지 여부(적극)

[3] 매각물건명세서를 작성하면서 매각으로 소멸되지 않는 최선순위 전세권이 매수인에게 인수된다는 취지의 기재를 하지 아니한 경매담당 공무원 등의 직무집행상의 과실로 인해 매수인이 입은 손해에 대해 국가배상책임을 인정한 사례

【판결요지】

[2] 집행법원은 매각대상 부동산에 관한 이해관계인이나 그 현황조사를 실시한 집행관 등으로부터 제출된 자료를 기초로 매각대상 부동산의 현황과 권리관계를 되도록 정확히 파악하여 이를 매각물건명세서에 기재하여야 하고, 만일 경매 절차의 특성이나 집행법원이 가지는 기능의 한계 등으로 인하여 매각대상 부동산의 현황이나 관리관계를 정확히 파악하는 것이 곤란한 경우에는 그 부동산의 현황이나 권리관계가 불분명하다는 취지를 매각물건명세서에 그대로 기재함으로써 매수신청인 스스로의 판단과 책임하에 매각대상 부동산의 매수신고가격이 결정될 수 있도록 하여야 한다. 그럼에도 집행법원

이나 경매담당 공무원이 위와 같은 직무상의 의무를 위반하여 매각물건명세서에 매각대상 부동산의 현황과 권리관계에 관한 사항을 제출된 자료와 다르게 작성하거나 불분명한 사항에 관하여 잘못된 정보를 제공함으로써 매수인의 매수신고가격 결정에 영향을 미쳐 매수인으로 하여금 불측의 손해를 입게 하였다면, 국가는 이로 인하여 매수인에게 발생한 손해에 대한 배상책임을 진다.

[3] 주택임대차보호법상 임차인으로서의 지위와 최선순위 전세권자로서의 지위를 함께 가지고 있는 자가 임차인으로서의 지위에 기하여 배당요구를 하였으나 집행법원이 매각물건명세서를 작성하면서 '등기된 부동산에 관한 권리 또는 가처분으로 매각허가에 의하여 그 효력이 소멸하지 아니하는 것'란에 아무런 기재를 하지 않고 경매를 진행한 사안에서, 위 최선순위 전세권은 경매 절차에서의 매각으로 소멸되지 않고 매수인에게 인수되는 것이므로 매각물건명세서를 작성함에 있어서 위 전세권이 인수된다는 취지의 기재를 하였어야 할 것임에도 위와 같은 매각물건명세서의 잘못된 기재로 인하여 위 전세권이 매수인에게 인수되지 않은 것으로 오인한 상태에서 매수신고가격을 결정하고 매각대상 부동산을 매수하였다가 위 전세권을 인수하여 그 전세금을 반환해야 하는 손해를 입은 매수인에 대해서 경매담당 공무원 등의 직무집행상의 과실로 인한 국가배상책임을 인정한 사례.

이것은 공무원의 과실을 국가배상책임으로 인정한 판결문 일부다. 공무원은 특성상 문제 발생을 미리 걱정하는 경우가 많다. 그러므로 배당되지 않아 인수해야 할 사항이라면 반드시 표시했을 것이다. 만약 인수사항인데 공무원의 실수로 표시되지 않았다면 매각불허가결정이 날 것이다. 그만큼 매각물건명세서가 중요한 역할을 한다. 이 물건은 매각물건명세서의 점유자란에서는 배당요구를 하지 않은 것으로 나와 있지만, 말소되지 않은 권리가 해당사항 없음이기 때문에 전세권은 낙찰받은 사람에게 인수되지 않고 소멸된다.

04 임차인, 그리고 '전세권' 구별

1) 근저당 순위싸움

전세권이 설정돼 있는 상태에서 전세권자가 전입신고를 하면 두 가지의 권리 모두 가질 수 있다. 바로 전입과 점유로 주택임대차보호법을 적용받는 임차인의 권리와 전세권 설정에 따른 민법에 적용을 받는 전세권의 권리다. 이런 경우 경매 진행 당시 어떤 지위로 행사하는가에 따라 상황이 달라지기도 한다. 그러므로 그 구분점을 명확히 파악해서 권리를 분석할 때 실수가 없도록 해야 한다.

남부6계 2015-16900 다세대

소 재 지	서울 강서구		
	(07743) 서울 강서구		
경 매 구 분	임의경매	채 권 자	이○주
용 도	다세대	채무/소유자	선○훈
감 정 가	110,000,000 (15.11.13)	청 구 액	50,000,000
최 저 가	70,400,000 (64%)	토 지 면 적	21.61 m² (6.54평)
입찰보증금	10% (7,040,000)	건 물 면 적	37.53 m² (11.35평)

매 각 일 시	16.06.08 (10:00) [13 일전]
다 음 예 정	16.07.13 (56,320,000원)
경매개시일	15.11.05
배당종기일	16.01.18

– 서울남부지방법원 2015-16900 [1] 매각물건명세서 –
서울 강서구

사건	2015타경16900	매각물건번호	1	담임법관(사법보좌관)
작성일자	2016.05.13	최선순위 설정일자	2011.09.09. 전세권	
부동산 및 감정평가액 최저매각가격의 표시	부동산표시목록 참조	배당요구종기	2016.01.18	

점유자의 성명	점유부분	정보출처 구분	점유의 권원	임대차 기간 (점유기간)	보증금	차임	전입신고일 자.사업자등 록신청일자	확정일자	배당요구 여부 (배당요구 일자)
이○주	전부	등기사항 전부증명 서	주거 전세권자	2011.09.09. ~ 2013.09.08.	50,000,000 원				
	미상	현황조 사	주거 임차인	미상	미상	미상	2011.09.09		

\<비고\>
이○주 : 신청채권자가 전세권자의 지위를 겸하고 있음

매각물건명세서의 최선순위 설정일자는 2011년 9월 9일인 전세권이다. 그리고 현황조사서에서 전입신고가 2011년 9월 9일로 나와 있으니 전세권과 동일하다. 실제로 전입세대열람 내역을 봐도 동일한 날짜에 전입돼 있다.

순위번호	등 기 목 적	접 수	등 기 원 인	권 리 자 및 기 타 사 항
				서울특별시 양천구
9	8번근저당권설정등기말소	2008년6월10일 제47000호	2008년6월10일 해지	
10	근저당권설정	2008년6월10일 제47000호	2008년6월10일 설정계약	채권최고액 금66,800,000원 채무자 권○수 서울특별시 강남구 근저당권자 주식회사 은행 110111- 서울특별시 중구
11	전세권설정	2011년9월9일 제54237호	2011년9월9일 설정계약	전세금 금50,000,000원 범 위 건물전부 존속기간 2011년9월9일부터 2013년9월8일까지 전세권자 이○주 900210-******* 서울특별시 강서구
11-1				11번 등기는 건물만에 관한 것임 2011년9월9일 부기
12	근저당권설정	2011년9월9일 제54238호	2011년9월9일 설정계약	채권최고액 금98,400,000원 채무자 권○수 경기도 용인시 서인구 근저당권자 OC○○○협농조합 114636- 서울특별시 서초구

이어 등기부등본을 확인해보자. 같은 날 근저당도 설정돼 있다. 즉 같은 날 전입신고와 전세권, 그리고 근저당이 설정된 케이스다. 접수번호는 연달아서 있다. 접수번호는 당연히 접수한 순서대로 부여하는데, 이 물건에만 단독으로 부여하는 것이 아니다. 등기접수를 하고 약 10분 후에 또 다른 등기를 접수하면 몇십 번이 차이 날 수도 있다. 그러므로 이런 경우는 동일한 사람이 접수했다는 이야기다.

필자가 예전에 낙찰받았던 물건 중 동일한 케이스가 있어서 세입자에게 물어본 적이 있다. 소유자의 부탁을 받고 전세금을 깎아주는 대신 동일 법무사에게 맡기고, 전입신고도 같은 날 하기로 약속했다고 한다.

법무사의 협조가 없다면 힘든 일임을 알 수 있다.

중요한 것은 전입신고(임차인), 전세권, 근저당의 순서다. 누가 더 빠르고 느린가에 따라서 돈을 보존할 수도 있고, 손해볼 수도 있다. 전입신고의 효력은 익일 0시에 발휘되므로 이 물건에서 임차인의 권리가 가장 느린 순서다.

게다가 등기부등본의 접수번호를 보면 전세권이 근저당보다 빠르다. 그러므로 전세권이 1순위고 근저당이 2순위, 전입신고의 임차인이 마지막 순위가 된다.

순위번호	등 기 목 적	접 수	등 기 원 인	권리자 및 기타사항
12-1	12번등기명의인표시변경		2007년10월15일 전기	최○주의 주소 경상북도 구미시 2007년11월15일 부기
13	소유권이전	2007년11월15일 제73700호	2007년9월14일 매매	소유자 정○의 730503-******* 서울특별시 구로구 거래가액 금88,000,000원
14	소유권이전	2008년6월10일 제47000호	2008년4월30일 매매	소유자 권○국 720608-******* 서울특별시 강남구 거래가액 금97,000,000원
15	소유권이전	2011년9월9일 제54200호	2011년8월23일 매매	소유자 선○훈 910228-******* 경기도 용인시 처인구 거래가액 금170,000,000원
16	압류	2015년5월6일 제35200호	2015년4월10일 압류(징수과-3)	권리자 서울특별시양천구
17	압류	2015년10월7일 제86600호	2015년10월7일 압류(체인납부제3과-1650 00)	권리자 국 처분청 동대문세무서
18	임의경매개시결정	2015년11월5일 제101800호	2015년11월5일 서울남부지방법원의 임의경매개시결정(2015 타경16900)	채권자 이○구 900210-******* 서울 강서구

현재 경매를 넘긴 채권자는 이 씨로, 전입자이면서 전세권자다. 그렇다면 이 씨는 임차인으로 권리신고를 한 걸까, 아니면 전세권으로 권리신고를 한 걸까. 전자와 후자에 따라서 그 결과는 판이하게 달라진다. 그러므로 정확히 파악해야 하는데, 이 물건의 경우에는 임의경매다. 전세권에 기한 경매라면 임의경매이고, 전입신고한 세입자가 판결

문을 받아서 넘긴 경매는 강제경매다. 이 물건은 임의경매이므로 전세권에 기한 경매다.

확인해본 결과, 전세권이 말소기준권리가 되는 세 가지 조건 모두 만족하기 때문에 전세권이 말소기준권리가 된다. 그러므로 이 물건이 낙찰돼 등기부등본을 말소시킬 때 전세권부터 그 이하의 권리들은 모두 소멸된다. 결국 전세금인 5,000만 원 이하에 낙찰이 된다고 하더라도 인수사항은 발생하지 않는 물건이 된다.

만약 판결문을 받아서 경매로 넘긴 것이라면 강제경매가 됐을 것이다. 이런 경우 말소기준권리가 근저당이 돼서 전세권은 인수사항이 될 수도 있었다. 이렇게 강제경매인 경우와 임의경매인 경우가 매우 크게 차이 나니 확실히 구별할 줄 알아야 한다.

순위번호	등 기 목 적	접 수	등 기 원 인	권 리 자 및 기 타 사 항
12-1	12번등기명의인표시변경		2007년10월15일 전거	최○주의 주소 경상북도 구미시 2007년11월15일 부기
13	소유권이전	2007년11월15일 제73700호	2007년9월14일 매매	소유자 정○희 730503-******* 서울특별시 구로구 거래가액 금88,000,000원
14	소유권이전	2008년6월10일 제47000호	2008년4월30일 매매	소유자 권○고 720608-******* 서울특별시 강남구 거래가액 금97,000,000원
15	소유권이전	2011년9월9일 제54200호	2011년8월23일 매매	소유자 선○호 910228-******* 경기도 용인시 처인구 거래가액 금170,000,000원

거래가액이 표시된 등기부등본

추가로 자료를 보자. 등기부등본에 소유권 이전 시 거래액이 표시돼 있는데 8,800만 원, 9,700만 원, 1억 7,000만 원으로 크게 올랐다.

이것이 정상적인 거래로 보이지 않는다. 그래서 추리를 해봤다. 높게 잡아도 1억 이하의 시세인 물건을 최대한 대출을 많이 받기 위해서 업계약서를 쓰고, 전세권으로 5,000만 원, 그리고 근저당 설정으로 채권최고액 9,840만 원을 받았다. 집을 사긴 샀지만 무피 투자를 넘어서서 현찰 5,000만 원이 남았을 것이다.

아마도 이런 거래가 당시에 유행했던 방법이지 않았을까 조심스럽게 추측해본다.

2) 누가 권리행사했을까

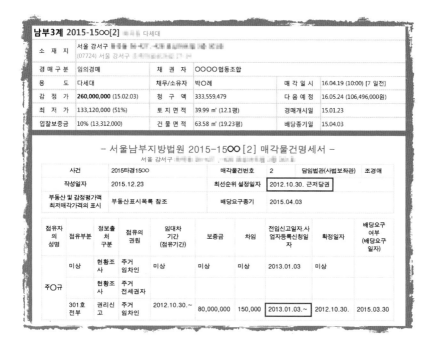

이 물건의 임차인 주 씨는 최선순위 설정일자인 근저당보다 전입이 늦게 때문에 대항력 없는 세입자다.

순위번호	등 기 목 적	접 수	등 기 원 인	권 리 자 및 기 타 사 항
		제45700호	설정계약	채무자 권○용 서울특별시 송파구 ○○○ 근저당권자 ○○○○협동조합 114636-○○○○○ 서울특별시 송파구 ○○○○ (○○○지점)
12	11번근저당권설정등기말소	2009년8월19일 제55500호	2009년8월19일 해지	
13	9번근저당권설정등기말소	2009년8월27일 제577○○호	2009년8월26일 해지	
14	근저당권설정	2009년9월9일 제6○○○호	2009년9월9일 설정계약	채권최고액 금132,000,000원정 채무자 용○주 서울특별시 강서구 ○○○ 근저당권자 ○○○○협동조합 115136-○○○○○ 서울특별시 영등포구 ○○○○
15	전세권설정	2012년10월30일 제62800호	2012년10월30일 설정계약	전세금 금80,000,000원 범 위 주거용 건물 전부 존속기간 2012년 10월 30일부터 2014년 10월 30일까지 전세권자 주○규 6○0410-○○○○○○ 서울특별시 강서구 ○○○○○○
15-1				15번 등기는 건물만에 관한 것임 2012년10월30일 부기
16	근저당권설정	2012년10월30일 제62873호	2012년10월30일 설정계약	채권최고액 금174,000,000원 채무자 박○애 서울특별시 용산구 ○○○○○ 근저당권자 ○○○○협동조합 111136-○○○○ 서울특별시 광진구 ○○○○
17	14번근저당권설정등기말소	2012년10월30일 제62874호	2012년10월30일 해지	

그리고 등기부등본을 보면 주 씨는 전세권자이기도 하다. 전세권과 같은 날 근저당이 들어왔지만 전세권이 순위가 더 높다. 이런 상태에서 주 씨가 배당요구를 했을 때 과연 전세권자로서 배당요구인지 임차인으로서 배당요구인지 정확히 파악해야 한다. 두 가지가 전혀 다른 권리면서 순위도 다르기 때문에 어떤 권리로 배당요구했는지에 따라서 그 결과는 매우 크게 차이날 것이다.

2015.02.09	감정인 ○○ 감정평가사 감정평가서 제출
2015.02.12	채권자 ○○○○ 협동조합 주소보정 및 야간특별송달 제출
2015.03.30	임차인 주○규 권리신고 및 배당요구신청서 제출
2015.03.31	교부권자 강서구청장 교부청구서 제출
2015.04.07	채권자 ○○·○○협동조합 공시송달신청서 제출

문건처리 내역

문건처리 내역을 보니 임차인 주 씨 권리신고 및 배당요구를 했다고 나와 있다.

송달일	송달내역	송달결과
2015.01.23	채무자겸소유자 박O례 개시결정정본 발송	2015.01.29 폐문부재
2015.01.23	채권자 OOOO협동조합 조합장 손형회 개시결정정본 발송	2015.01.26 도달
2015.01.23	감정인 장O영 평가명령 발송	2015.01.26 도달
2015.01.23	최고관서 국민건강보험공단 용산지사 최고서 발송	2015.01.26 송달간주
2015.01.23	최고관서 용산세무서 최고서 발송	2015.01.26 송달간주
2015.01.23	최고관서 서울시 강서구청장 최고서 발송	2015.01.26 송달간주
2015.01.23	근저당권자 OOOO협동조합 최고서 발송	2015.01.26 송달간주
2015.01.23	전세권자 주O규 최고서 발송	2015.01.26 송달간주
2015.01.23	전세권자 김O정 최고서 발송	2015.01.26 송달간주
2015.02.04	채권자 OOOO협동조합 조합장 손O희 주소보정명령등본 발송	2015.02.05 도달
2015.02.05	전세권자 김O정 임차인통지서 발송	2015.02.10 도달
2015.02.05	임차인 주O규 임차인통지서 발송	2015.02.09 도달
2015.02.05	전세권자 주O규 임차인통지서 발송	2015.02.09 수취인불명
2015.02.13	전세권자 주O규 임차인통지서 발송	2015.02.13 송달간주
2015.02.16	채무자겸소유자1 박O례 개시결정정본 발송	2015.02.25 폐문부재
2015.03.02	법원 서울남부지방법원 집행관 귀하 촉탁서 발송	
2015.03.02	채무자겸소유자1 박O례 개시결정정본 발송	2015.03.10 수취인불명
2015.03.26	채권자1 OOOO협동조합 주소보정명령등본 발송	2015.03.30 도달
2015.04.07	채무자겸소유자1 박O례 개시결정정본 발송	2015.04.14 폐문부재
2015.04.20	채무자겸소유자1 박O례 개시결정정본 발송	2015.05.05 도달
2015.05.14	교부권자 서울특별시 강서구청 매각및 매각결정기일통지서 발송	2015.05.15 송달간주
2015.05.14	전세권자 주O규 매각및 매각결정기일통지서 발송	2015.05.15 송달간주
2015.05.14	전세권자 김O정 매각및 매각결정기일통지서 발송	2015.05.15 송달간주
2015.05.14	근저당권자 중앙농업협동조합 매각및 매각결정기일통지서 발송	2015.05.15 송달간주
2015.05.14	임차인 주O규 매각및 매각결정기일통지서 발송	2015.05.15 송달간주
2015.05.14	채무자겸소유자 박O례 매각및 매각결정기일통지서 발송	2015.05.15 도달
2015.05.14	채권자 중앙농업협동조합 매각및 매각결정기일통지서 발송	2015.05.15 송달간주
2015.10.15	채권자 OOOO협동조합 매각및 매각결정기일통지서 발송	2015.10.15 송달간주
2015.10.15	임차인 주O규 매각및 매각결정기일통지서 발송	2015.10.15 송달간주
2015.10.15	채무자겸소유자 박O례 매각및 매각결정기일통지서 발송	2015.10.16 도달
2015.10.15	교부권자 서울특별시 강서구청 매각및 매각결정기일통지서 발송	2015.10.15 송달간주
2015.10.15	전세권자 주O규 매각및 매각결정기일통지서 발송	2015.10.15 송달간주
2015.10.15	전세권자 김O정 매각및 매각결정기일통지서 발송	2015.10.15 송달간주
2015.10.15	근저당권자 OOOO협동조합 매각및 매각결정기일통지서 발송	2015.10.15 송달간주

송달 내역

이어 송달 내역을 확인해보자. 파란색은 임차인 주 씨고 빨간색은 전세권자 주 씨인데 그중 2015년 2월 5일에 임차인 주 씨에게 송달됐다. 전세권자 주 씨에게는 전부 송달간주로, 정상적으로 송달이 된 적이 한 번도 없었다. 그러니 임차인으로 배당요구를 했다는 걸 확인할 수 있다. 전세권자로서 배당요구를 했다는 정보는 나오지 않는다. 그래서 당시 매각물건명세서에는 소멸되지 않는 권리항목에 전세권이 인수사항으로 표시돼 있었다.

그리고 한 업체가 낙찰을 받았는데, 왜 이렇게 높게 낙찰을 받았는지는 의문이다. 인수사항으로 전세권이 표시돼 있는 물건임에도 인수가 아님을 밝힐 수 있다고 판단한 것인지, 아니면 발견하지 못한 것인지는 확인할 수 없다. 결론은 배당순서에 의해 세입자는 전혀 배당받지 못할 것으로 보이니 전액 인수사항이 된다.

③ 20% ↓	106,496,000
2015-11-18 매각	
매수인	(주)○○○○ 베스트
응찰수	3명
매각가	156,210,000 (60.08%)
2위	137,000,000 (52.69%)
3위	107,760,000 (41.45%)
불허	2015-11-25

경매 진행 내역

2015.03.30	임차인 주○규 권리신고 및 배당요구신청서 제출
2015.03.31	교부권자 강서구청장 교부청구서 제출
2015.04.07	채권자 ○○○○협동조합 공시송달신청서 제출
2015.11.24	임차인 주○규 보완설명서 제출
2015.11.24	최고가매수신고인 매각불허가신청 제출

문건처리 내역

그런데 낙찰된 후 6일이 지나자, 임차인이 보완설명서를 제출했다. 최고가매수인은 매각불허가를 신청하고 불허가를 받아냈다. 필자의 추측으로는 임차인으로서 권리신고가 아니라 전세권자로서 권리신고를 했다고 보완설명서를 제출하지 않았을까 추측한다. 관련 서류도 임차인 서류만 왔고 전세권자의 서류가 오지 않았다는 말도 쓰여있을 듯하다. 그리고 보완설명서와 매각불허가신청서 제출이 같은 날인 것으로 봐서 낙찰받은 업체가 전액 인수임을 발견하고 임차인을 설득한 것이 아닐까 한다.

<비고>

주승규 : 임차인 주O규와 동일인 주O규 | 전세권자로서의 권리를 행사했음 | 권리신고의 확정일자는 전세권설정 접수일임.

※ 최선순위 설정일자보다 대항요건을 먼저 갖춘 주택.상가건물 임차인의 임차보증금은 매수인에게 인수되는 경우가 발생할 수 있고, 대항력과 우선 변제권이 있는 주택,상가건물 임차인이 배당요구를 하였으나 보증금 전액에 관하여 배당을 받지 아니한 경우에는 배당받지 못한 잔액이 매수인에게 인수되게 됨을 주의하시기 바랍니다.

※ 등기된 부동산에 관한 권리 또는 가처분으로 매각허가에 의하여 그 효력이 소멸되지 아니하는 것

해당사항 없음

※ 매각허가에 의하여 설정된 것으로 보는 지상권의 개요

해당사항 없음

※ 비고란

새롭게 작성된 매각물건명세서

불허가가 된 이후로 매각물건명세서가 새롭게 작성됐다. 변경된 내용은 전세권자로서의 권리를 행사했다고 나오고 매각으로 그 효력이 소멸되지 않는 것에는 해당사항이 없다고 표시됐다. 결국 배당순위 1순위가 전세권으로 바뀌면서 전액 배당받을 것으로 보인다.

이렇게 임차인으로서 배당요구와 전세권으로서 배당요구의 결과가 확 달라진다. 그러므로 정확히 의도를 파악해서 권리분석의 오류가 생기지 않도록 조심해야 한다.

3) 예외는 있다, 후순위 권리인수

우리가 알고 있던 상식에 반하는 예외란 건 어디서나 존재한다. 일반적으로 말소기준권리라고 하면 그 이후의 모든 권리는 소멸되는 게 원칙이다. 소멸이 되지 않고 인수되는 특수한 권리가 몇 개 있지만, 그런 경우는 대부분 매각물건명세서에 표시된다. 그런데 특수한 권리가 아니지만, 인수사항이 되는 경우도 발생할 수 있기 때문에 주의를 기울일 필요가 있다.

김천1계 2015-52OO 〔○○○○ 아파트

소 재 지	경북 구미시 ○○○○ ○○○○○○○○○○○○○○○○ ○○○○ ○○○○ ○○○○				
	(39437) 경북 구미시 ○○○○ ○○ ○				

경 매 구 분	임의경매	채 권 자	김○수		
용 도	아파트	채무/소유자	김○년	매 각 일 시	16.02.16 (10:00) [13 일전]
감 정 가	176,000,000 (15.11.02)	청 구 액	150,000,000	다 음 예 정	미정
최 저 가	123,200,000 (70%)	토 지 면 적	35.88 m² (10.85평)	경매개시일	15.10.20
입찰보증금	10% (12,320,000)	건 물 면 적	76.35 m² (23.1평) [29평형]	배당종기일	15.12.28

- 김천지원 2015-52OO [1] 매각물건명세서 -
경북 구미시 ○○○○ ○○○○ ○○○○○○○ ○○○○ ○○○○

사건	2015타경52OO	매각물건번호	1	담임법관(사법보좌관)	
작성일자	2015.12.29	최선순위 설정일자	2013.2.19.전세권		
부동산 및 감정평가액 최저매각가격의 표시	부동산표시목록 참조	배당요구종기	/ 2.01.51		

점유자의 성명	점유부분	정보출처 구분	점유의 권원	임대차 기간 (점유기간)	보증금	차임	전입신고일 자.사업자등 록신청일자	확정일자	배당요구 여부 (배당요구 일자)
김○수	전부	현황조사	주거 전세권자	2013. 2 – 2015. 2	1억5천만 원			2013.2.25	무

<비고>
김○수 : 전세권자는 이 사건 경매신청채권자임.

최선순위 설정일자는 2013년 2월 19일 전세권이고, 전입신고는 2013년 2월 25일이므로 전세권보다 전입일이 늦다. 전세권자와 전입자는 동일인으로 전세권자가 전입신고를 했기 때문에 김 씨는 전세권과 임차인의 권리를 모두 가진다. 이 물건은 임의경매이므로 전세권의 지위로 경매를 신청했다는 것을 알 수 있다. 그러므로 이 물건의 말소기준권리는 전세권이 된다.

권리순위를 먼저 살펴보면 아래와 같다.

1. 2013년 2월 19일 전세권 1억 5,000만 원
2. 2013년 2월 25일 임차인의 전입신고
3. 2013년 8월 21일 기타 가압류 등

1순위 말소기준권리인 전세권 이후의 모든 권리는 소멸된다. 그런

데 여기서 의문이 든다. 1순위와 2순위는 동일인이고 피담보채권이 같은데, 본인이 본인이 가진 권리를 소멸시킬 수 있을까.

	전입자	점유	전입/확정/배당	보증금/차임	예상배당액	대항력	인수	형태
임차권리	김○수 전세권자	주거/전부	전입 : 2013-02-25	보 150,000,000	150,000,000	無	소멸	주거

사설경매정보사이트에서도 임차인의 대항력은 없다고 나와 있다. 최저가로 낙찰된다면 3,000만 원 이상 배당받지 못한다. 이번엔 관련 판례를 살펴보자.

대법원 2010. 7. 26. 자 2010마900 결정

【판시사항】

최선순위 전세권자로서의 지위와 주택임대차보호법상 대항력을 갖춘 임차인으로서의 지위를 함께 가지고 있는 사람이 전세권자로서 배당요구를 해 전세권이 매각으로 소멸된 경우, 변제받지 못한 나머지 보증금에 기해 대항력을 행사할 수 있는지 여부(적극)

【결정요지】

주택에 관해 최선순위로 전세권 설정등기를 마치고 등기부등본상 새로운 이해관계인이 없는 상태에서 전세권 설정계약과 계약당사자, 계약목적물 및 보증금(전세금액) 등에 있어서 동일성이 인정되는 임대차계약을 체결해 주택임대차보호법상 대항요건을 갖추었다면, 전세권자로서의 지위와 주택임대차보호법상 대항력을 갖춘 임차인으로서의 지위를 함께 가지게 된다. 이런 경우 전세권과 더불어 주택임대차보호법상의 대항력을 갖추는 것은 자신의 지위를 강화하기 위한 것이지 원래 가졌던 권리를 포기하고 다른 권리로 대체하려는 것은 아니라는 점, 자신의 지위를 강화하기 위해 설정한 전세권으로 인해 오히려 주택임대차보호법상의 대항력이 소멸된다는 것은 부당하다는 점, 동일인이 같은 주택에 대해 전세권과 대항력을 함께 가지므로 대항력으로 인해 전세권 설정 당시 확보한 담보가치가 훼손되는 문제는 발생하지 않는다는 점 등을 고려하면, <u>최선순위 전세권자로서 배당요구를 해 전세권이 매각으로 소멸됐다 하더라도 변제받지 못한 나머지 보증금에 기해 대항력을 행사할 수 있고</u>, 그 범위 내에서 임차주택의 매수인은 임대인의 지위를 승계한 것으로 봐야 한다.

전세권이 소멸된다고 하더라도 변제받지 못한 나머지 보증금에 대해서는 대항력을 행할 수 있다고 나와 있다. 그러므로 전세금인 1억 5,000만 원 이하로 낙찰이 된다면 대항력이 인정돼서 배당받지 못한 나머지 금액에 대해서는 낙찰자 인수사항이 된다.

전세권과 임차인의 동일인이고 전세권 날짜와 전입일자 사이에 다른 권리가 없다면 아무리 전세권이 말소기준권리가 된다고 하더라도 대항력 있는 세입자이므로 조심해야 한다.

05 미치게 하는 이 물건, 대지권 없음!

이번 물건은 정말 필자를 미치게 만드는 물건이다. 가만히 있으면 인수사항이 돼서 전세보증금을 보호받을 수 있는 것을 오히려 돈을 들여서 불구덩이로 뛰어드는 상황을 만들었다. 도대체 어떤 상황인지 살펴보자.

소 재 지	서울 도봉구 ... (01402) 서울 도봉구 ...				
경매구분	강제경매	채 권 자	㈜○○○컨설팅 외1		
용 도	오피스텔	채무/소유자	김O래	매각일시	16.04.18 (10:00) [8 일전]
감 정 가	39,000,000 (15.09.04)	청 구 액	12,000,000	다음예정	16.05.16 (19,968,000원)
최 저 가	24,960,000 (64%)	토지면적	0 m² (0평)	경매개시일	15.08.24
입찰보증금	10% (2,496,000)	건물면적	26.18 m² (7.92평)	배당종기일	15.11.04

※ 비고란

:대지사용권이 없는 건물만의 매각(매각가격은 건물만의 평가액임)이며, 건물의 대지 8.34평방미터의 인도 완료시까지 토지소유자에게 월 185,000원 지급하라는 내용이 판결 있음

매각물건명세서 비고란

매각물건명세서의 비고란을 보면 건물만의 매각이다. 이런 것을 '대지권 없음'이라 한다. 또 토지소유자에게 지료를 지급하라는 판결문이 접수됐다고 표시돼 있다. 그러므로 낙찰을 받아도 건물만 소유권이전이 가능하고 토지는 지료를 내야 한다. 그 때문에 건물만 감정했고, 감정가는 3,900만 원이다.

순위번호	등 기 목 적	접 수	등 기 원 인	권 리 자 및 기 타 사 항
3	전세권설정	2013년7월25일 제51600호	2013년7월25일 설정계약	전세금 금60,000,000원 범 위 전부 존속기간 2013년 7월 25일부터 2014년 7월 24일까지 전세권자 류○월 841215-******* 서울특별시 중랑구 ...

등기부등본을 확인해보면 84년생 류 씨가 6,000만 원에 전세권을 설정해 놓았다. 전세권 설정 당시에는 보통 토지와 건물이 합쳐진 집합건물이라 생각하기 때문에 감정가가 비록 3,900만 원이지만 6,000만 원에 전세권을 설정한 것으로 보인다.

순위번호	등 기 목 적	접 수	등 기 원 인	권 리 자 및 기 타 사 항
14	가압류	2015년7월6일 제58300호	2015년7월6일 서울중앙지방법원의 가압류결정(2015카단805 900)	청구금액 금11,000,000 원 채권자 주식회사 ○○○건설팅 110111-○○○○○○ 서울 서초구 ○○○ ○○○ ○○○○
15	강제경매개시결정	2015년8월24일 제731○○호	2015년8월24일 서울북부지방법원의 강제경매개시결정(2015 타경14500)	채권자 주식회사 ○○임건실팅 110111-○○○○○○ 서울 서초구 ○○○ ○○○ ○○○ ○○○○
16	임의경매개시결정	2015년9월11일 제804○○호	2015년9월11일 서울북부지방법원의 임의경매개시결정(2015 타경15300)	채권자 류○길 84121○-******* 서울 노원구 ○○○ ○○○ ○○○○ ○○○ ○○○ ○○○

그리고 컨설팅업체에서 가압류에 기한 강제경매를 넘겼다. 채권액
은 1,200만 원이고 전세권보다 후순위다.

전세권을 설정한 류 씨는 ① 가장 빠른 최선순위 설정일자이고 ②
물건 전부에 대한 전세권이다. 그리고 강제경매로 넘어갔을 당시에는
③ '배당요구를 하거나 경매를 신청할 것'에 해당하지 않기 때문에 말소
기준권리가 아니다. 즉 낙찰자가 6,000만 원을 인수해야 한다. 결국 이
대로 경매가 진행된다면 감정가는 3,900만 원이고 인수사항이 6,000만
원이므로 낙찰이 절대 불가능한 물건이 된다.

그런데 약 보름 후에 전세권자인 류 씨가 임의경매를 넣었다. 이렇
게 되면 3번 항목도 만족이 돼서 전세권이 말소기준권리가 된다. 전세
권은 임차인의 권리와 달라서 배당요구를 하거나 경매신청을 하게 된
다면 배당을 다 받지 못해도 소멸사항이 된다.

■ 점유관계

소재지	1. 서울특별시 도봉구 ▓▓▓ ▓▓ ▓▓ ▓▓ ▓▓▓▓▓
점유관계	미상
기타	• 본 건 현황조사를 위하여 현장을 방문, 폐문부재로 소유자 및 점유자들을 만나지 못하여 안내문을 투입하였으나 아무 연락이 없어 점유자 확인 불능임 • 전입세대열람 미발견
소재지	2. 서울특별시 노원구 ▓▓▓▓▓ ▓▓ ▓▓▓ ▓▓▓
점유관계	임차인(별지)점유
기타	• 등록사항 미발견

현황조사서

만약 류 씨가 전입돼 있다면 전세권은 말소가 되더라도 임대차는 살아 있으므로 대항력이 있을 것인데 현황조사서를 보면 전입이 돼 있지 않다. 즉 순수한 전세권만 가지고 있는 전세권자다. 그러므로 얼마를 배당받던지 무조건 소멸된다. 감정가 3,900만 원이 물건이 2,500만 원에 낙찰된다면 류 씨는 경매비용을 제외하고 약 2,400만 원 정도만 배당받고 나머지 3,600만 원은 받지 못하고 손해를 입는 것이다.

접수일	접수내역	결과
2015.08.26	채권자 류O출 소송위임장 제출	
2015.08.26	채권자 류O출 접수증명	
2015.09.10	채권자대리인 변호사 송O수 피담보채권의 표시 정정신청 제출	
2015.09.11	등기소 도봉등기소 등기필증 제출	

문건처리 내역

문건처리 내역을 보면 류 씨는 임의경매를 넘기기 위해서 변호사까지 선임을 했다. 몇백 만원의 수임료가 들어갔을 것이다. 이미 손해를 많이 본 상태에서 추가로 비용을 지불해야 하는 류 씨가 안타까울 뿐이다.

그런데 여기서 궁금증이 생긴다. 류 씨가 그냥 가만히 있었다면 6,000만 원의 전세권은 말소되지 않고 낙찰자 인수사항이 되는데(물론 낙찰은 안될 것이다) 왜 많은 손해가 예상되는 임의경매를 신청했을까. 과연 변호사가 이 상황을 알고 임의경매를 넘긴 것일까. 강제경매가 신청이 된 날짜는 2015년 8월 24일이고 이틀 뒤에 임의경매신청서를 접수했기 때문에 강제경매 상황은 알았을 것이다. 그런데 임의경매를 신청하여 생기는 여파는 몰랐던 것인지, 아니면 알면서 어쩔수 없이 신청한 것일지 정말 궁금하다.

만약 변호사가 상황을 모르고 임의경매신청만 대행했다면, 그리고 전세권자인 류 씨가 변호사만 믿고 있다면 어떻게든 이 상황을 류 씨에게 알려야 한다. 그래서 지금이라도 임의경매를 취하하는 게 좋다. 그러면 강제경매만 진행이 되므로 낙찰되지 않을 가능성이 높다.

반대로 이런 상황을 변호사와 류 씨가 모두 알고 있다고 가정해보자. 감정가 3,900만 원인 물건에 6,000만 원 전세권으로 들어간 것부터 문제였다고 파악했고, 어차피 전세금 전액을 돌려받기 힘들다는 사실을 알았을 수도 있다. 그래서 조금이라도 돌려 받기 위해서 임의경매를 신청했을 수도 있다.

어떤 상황이 되든 둘 다 굉장히 안타까운 상황임은 분명하다. 계약한 것이 본인이 아니라 공인중개사 또는 누군가라면 원망할 수밖에 없다. 제대로 알아보지도 않고 대지권이 없는 물건에 6,000만 원이나 계약해주고는 안전하도록 전세권을 설정하자고 말했을 것이다. 류 씨같이 이미 손해 볼 수밖에 없는 구조에서는 해결책이 없다는 사실이 가장 마음이 아프다.

 06 집합건물 등기부등본의 토지별도등기

1) 문제 없는 토지별도등기

등기부등본은 토지등기부등본, 건물등기부등본, 그리고 토지와 건물이 모두 표시가 되는 집합건물등기부등본이 있다. 대표적인 집합건물은 아파트로, 등기부등본의 표제부를 보면 토지에 대해서도 표시하고 있다. 그런데 토지부분까지 포함한 집합건물등기부등본이 있어도 토지등기부등본이 따로 존재하는 경우가 있다. 이런 것을 토지별도등기라 한다. 이런 경우에는 집합건물등기부등본의 표제부에 '토지에 관해 별도등기 있음'으로 반드시 표시되기 때문에 등기부등본을 볼 때 표제부를 항상 확인해보는 습관을 들이는 것이 좋다.

군산3계 2014-39○○	○○○ 아파트				
소 재 지	전북 군산시 ○○○ ○○○-○, ○○○ ○○○동 ○층 ○○○호 (54144) 전북 군산시 ○○○ ○○				
경 매 구 분	임의경매	채 권 자	전주○○○○협동조합		
용 도	아파트	채무/소유자	이○태	매 각 일 시	14.11.17 (10:00) [16 일전]
감 정 가	105,000,000 (14.04.23)	청 구 액	81,692,877	다 음 예 정	14.12.22 (51,450,000원)
최 저 가	73,500,000 (70%)	토 지 면 적	33.51 ㎡ (10.14평)	경매개시일	14.04.11
입찰보증금	10% (7,350,000)	건 물 면 적	59.95 ㎡ (18.13평) [23평형]	배당종기일	14.06.30

이번 물건의 집합건물등기부등본은 다음과 같다.

표시번호	접 수	소재지번,건물명칭 및 번호	건 물 내 역	등기원인 및 기타사항
			10층 867.6㎡ 아파트 11층 867.6㎡ 아파트 12층 867.6㎡ 아파트 13층 867.6㎡ 아파트 14층 867.6㎡ 아파트 15층 867.6㎡ 아파트	

(대지권의 목적인 토지의 표시)

표시번호	소 재 지 번	지 목	면 적	등기원인 및 기타사항
1 (전 1)	1. 전라북도 군산시 ○○○ ○○○-1	대	30774.9㎡	1996년8월9일
2 (전 2)				1 토지에 관하여 별도등기 있음 1996년8월9일 부동산등기법 제177조의 6 제1항의 규정에 의하여 1번 내지 2번 등기를 1999년 08월 20일 전산이기

【 표   제   부 】　(전유부분의 건물의 표시)

표시번호	접 수	건 물 번 호	건 물 내 역	등기원인 및 기타사항
1 (전 1)	1996년8월9일	제7층 제700호	철근콘크리트벽식구조 59.95㎡	도면편철장 제65책268장

집합건물등기부등본의 표제부를 보면 '토지에 관해 별도등기 있음'으로 표시돼 있다. 그러므로 토지등기부등본도 확인해봐야 한다. 그런데 그전에 할 일이 있다. 법원에서 토지별도등기의 내용을 알고 있는지부터 봐야 한다.

사건	2014타경39○○		매각물건번호	1	담임법관(사법보좌관)	이용우
작성일자	2015.02.17		최선순위 설정일자	2012. 11. 29. 근저당		
부동산 및 감정평가액 최저매각가격의 표시	부동산표시목록 참조		배당요구종기	2014.06.30		

점유자의 성명	점유부분	정보출처 구분	점유의 권원	임대차 기간 (점유기간)	보증금	차임	전입신고일 자.사업자등 록신청일자	확정일자	배당요구 여부 (배당요구일자)
김○일	방 1칸	권리신고	주거 임차인	2012. 10. 21.부터	40,000,000		2006. 6. 7.	2012. 10. 21.	2014.11.14
김○일	미상	현황조사	주거 점유자	미상	미상	미상	2006.06.07		
윤○희	미상	현황조사	주거 점유자	미상	미상	미상	2006.06.07		

<비고>
김○일 : 배당요구 종기일 2014.6.30. 이후인 2014.11.14.자로 임차인 김○일이 권리신고서를 우편으로 제출하였으나, 임차인의 주민등록표초본 및 임대차계약서는 첨부하지 아니함. 이 신고서와 관련하여 2015.1.8.자로 신청채권자 전주동부신용협동조합에서 제출한 매각기일재지정신청서에 의하면, 임차인 김○일은 이 사건 부동산에 대한 임대차관계가 존재하지 아니하는 인물로 경매진행을 방해할 의도가 있는 것으로 보이므로 수사기관에 고소할 예정에 있다고 함. 김○일 : 윤○회의 자녀임. 윤○희 : 신청채권자로부터 윤○희 작성의 임대관계 부존재확인서 제출됨.

보통 매각물건명세서를 보면 토지별도등기가 위험할 경우 표시를 해준다. 그래서 확인해보니 아무런 표시가 없다. 그러니 이 물건의 토지별도등기는 효력이 없을 것으로 추정된다. 그래도 무조건 서류만 믿지 말고 확인하는 것이 안전하다. 잔금을 납부한 후에 잘못된 점이 발견된 경우에는 되돌리기 쉽지 않기 때문이다.

토지별도등기 확인을 위해서 토지등기부등본을 보니 근저당이 설정돼 있지만, 이 물건에 대한 근저당은 근저당권 변경으로 지분포기가 돼 있다. 그러므로 토지별도등기는 있어도 문제가 없다.

2) 법원도 큰 실수를 한다

필자가 운영하는 경매 관련 카페에 질문이 하나 올라왔다.

"집합건물 다세대주택 일괄매각 임의경매에서 매각명세서를 보면, 건물 채권자는 은행이고 '등기된 부동산에 관한 권리 또는 가처분으로서 매각으로 그 효력이 소멸되지 아니하는 것 : 해당없음, 매각에 따라 설정된 것으로 보는 지상권의 개요 : 해당없음'으로 토지근저당권을 인수해야 한다는 조건도 없고, 감정평가서에는 토지건물감정평가로 돼 있습니다. 그런데 등기사항전부증명서(집합건물)을 떼서 보면, 표제란에 '대지에 대해 별도등기 있음'으로 나옵니다. 토지등기를 보니 건물등기보다 이전에 다른 은행의 근저당이 설정돼 있고, 몇몇 세대는 분양하면서 설정한 근저당에서 지분포기근저당변경이 됐네요. 제가 받은 물건에는 지분포기근저당변경 내역이 없고 건물 표제부에 '별도등기 있음'이 기재돼 있네요 매각명세서에 채권자 내역이 없고 별도등기 내역을 인수한다는 특별매각조건도 없는 경우에 근저당 말소되는 게 맞는지 궁금합니다. 제가 알기로는 별도등기채권자가 배당신청을 해서 배당을 받거나 채권금액이 남아있지 않은 경우에 말소되는 것 같은데, 왜 별도등기채권자는 매각물건 내역서에 없을까요? 등기 후 대지 별도등기채권자의 근저당이 말소되는지 말소되면 왜 말소되는지, 자세하게 알고 싶습니다. 별도등기근저당채권은행에 문의해도 채권금액은 알려주지 않네요"

　　문제의 핵심은 토지별도등기다. 법원에서 이 건을 어떻게 파악하고 있는지 먼저 확인해보자.

－ 의정부지방법원 2015-262○○ [1] 매각물건명세서 －

경기 포천시

사건	2015타경262○○		매각물건번호	1	담임법관(사법보좌관)	
작성일자	2016.04.25		최선순위 설정일자	2010.7.13. 근저당권설정		
부동산 및 감정평가액 최저매각가격의 표시	부동산표시목록 참조		배당요구종기	2015.09.30		
점유자의 성명	점유부분	정보출처 구분	점유의 권원	임대차 기간 (점유기간)	보증금	차임	전입신고일자.사업자등록신청일자	확정일자	배당요구 여부 (배당요구 일자)
이○복		현황조사	주거 임차인		500만원		2011.02.01		
<비고>									

매각물건명세서에는 그 어떤 내용도 나와 있지 않다. 최선순위 설정 일자에도 토지 관련 부분이 없고, 비고란에도 토지별도등기에 대한 언급이 없다. 가끔은 이미 말소된 서류를 법원에서 가지고 있으면서 언급하지 않기도 한다. 그런데 토지별도등기는 워낙 특이한 경우이니 법원에서도 모르는 경우가 가끔 있다. 그래서 필자는 매각물건명세서만을 믿지 않고 문건처리 내역을 확인한 후 답변했다.

"안녕하세요. 지메입니다. 이 물건을 받으신 분이시군요. 토지별도등기 관련해 글을 올렸는데요, 보시면 아시겠지만 토지별도등기는 그냥 소멸 되지 않습니다. 법원문건처리 내역을 확인해보니 토지별도등기의 근저 당권자인 은행에 대한 처리 내역이나 송달 내역이 전혀 보이지 않습니다. 매각물건명세서에 인수사항이 없기 때문에 말소될 것으로 보이나 혹시 법원에서 실수한 것일 수도 있으니 법원에 가셔서 서류를 열람하시면서 왜 은행에는 서류가 발송되지 않았는지 문의하시길 바랍니다."

문건처리 내역에 토지별도등기의 근저당권자에 대한 처리 내역이나 송달 내역이 전혀 보이지 않으니 법원에 문의하라고 답했다. 그러자 며칠 후에 질문자가 다시 글을 남겼다.

"토지채권자매각명세서에 나오지 않고, 송달 내역도 없네요. 법무사 두 곳과 유료 카페 특수분석으로 알아봐도 대부분 매각명세서에 '매각으로 인수되는 권리는 없다'고 나오기 때문에 소멸된다고 합니다. 은행에 전화해도 당사자 아니면 채권금액을 알려줄 수 없다고 하네요. 법무사도 소멸된다고 해서 오늘 경매계에 '왜 별도등기채권자가 채권 내역이나 송달 내역에 없냐'고 물으니 별도등기채권 내역이 누락됐다고 하네요. 은행도 알아봐야 하니 기다려 달라고 해서 돌아왔습니다."

이처럼 법무사 두 곳과 유료 카페 특수분석까지 알아봤지만 인수되는 권리는 전부 소멸된다고 답변을 받았다고 한다. 그러다가 필자가 운영하는 카페에 질문을 올리고 필자가 답변해준 것처럼 마지막에 법원에 문의하니 채권 내역이 누락됐으니 기다리라는 말을 들었다고 했다. 이 물건은 이미 매각허가결정돼서 잔금을 납부하면 되는 상태인데, 이렇게 큰 오류를 뒤늦게 발견한 것이다.

아직 결론이 난 것은 아니지만, 질문자가 적극적으로 문의해서 다행인 케이스였다. 만약 잔금을 납부한 후에 인수사항이 발생하면, 그때부터는 여기저기 소송해야 하는 번거로움과 직면할 수밖에 없다. 다행히 잔금을 납부하기 전이므로 인수사항이 있다면 매각허가결정취소가 돼야 할 것이다.

이렇게 경매라는 것은 모든 가능성을 염두해두고 행동해야만 한다. 경매는 스스로 살아 움직이는 유기체이기 때문이다. 만약 경매를 하다 어떤 안 좋은 상황에 직면했을 때, 당사자가 적극적으로 움직여야지 함정에서 빠져나올 수 있다.

3) 아주 위험한 토지별도등기

북부1계 2015-1600○○		다세대(생활주택)				
소 재 지	서울 중랑구					
	(02147) 서울 중랑구					
경매구분	임의경매	채 권 자	광명○○(새)			
용 도	다세대(생활주택)	채무/소유자	박○도		매 각 일 시	16.03.07 (10:00) [1 일전]
감 정 가	240,000,000 (15.09.30)	청 구 액	102,352,530		다 음 예 정	
최 저 가	192,000,000 (80%)	토 지 면 적	32.03 ㎡ (9.69평)		경매개시일	15.09.09
입찰보증금	10% (19,200,000)	건 물 면 적	53.13 ㎡ (16.07평)		배당종기일	15.11.24

경매를 할 때는 토지별도등기를 그냥 넘겨서는 절대로 안 된다. 인수사항이 있는지, 있다면 얼마나 되는지 정확히 파악해야 한다.

– 서울북부지방법원 2015-1600○○ [1] 매각물건명세서 –
서울 중랑구

사건	2015타경1600○○		매각물건번호	1		담임법관(사법보좌관)		
작성일자	2017.01.04		최선순위 설정일자	구분건물 – 2014.10.01 (가압류) 지 – 2012.12.06.(근저당권)			대지권 토	
부동산 및 감정평가액 최저매각가격의 표시	부동산표시목록 참조		배당요구종기	2015.11.24				

점유자의 성명	점유부분	정보출처 구분	점유의 권원	임대차 기간 (점유기간)	보증금	차임	전입신고일자. 사업자등록신 청일자	확정일자	배당요구 여부 (배당요구 일자)
마○성	102동 4층402호	현황조사	미상 임차인	미상	미상	미상	2014.09.22	미상	
마○선	전부(방3칸)	권리신고	주거 임차인	2014.09.20. 부터 2016.09.19. 까지	180,000,000		2014.09.22.	2014.09.22.	2015.10.01

<비고>
마○성 : 권리신고한 임차인 마○선의 父 임. 마○선 : 채무자 박○도의 파산관재인 변호사 홍○필 제출서류(채무자 지위승계신고 및 배당금교부신청서)에 의하면 마○선의 임차보증반환금 채권액은 금 130,000,000원임.

매각물건명세서의 최선순위 설정일자에 권리가 표시돼 있다. 일반적인 아파트라면 집합건물등기부등본의 최선순위 설정일자만 표시가 됐을 것이다. 그러나 토지별도등기의 경우, 집합건물등기부등본과 토지등기부등본을 표시해야 하기 때문에 두 가지 권리 모두 표시돼 있다.

직장인이 경매로 투잡하는 성공 노하우 추리 경매

그러면 이번엔 토지별도등기가 어떤 영향을 미치는지 살펴보자.

【 을 구 】 (소유권 이외의 권리에 관한 사항)				
순위번호	등 기 목 적	접 수	등 기 원 인	권 리 자 및 기 타 사 항
1 (전 7)	갑구3번서○씨지분 전부근저당권설정	2013년7월12일 제684○○호	2013년7월12일 설정계약	채권최고액 금96,000,000원 채무자 시○씨 서울특별시 중랑구 근저당권자 ○○○○협농조합 114936- 서울특별시 양천구
				부동산등기규칙 제80조 제2항의 규정에 의하여 건물등기 서울특별시 중랑구 면목동 139-6 제1층 제101호에서 이기 2014년9월24일 등기
1-1	1번근저당권변경	2016년7월12일 제602○○호	2014년9월3일 전거	시○씨의 주소 서울특별시 중랑구
1-2	1번근저당권담보추가			공동담보 건물 서울특별시 중랑구 건물 서울특별시 중랑구 2016년7월12일 부기
1-3	1번근저당권공동담보일부소멸			건물 서울특별시 중랑구 면목동 139-6 제9층제901호제902호 에 대한 근저당권말소등기로 인하여 2016년7월21일 부기
2 (전 4)	갑구5번박○도지분 전부근저당권설정	2012년12월6일 제110800호	2012년12월6일 설정계약	채권최고액 금124,800,000원 채무자 박○도 서울특별시 중랑구 근저당권자 ○○C○새마을금고 134944- 경기도 광명시 광명동 754
				부동산등기규칙 제93조 제2항의 규정에 의하여 건물등기 서울특별시 중랑구 면목동 139-6 제1층 제102호에서 이기 2014년9월24일 등기

토지등기부등본

근저당설정일자는 2012년 12월 6일이고 이 건물의 보존등기는 2014년이다. 건물이 없을 때 토지지분에 근저당이 설정됐고, 그 이후에 건물이 올라섰다. 그러므로 근저당권자는 건물까지 일괄매각할 수있는 권리가 생겨서 경매로 나왔다. 토지의 지분에 설정된 금액은 1억2,480만 원이다.

대법원 2008. 3. 13. 선고 2005다15048 판결

【판시사항】

[2] 집합건물의 전유부분과 함께 대지사용권인 토지공유지분이 일체로서 경락된 경우,

대지권 성립 전부터 토지만에 관해 별도등기로 설정돼 있던 근저당권의 소멸 여부(원칙적 적극)

【판결요지】

[2] 구 민사소송법(2002. 1. 26. 법률 제6626호로 전문 개정되기 전의 것) 제608조 제2항 및 현행 민사집행법 제91조 제2항에 의하면 매각부동산 위의 모든 저당권은 경락으로 인하여 소멸한다고 규정되어 있으므로, 집합건물의 전유부분과 함께 그 대지사용권인 토지공유지분이 일체로서 경락되고 그 대금이 완납되면, 설사 대지권 성립 전부터 토지만에 관하여 별도등기로 설정되어 있던 근저당권이라 할지라도 경매과정에서 이를 존속시켜 경락인이 인수하게 한다는 취지의 특별매각조건이 정하여져 있지 않았던 이상 위 토지공유지분에 대한 범위에서는 매각부동산 위의 저당권에 해당하여 소멸한다.

판례를 보면 '집합건물이 경락된 경우, 대지권 성립 전부터 토지에 한해서 별도등기로 설정돼 있던 근저당권은 소멸'된다고 판시하고 있다. 매각물건명세서에서도 인수사항이라고 언급이 돼 있지 않기 때문에 낙찰 후 토지의 근저당은 말소된다. 그러므로 토지별도등기에 대한 인수사항은 없다.

그러나 문제는 다른 곳에서 발생한다. 현재 물건의 감정가는 2억 4,000만 원이며 대지는 1억 800만으로 45%이고, 건물은 1억 3,200만 원으로 55%로 감정돼 있다. 따라서 토지별도등기의 근저당권자는 낙찰금액에서 토지비율만큼만 배당받을 수 있다.

현재 약 1억 9,400만 원에 낙찰자가 있

①	240,000,000
2016-01-18 유찰	
② 20% ↓	192,000,000
2016-03-07 매각	

매수인	(주)○○○○
응찰수	1명
매각가	193,860,000 (80.78%)

허가	2016-03-14
납기	2016-04-21

경매 진행 내역

으니 이 기준으로 계산해보자. 토지별도등기의 근저당권자는 설정금액이 1억 2,480만 원이지만, 낙찰가의 45%인 약 8,370만 원만 배당받을 수 있고 토지별도등기는 소멸된다. 그리고 남은 금액인 1억 670만 원을 가지고 배당하게 된다.

- 서울북부지방법원 2015-160○○ [1] 매각물건명세서 -
서울 중랑구

사건	2015타경160○○			매각물건번호	1		담임법관(사법보좌관)		
작성일자	2017.01.04			최선순위 설정일자			구분건물 2014.10.01.(가압류) 대지권 토지 - 2012.12.06.(근저당권)		
부동산 및 감정평가액 최저매각가격의 표시	부동산표시목록 참조			배당요구종기			2015.11.24		

점유자의 성명	점유부분	정보출처 구분	점유의 권원	임대차 기간 (점유기간)	보증금	차임	전입신고일자. 사업자등록신청일자	확정일자	배당요구 여부 (배당요구일자)
미○성	102동 4층402호	현황조사	미상 임차인	미상	미상	미상	2014.09.22	미상	
미○선	전부(방3칸)	권리신고	주거 임차인	2014.09.20. 부터 2016.09.19. 까지	180,000,000		2014.09.22.	2014.09.22.	2015.10.01

현재 세입자는 건물에 대해서 2014년 10월 1일 가압류보다 전입이 빠르기 때문에 대항력이 있다. 전입과 확정일자가 동일하므로 세입자가 1순위로 배당을 받게 된다. 그런데 보증금은 1억 8,000만 원이지만 배당을 할 수 있는 금액은 경매비용을 제외하고 약 1억 670만 원밖에 되지 않는다. 그러므로 세입자는 약 7,330만 원을 배당받지 못하게 되니 낙찰자 인수사항이 된다. 경매 비용까지 고려한다면 조금 더 많을 것이다. 사설경매정보사이트에서는 전부 배당되고 소멸된다고 나오는데, 잘못된 배당표다.

이 물건의 토지별도등기는 소멸된다. 그러나 그 영향은 건물로 올라가고 대항력 있는 세입자에게도 미친다. 만약 대항력 있는 세입자가 없었다면 문제되지 않았을 것이다. 그러니 대항력 있는 세입자가 있는 물건은 항상 배당을 다 받는지 확인하는 것이 중요하다.

07 대지권미등기는 대지권이 있을까

1) 분양대금 미납이 부른 대지권미등기

고양9계 2014-283○○					아파트
소 재 지	경기 고양시 일산동구				
	(10322) 경기 고양시 일산동구				
경매구분	임의경매	채 권 자		전문유한회사	
용 도	아파트	채무/소유자	방○	매 각 일 시	15.06.16 (10:00) [6 일전]
감 정 가	825,000,000 (14.09.18)	청 구 액	532,179,747	다 음 예 정	15.07.21 (282,975,000원)
최 저 가	404,250,000 (49%)	토 지 면 적	0 ㎡ (0평)	경매개시일	14.09.04
입찰보증금	10% (40,425,000)	건 물 면 적	162.71 ㎡ (49.22평) [59평형]	배당종기일	14.12.04

보기 드물게 두 차례 유찰된 물건이다. 고양지법은 30% 저감되기 때문에 벌써 49%인 상태다. 49%란 점 때문에 사람들의 관심은 더 뜨거워진다. 그런데 이런 물건을 보면 일단 의심부터 해야 한다. 왜 두 차례나 유찰됐을지 말이다.

순위번호	등 기 목 적	접 수	등 기 원 인	권 리 자 및 기 타 사 항
6	소유권이전	2011년7월13일 제95100호	2011년4월27일 매매	소유자 방○ 720412-******* 경기도 고양시 일산동구 거래가액 금832,123,182원
7	1-1번금지사항등기말소	2011년7월13일 제95100호		소유권이전으로 인하여
8	가압류	2014년6월12일 제872100호	2014년6월11일 청주지방법원 제천지원의 가압류결정(2014카단300)	청구금액 금386,124,946 원 채권자 CO은행 주식회사 110111-●●●●● 시울 중구
9	가압류	2014년6월12일 제88100호	2014년6월12일 의정부지방법원 고양지원의 가압류결정(2014카단200 9)	청구금액 금84,838,743 원 채권자 COO캐피탈 주식회사 130111-●●●●● 수원시 팔달구

등기부등본을 보면 2011년에 거래가 됐는데 거래금액이 8억 3,212만 3,182원이다. 숫자가 원단위까지 표시된 것으로 봐서 분양대금으로 보인다.

| 108.24㎡ | 115.66㎡ | 115.93㎡ | 123.26㎡ | 130.07㎡ | 133.61㎡ | 134.8㎡ | 134.89㎡ | 162.71㎡ | 163.25㎡ | 209.45㎡ | 238.99㎡ |

2015.01		2015.02		2015.03		2015.04		2015.05		2015.06	
계약일	거래금액(층)	계약일	거래금액(층)	계약일	거래금액(층)	계약일	거래금액(층)	계약일	거래금액(층)	계약일	거래금액(층)
1-10	63,803(12)	1-10	65,034(27)	1-10	64,000(10)	1-10	63,198(8)	1-10	63,198(12)	1-10	65,034(24)
	65,034(20)		65,034(24)	11-20	65,940(13)		64,415(20)		64,415(25)		63,196(9)
	67,855(20)	21-28	65,034(21)		66,570(13)		65,000(30)		63,198(12)		63,803(12)
11-20	67,855(24)		65,034(20)		65,034(29)		64,415(18)	11-20	64,415(17)		64,415(18)
21-31	64,415(22)				65,034(19)		64,415(21)		64,415(21)		64,415(27)
	64,415(24)				64,500(12)		65,034(23)	21-31	64,415(16)	11-20	64,415(18)
	63,803(10)			21-31	63,803(9)		67,212(18)		64,500(14)		65,034(24)
					65,034(18)	11-20	65,034(22)		65,034(25)		63,263(13)
					65,034(16)	21-30	65,034(26)		64,415(20)		63,198(14)
					64,000(6)		63,198(13)		64,415(26)		63,198(14)
					65,034(19)		63,198(14)				
							63,198(10)				
							63,198(11)				

국토교통부 실거래가

국토교통부 실거래가를 확인해보니, 59평이란 대형평수임에도 거래량이 많다. 대부분 분양대금으로 보이지만 간혹 매매로 신고된 거래가액도 보이기 때문에 숫자가 딱 떨어진 것을 찾으면 된다.

2015년 3월에 6억 4,000만 원 거래가 있는 것으로 봐서 시세가 이와 비슷할 것이라 추측해볼 수 있다.

※ 비고란

대지권미등기이며, 대지권유무는 알 수 없음, 최저매각가격에 대지권가격이 포함됨. 2014.11.04.자 및 2015.01.07.자 ○○○건설 주식회사의 회보서에 의하면 소유자는 분양대금을 미납하였고, 미납분양대금(2015.01.06. 기준, 금110,278,510원)에 대하여 동시이행항변권을 행사한다고 함.

매각물건명세서 비고란

매각물건명세서의 비고란을 보면 '대지권미등기며, 대지권 유무는

보통권리는 가라! 특수권리가 있다

알 수 없다'고 표시돼 있다. 최저매각가격에 대지권가격이 포함됐다고 해도 미납분양대금이 있다면, 대지권에 대해 건설사에서는 동시이행항변권(동시에 이행을 하지 않는다면 거부할 수 있는 권리)을 행사할 것이다. 다행히 이 물건의 경우에는 미납분양대금 약 1억 1,000만 원이 표시돼 있다. 이 금액을 납부하면 대지권을 얻을 수 있는 것이다. 시간이 지나면 이자가 더 늘어나므로 인수사항을 1억 2,000만 원 정도로 생각해야 한다. 시세를 6억 4,000만 원으로 봤을 때 1억 2,000만 원 정도가 인수사항이니 시세대로 낙찰을 받으려면 5억 2,000만 원에 낙찰받아야 했다. 그런데 첫 번째 유찰됐을 때 최저가가 5억 7,000만 원이었으므로 당연히 한 번 더 유찰이 될 수밖에 없었던 것이다.

이런 물건은 낙찰받은 후 분양대금을 납부하면 대지권을 얻을 수 있으므로 등기 절차를 거쳐서 완전한 물건으로 만들면 대지권미등기의 문제는 사라질 것이다.

2) 서류로 추적하는 대지권미등기

집합건물등기부등본은 건물등기에 토지의 대지권까지 표시가 되는 등기부등본이다. 건물과 토지의 등기부등본이 합쳐진 등기부등본으로, 표제부를 네 가지로 나눠 표시하고 있다.

- **(1)** 1동의 건물의 표시
- **(2)** 대지권의 목적인 토지의 표시
- **(3)** 전유부분의 건물의 표시
- **(4)** 대지권의 표시

보통 대지권 미등기의 집합건물등기부등본을 보면 '1동의 건물의 표시'와 '전유 부분의 건물의 표시'가 돼 있다. 이 물건을 보면서 더 이야기해보자.

울산4계 2015-78○○		다세			
소 재 지	울산 남구 (44623) 울산 남구				
경 매 구 분	임의경매	채 권 자	㈜○○○○은행		
용　　도	다세대	채무/소유자	김○준	매 각 일 시	16.04.06 (10:00) [3 일전]
감 정 가	147,000,000 (15.06.09)	청 구 액	89,461,422	다 음 예 정	16.05.11 (75,264,000원)
최 저 가	94,080,000 (64%)	토 지 면 적	28.2 ㎡ (8.53평)	경매개시일	15.05.26
입찰보증금	10% (9,408,000)	건 물 면 적	84.84 ㎡ (25.66평)	배당종기일	15.08.17

【　표　　제　　부　】 1동의 건물의 표시				
표시번호	접 수	소재지번.건물명칭 및 번호	건 물 내 역	등기원인 및 기타사항
1	2002년1월2일	울산광역시 남구	철근콘크리트조 평슬라브지붕 5층 근린생활시설 및 다세대주택 1층 60.30㎡ 2층 98.10㎡ 3층 98.10㎡ 4층 98.10㎡ 5층 98.10㎡ 지하 37.80㎡	구분으로 인하여 울산광역시 남구 외 1필지에서 이기 도면편철장 제247책 제554면

【　표　　제　　부　】 전유부분의 건물의 표시				
표시번호	접 수	건물번호	건 물 내 역	등기원인 및 기타사항
1	2002년1월2일	제3층 제300호	철근콘크리트조 84.84㎡	구분으로 인하여 울산광역시 남구 외 1필지에서 이기 도면편철장 제247책 제554면

【　갑　　　구　】 (소유권에 관한 사항)				
순위번호	등 기 목 적	접 수	등 기 원 인	권 리 자 및 기 타 사 항
1 (전 1)	소유권보존	1994년11월16일 제96100호		공유자 지분 4905분의 1962

　　등기부등본을 보면 건물에 대한 표시만 있고 토지에 대한 부분은 표시가 없다. 이 물건은 대지권미등기 물건인 것이다.

※ 비고란
1.일괄매각. 2.대지권은 미등기이며, 대지권 유무는 알 수 없음.

매각물건명세서 비고란

매각물건명세서의 비고란을 보면 '대지권은 미등기이며, 대지권 유무는 알 수 없음'으로 낙찰자에게 경고하고 있다. 이런 문구가 있으면 입찰자 입장에서는 아무래도 신경 쓰일 수밖에 없다.

순위번호	등 기 목 적	접 수	등 기 원 인	권 리 자 및 기 타 사 항
		제300호	공유물 분할	울산 중구
6	2번가압류등기말소	2002년4월25일 제4650호	2002년4월1일 해제	
7	소유권이전	2005년12월2일 제12960호	2005년12월1일 증여	소유자 권○수 670115-******* 울산 남구
7-1	7번등기명의인표시변경	2005년12월20일 제13520호	2005년12월20일 특수주소변경	권○수의 주소 울산 남구
7-2	7번등기명의인표시변경		2011년10월31일 도로명주소	김○수의 주소 울산광역시 남구 2013년11월5일 부기
7-3	7번등기명의인표시변경	2014년3월19일 제2560호	2014년3월5일 개명	김○수의 성명(명칭) 김○준
8	임의경매개시결정	2015년5월26일 제10890호	2015년5월26일 울산지방법원의 임의경매개시결정(2015 타경7800)	채권자 주식회사○○○○은행 180111-0 부산광역시 동구
9	가압류	2015년7월15일 제15670호	2015년7월15일 울산지방법원의 가압류 결정(2015카단1800)	청구금액 금4,729,167 원 채권자 주식회사○○○○기금 110111- 서울특별시 강남구

집합건물등기부등본

집합건물등기부등본을 확인해보니 현재 소유자는 김 씨로 2005년에 증여받았다. 그리고 이사를 했고 개명까지 했다.

순위번호	등 기 목 적	접 수	등 기 원 인	권 리 자 및 기 타 사 항
2	소유권이전	2005년12월2일 제12960호	2005년12월1일 증여	공유자 지분 141분의 28.2 권○수 670115-******* 울산 남구 지분 141분의 40.8 박○수 670325-****** 울산 남구 지분 141분의 36 김○길 970107-****** 울산 남구 지분 141분의 36 김○서 981226-****** 울산 남구
2-1	2번등기명의인표시경정	2008년1월21일 제630호	2008년1월21일 신청착오	김○수의 주소 울산 남구
2-2	2번등기명의인표시변경	2014년3월19일 제2560호	2014년3월5일 개명	김○수의 성명(명칭) 김○준
3	2번김○준지분임의경매개시결정	2015년5월26일 제10890호	2015년5월26일 울산지방법원의 임의경매개시결정(2015 타경7800)	채권자 주식회사○○○○은행 180111-0015304 부산광역시 동구

토지등기부등본

직장인이 경매로 투잡하는 성공 노하우 추리 경매

토지등기부등본을 확인해보니 2005년에 네 명에게 증여됐는데, 그 중 첫 번째로 표시된 1967년생 김 씨가 현재 집합건물등기부등본과 이름이 일치한다. 그리고 주소를 변경 및 개명까지 정확히 일치한다. 그러므로 집합건물등기부등본의 소유자인 김 씨가 토지의 지분도 가지고 있는 것으로 추측된다. 이렇게 눈에 띄도록 표시됐으니 대지권미등기이지만 문제가 없는 물건으로 보인다. 하지만 낙찰받은 후에 토지 지분을 가져오는 소송을 따로 해야 할 것이다.

3) 무서운 대지권미등기, 최저매각가격에 주목하라

인천10계 2013-204○○ 아파트					
소 재 지	인천 서구 (22838) 인천 서구				
경 매 구 분	임의경매	채 권 자	하○찬		
용 도	아파트	채무/소유자	강○정	매 각 일 시	16.04.04 (10:00) [8 일전]
감 정 가	90,000,000 (13.03.15)	청 구 액	32,367,120	다 음 예 정	16.05.10 (30,870,000원)
최 저 가	44,100,000 (49%)	토 지 면 적	0 ㎡ (0평)	경매개시일	13.03.07
입찰보증금	20% (8,820,000)	건 물 면 적	41.82 ㎡ (12.65평) [18평형]	배당종기일	13.05.20

대지권미등기는 대지권에 대해서 등기가 돼 있지 않는 물건을 말한다. 그러므로 대지권 유무를 입찰자가 직접 조사해봐야 한다. 자료로는 파악하기가 어려운 것 중 하나가 대지권미등기다.

− 인천지방법원 2013-204○○ [1] 매각물건명세서 − 인천 서구								
사건	2013타경204○○			매각물건번호	1	담임법관(사법보좌관)	심○춘	
작성일자	2016.05.31			최선순위 설정일자	2012.11.15. 근저당권			
부동산 및 감정평가액 최저매각가격의 표시	부동산표시목록 참조			배당요구종기	2013.05.20			
점유자의 성명	점유부분	정보출처 구분	점유의 권원	임대차 기간 (점유기간)	보증금	차임	전입신고일자. 사업자등록신청일자	확정일자	배당요구 여부 (배당요구 일자)

| 정○천 | 전부 | 현황조사 | 주거
임차인 | | 25,000,000 | 2010.07.20. | | |
| | 전부(방2칸) | 권리신고 | 주거
임차인 | 2010.07.20.-
현재까지 | 25,000,000 | 2010.07.20. | 2010.07.20. | 2013.04.19 |

\<비고\>

※ 최선순위 설정일자보다 대항요건을 먼저 갖춘 주택.상가건물 임차인의 임차보증금은 매수인에게 인수되는 경우가 발생할 수 있고, 대항력과 우선 변제권이 있는 주택,상가건물 임차인이 배당요구를 하였으나 보증금 전액에 관하여 배당을 받지 아니한 경우에는 배당받지 못한 잔액이 매수인에게 인수됨을 주의하시기 바랍니다.

※ 등기된 부동산에 관한 권리 또는 가처분으로 매각허가에 의하여 그 효력이 소멸되지 아니하는 것

해당사항 없음

※ 매각허가에 의하여 설정된 것으로 보는 지상권의 개요

해당사항 없음

※ 비고란

- 통칭 '○○아파트'임 · 대지권 미등기이며, 대지사용권 유무는 알 수 없음, 최저매각가격에 대지권가격이 포함됨 · 특별매각조건 매수보증금 20%.

매각물건명세서를 보면 '대지권미등기며 대지사용권 유무는 알 수 없음, 최저매각가격에 대지권가격이 포함됨'으로 나와 있다. 대지권이 있는지 알 수 없으나 감정가에는 포함시켰다는 뜻이다. 이 문구를 오해하는 사람들이 많다. 감정가에 포함돼 있으므로 낙찰을 받으면 문제가 없다고 주장하는 사람도 있다. 그런데 이 물건을 보면, 그런 생각이 전부 사라질 것이다.

2013년 10월 25일에는 세 명이 응찰해 낙찰자는 대금을 미납했다. 문건처리 내역을 확인해봐도 특이점은 발견되지 않는다. 보통 사람들은 대출에 문제가 생겨서 미납했을 것으로 추측할 수 있는 상황이다.

③ 30%↓   44,100,000
2013-10-25 매각

매수인	윤○중
응찰수	3명
매각가	55,100,000 (61.22%)
2위	54,800,000 (60.89%)

허가   2013-11-01
납기   2013-12-09
[대금미납]

경매 진행 내역

그런데 두 번째 낙찰일의 하루 전, 권 씨가 지분소유권인정판결문을 제출했다. 소유자도 정 씨고 이전 소유자를 다 찾아봐도 권 씨는 없다. 즉 토지 소유자가 권 씨임을 증명하는 판결문을 제출하여 알려준 것인데, 이것은 문건접수 내역 이외에는 표시가 없다. 권 씨가 토지 소유자가 되고, 낙찰받은 사람은 건물만

③	44,100,000
2014-01-28 매각	
매수인	박○희
응찰수	2명
매각가	51,000,000 (56.67%)
2위	45,123,000 (50.14%)
허가	2014-02-04
납기	2014-03-04

경매 진행 내역

소유하게 되는 상황이 발생한 것이다. 이런 상황이라면 첫 번째 미납 때 법원의 재량으로 불허가를 해줄 수도 있었을 텐데 하는 아쉬운 마음이 든다.

2013.05.02	교부권자 인천서구 미체납교부청구서 제출	
2013.07.08	채권자 하○찬 주소보정 제출	
2014.01.27	기타 권○회 권○회 지분소유권인정판결문 제출	
2014.02.20	최고가매수인 열람및복사신청 제출	
2014.02.25	최고가매수인 경매대금감액신청 제출	
2014.02.27	최고가매수인 대금지급기일연기신청 제출	
2014.03.05	최고가매수인 열람및복사신청 제출	
2014.03.13	최고가매수인 즉시항고장 제출	
2015.12.23	최고가매수신고인 기일연기신청서 제출	
2016.04.05	최고가매수신고인 열람및복사신청 제출	
2016.08.01	최고가매수신고인 열람및복사신청 제출	

문건처리 내역

어쨌든 두 번째 경매가 진행됐고, 낙찰자는 토지의 소유권이 없는 물건임을 서류로 확인했다. 이후 경매대금감액신청서를 제출했지만 받아들여지지 않았다. 기일연기는 받아들여져서 2년 동안 경매가 멈췄지만, 결국 최고가매수신고인의 보증금환급신청서는 제출되지 않았다.

대지권이 없는 물건이 대지권을 감정가에 포함된 채로 경매에 나오고, 대지권이 없다는 사실을 알게 된 낙찰자는 경매감정가에서 토지감

정가를 빼달라는 감액신청서를 제출했다. 하지만 받아주지 않은 것이다. '감정가에 대지권 금액이 포함돼 있다'는 사실과 '대지권 유무를 알 수 없다'는 사실은 현실과는 엄연히 다르니, 반드시 입찰 전에 대지권 유무를 조사해야만 한다.

대법원 2012. 3. 29. 선고 2011다79210 판결

【판시사항】

[1] 집합건물 건축자가 자기 소유의 대지 위에 집합건물을 건축하고 전유부분에 관해 건축자 명의의 소유권보존등기가 마쳐진 경우, 건축자의 대지소유권이 집합건물의 소유 및 관리에 관한 법률 제2조 제6호에서 정한 대지사용권에 해당하는지 여부(적극) 및 건축자의 대지소유권에 관해 부동산 등기법에 따른 대지권등기가 마쳐지지 않은 상태에서 전유부분에 관한 경매 절차에서 전유부분을 매수한 매수인이 대지사용권을 취득하는지 여부(원칙적 적극)

【이 유】

1. 집합건물의 건축자가 그 소유의 대지 위에 집합건물을 건축하고 전유부분에 관하여 건축자 명의의 소유권보존등기가 마쳐진 경우, 건축자의 대지소유권은 집합건물의 소유 및 관리에 관한 법률(이하 '집합건물법'이라고 한다) 제2조 제6호 소정의 구분소유자가 전유부분을 소유하기 위하여 건물의 대지에 대하여 가지는 권리인 대지사용권에 해당한다. 그리고 집합건물에서 구분소유자의 대지사용권은 규약으로써 달리 정하는 등의 특별한 사정이 없는 한 전유부분과 종속적 일체불가분성이 인정되어 전유부분에 대한 경매개시결정과 압류의 효력은 종물 또는 종된 권리인 대지사용권에도 미치는 것이므로(집합건물법 제20조 제1항, 제2항), 건축자의 대지소유권에 관하여 부동산 등기법에 따른 구분건물의 대지권등기가 마쳐지지 않았다 하더라도 전유부분에 관한 경매 절차

직장인이 경매로 투잡하는 성공 노하우 추리 경매

이번엔 다른 판결문과 함께 보자. 집합건물의 경우, 토지와 건물을 분리해서 팔 수 없다는 판결문으로 인해 더욱더 많은 사람이 혼란에 빠지기도 한다. 그러나 판례를 자세히 보면 처음부터 자기 토지에 자기 건물일 경우에만 해당하는 사항이다. 그러니 토지가 다른 사람의 소유였다면 건물만 매각이 가능하다는 결론이 나온다. 지금 우리가 보는 물건과는 맞지 않은 판례이므로 오해해서는 안 된다.

경매는 정말 알 수 없다. 매각물건명세서의 '대지권 유무는 알 수 없음'이란 말로 모든 책임을 낙찰자에게 미루는 것이 경매 시스템인 것이다. 그러므로 처음부터 꼼꼼하게 확인한 후에 문제가 될 만한 상황이 완전히 제거되지 않는다면, 입찰하지 않는 게 정답일 것이다.

10

경매, 그 특수성에
얽힌 뒷이야기

mystery auction

경매의 특수성을 이용해서 일어나는 일들이 있다. 대출을 일반적인 경우보다 훨씬 더 많이 받기도 하고 경매를 잘못 받아서 헤어나오지 못하는 경우도 눈에 띈다. 눈에 보이는 자료들로 현혹시켜서 입찰자들을 함정에 빠트리는 사건도 종종 보인다. 이번 장에서는 경매에 얼마나 큰 함정들이 존재하는지, 그 함정들이 얼마나 입찰자를 착각에 빠지게 만드는지 등 잘 보이지 않는 암울한 뒷이야기를 살펴보자.

01 근저당 후 전세권 설정, 대출 많이 받는 방법의 위험성

성남1계 2015-19100 ○○○○ 아파트

소 재 지	경기 하남시 ○○○○○○○○○○○○○○○				
	(12928) 경기 하남시 ○○○○○○				
경 매 구 분	임의경매	채 권 자	○○자산관리 ㈜		
용 도	아파트	채무/소유자	송○현	매 각 일 시	16.06.27 (10:00) [6 일전]
감 정 가	554,000,000 (16.01.25)	청 구 액	494,312,377	다 음 예 정	16.08.01 (271,460,000원)
최 저 가	387,800,000 (70%)	토 지 면 적	71.2 ㎡ (21.54평)	경매개시일	16.01.15
입찰보증금	10% (38,780,000)	건 물 면 적	101.99 ㎡ (30.85평) [38평형]	배당종기일	16.04.04

순위번호	등 기 목 적	접　　수	등 기 원 인	권 리 자 및 기 타 사 항
2	근저당권설정	2015년3월31일 제11684호	2015년3월31일 설정계약	채권최고액　금546,000,000원 채무자　송○현 　　경기도 하남시 근저당권자　주식회사 자산관리대부 　　285011- 　　서울특별시 성동구
2-1	2번근저당권부질권	2015년4월6일 제12900호	2015년4월6일 설정계약	채권액　금546,000,000원 채무자　주식회사 자산관리대부 　　서울특별시 성동구 채권자　★상호저탁주식회사　110111- 　　서울특별시 서초구
2-2	2번근저당권이전	2015년12월23일 제48400호	2015년12월23일 확정채권양도	근저당권자　○○자산관리주식회사　110111- 　　서울특별시 서초구
2-3	2번근저당권부질권	2015년12월23일 제48400호	2015년12월23일 설정계약	채권액　금546,000,000원 채무자　○○자산관리주식회사 　　서울특별시 서초구 채권자　주식회사○○상호저축은행　110111- 　　서울특별시 강남구
3	1번근저당권설정등기말소	2015년3월31일 제11600호	2015년3월31일 해지	
4	전세권설정	2015년4월16일 제15839호	2015년3월31일 설정계약	전세금　금10,000,000원 범　위　건물전부 존속기간 2015년 3월 31일부터 2017년 3월 31일까지 전세권자　주식회사 자산관리대부 　　285011- 　　서울특별시 성동구
4-1				4번 등기는 건물만에 관한 것임 2015년4월16일 부기
4-2	4번전세권이전	2015년12월23일 제48475호	2015년12월23일 양도	전세권자　○○자산관리주식회사　110111-5522465 　　서울특별시 서초구
5	근저당권설정	2015년8월13일 제31275호	2015년8월12일 설정계약	채권최고액　금126,500,000원 채무자　송○현 　　경기도 하남시 근저당권자　장○숙　570401-******* 　　서울특별시 노원구
6	2-1번질권등기말소	2015년12월23일 제48473호	2015년12월23일 해지	

　이 물건의 등기부등본을 보면 특이한 점을 발견할 수 있다. 근저당을 설정하고 바로 전세권을 설정한 것이다. 5억 4,600만 원을 대출받고 근저당권자에게 1,000만 원에 전세를 내주기에는 무리가 있다. 그러면 근저당도 아닌 1,000만 원의 전세권을 설정한 이유가 무엇일까.

　근저당의 채권최고액은 5억 4,600만 원이므로 120%로 계산하면 원금은 4억 5,500만 원이다. 만약 근저당을 설정한 2015년 3월에 1금

　　　직장인이 경매로 투잡하는 성공 노하우 추리 경매

융권에서 대출을 받았다면 얼마를 받을 수 있었을까. 1금융권의 경우에는 국민은행 시세를 기준으로 최대 70%까지 대출이 가능하다.

과거 시세표						
기준월	매매가			전세가		
	하위 평균가	일반 평균가	상위 평균가	하위 평균가	일반 평균가	상위 평균가
2015.06	51,000	53,250	56,000	37,500	39,500	41,500
2015.05	51,000	53,250	55,500	35,500	38,000	39,500
2015.04	50,000	52,500	55,000	34,500	37,000	38,500
2015.03	50,000	52,500	55,000	34,500	37,000	38,500
2015.02	49,500	52,500	55,000	34,000	36,250	38,000

국민은행 시세표

대출 당시 이 물건의 평균가가 5억 2,500만 원이었으므로 빌릴 수 있는 최대금액은 3억 6,750만 원이 된다. 그런데 자산관리대부에서 대출해서 1금융권보다 약 1억 원 정도 더 받을 수 있었다. 이게 어떻게 가능했을까. 그것은 바로 전세권의 특징을 이용했기 때문이다. 전세권은 점유할 수 있는 권리도 가지고 있다. 혹시나 후순위 임차인이 들어온다면 나가라고 할 수도 있다.

2014.1.1 ~ 2016.03.30	서울특별시	9,500	3,200
	과밀억제권역 (서울제외)	8,000	2,700
	광역시(일부제외)	6,000	2,000
	그 밖의 지역	4,500	1,500

소액임차금표

하남시의 경우에는 과밀억제권역이므로 최우선변제금액이 2,700만 원이다. 일반적인 근저당권자는 대출을 해줄 때 이 금액을 고려해야 하지만, 전세권이 설정돼 있다면 후순위로 임차인이 들어오지 못하기 때문에 고려하지 않아도 된다. 그래서 더 많은 금액을 대출받을 수 있다. 안타까운 것은 이런 전세권의 특징(점유권)을 이용해 높은 이자율의 과도한 대출이 이뤄지고 있는 현실이다. 만약 너무 무리하여 대출받는다면 우리 집이 경매에 나오는 모습을 볼 수 있을 수도 있으니 주의해야 한다.

 02 경매, 잘못 받으면 이렇게 된다

1) 길을 막는 경매

토지 소유자로서 재산권을 행사하여 그 토지를 반드시 필요로 하는 사람을 압박해서 비싸게 토지를 사게 만드는 경매를 '길을 막는 경매'라 한다. 상가 앞 대지를 사들여서 펜스를 친다거나 주거용 토지의 진입로를 막는 행위를 말한다.

필자도 기을 막는 경매를 했다가 고소를 당해서 경찰서에 들락날락한 사람을 본 적이 있다. 처음 몇 번은 성공적인 투자였을지 모르나 한 번 잘못되면 그동안 얻은 수익금을 전부 잃게 될 것이다.

세상에 쉽게 돈 벌 수 있는 방법은 없다. 돈에만 현혹돼서 주변을 살피지 못하는 그런 우를 범하지 않았으면 한다. 경매는 자칫하면 이렇게 위험한 투자가 되기도 한다.

2) 헤어나오지 못하는 모텔 경매

경매 물건에서 헤어나오지 못하는 사례가 이번 물건이다. 정보만 보면 감정가 대비 49%이기 때문에 아주 저렴하다고 느낄 수 있다. 그러나 바로 이런 점이 헤어나오지 못하게 개미지옥을 만드는 것이다.

평택3계 2016-1○○ [일○립] 숙박

소 재 지	경기 안성시 [■■■■■■■■■] (17537) 경기 안성시 [■■■■■■ ■ ■■ ■ ■■]				
경 매 구 분	임의경매	채 권 자	오○택		
용 도	숙박	채무/소유자	김○심	매 각 일 시	16.09.05 (10:00) [32 일전]
감 정 가	615,101,100 (16.01.20)	청 구 액	3,000,000	다 음 예 정	16.10.17 (210,980,000원)
최 저 가	301,400,000 (49%)	토 지 면 적	826 ㎡ (249.86평)	경매개시일	16.01.06
입찰보증금	10% (30,140,000)	건 물 면 적	전체 692.16 ㎡ (209.38평) 제시외 108.7㎡ (32.88평)	배당종기일	16.03.30

순위번호	등 기 목 적	접 수	등 기 원 인	권 리 자 및 기 타 사 항
3	소유권이전	2011년12월14일 제51100호	2011년11월10일 매매	소유자 박○여 880308-******* 경기도 수원시 권선구 [■■■ ■ ■■■ ■■■] 매매목록 제2011-1○○호
4	압류	2012년10월25일 제43100호	2012년10월26일 압류(세무1부 6242)	권리자 안성시
5	임의경매개시결정	2013년3월11일 제8100호	2013년3월11일 수원지방법원 평택지원의 임의경매개시결정(2013 타경3400)	채권자 [■■■■■]임동조합중앙회 110136-[■■■■■] 서울 종로구 [■■■■■■■]
6	압류	2014년2월20일 제6200호	2014년2월20일 압류(징수부 501282)	권리자 국민건강보험공단 111471-[■■■■■] 서울특별시 마포구 [■■■■■■■]
7	소유권이전	2014년9월25일 제37500호	2014년9월25일 임의경매로 인한 매각	소유자 김○심 540220-******* 경기도 평택시 [■■■■■ ■ ■■■ ■■■■] [■■■■■ ■ ■■■■]
8	4번압류, 5번임의경매개시결정, 6번압류 등기말소	2014년9월25일 제37581호	2014년9월25일 임의경매로 인한 매각	
9	임의경매개시신청	2016년1월6일 제441호	2016년1월6일 수원지방법원 평택지원의 임의경매개시결정(2016 타경1○○)	채권자 오○택 691027-******* 평택시 팽성읍 [■■■ ■ ■■■ ■■ ■■]

등기부등본을 보면 1954년생인 김 씨가 2014년에 경매로 이 물건을 낙찰을 받았다. 아마도 노후를 위해 모텔을 낙찰받은 것으로 보인다. 당시 상황을 좀 더 찾아보자.

감정가는 6억 원이 넘었고, 여러 번 유찰이 된 후에 이전 기일을 넘긴 가격으로 김 씨가 낙찰받았다. 그런데 사설경매정보사이트에 가보면 해당 업체가 작업한 흔적이 보인다.

①		614,374,050
		2013-12-09 유찰
② 20%↓		491,499,000
		2014-01-13 유찰
③ 20%↓		393,199,000
		2014-02-17 변경
①		344,049,000
		2014-04-28 변경
①		344,049,000
		2014-07-07 유찰
② 30%↓		240,834,000
		2014-08-11 매각

매수인	김○심	
응찰수	3명	
매각가	335,300,000 (54.58%)	
2위	300,300,000 (48.88%)	
3위	283,000,000 (46.06%)	

허가 2014-08-18
 납기 2014-09-26
 납부

과거 경매 진행 내역

2014-10-28 종결

이해관계인제보 ※당사의 의견이 아닌 단순 제보내용입니다

· 대신○○○○ (주), 2014.04.25 ☎ 02-399-0000

1. 개요

본건은 금광호수변에 위치하는 모텔 물건으로 용도변경 및 개발호재 등을 감안해 입

찰하시기 바랍니다.

2. 채권금액

근저당 설정액 390,000,000원

채권권리금액 설정금액 초과상태

3. 개발호재

① 제2경부고속도로

동안성IC 직선거리 2.5km

② 금광호수 둘레길 공사착공(산책로)

③ 현재 금광호수변 전원주택용지 및 토지매물의 경우 개발호재로 인해 지가상승이

이뤄지고 있으며, 제2경부고속도로 동안성IC를 통해 관광인구 유입등을 감안할

경우 <u>투자 물건 및 수익형부동산 개발 물건으로 적합한 물건</u>입니다.

두 번 변경해서 최대한 많이 노출시킨 후, '투자 및 수익형 부동산개발로 적합한 물건'이라 제보했다. 필자는 이런 제보를 보여준 사설경매 정보사이트도 이해할 수 없다. 문제가 될 소지가 있는 정보를 올려주는 것은 좋지만, '좋다'는 제보를 올려주는 것은 객관적인 판단을 저해하지 않을까 우려되기 때문이다.

이런 제보 때문이었을까. 세 명이나 입찰을 했고, 현 소유자가 낙찰을 받았다. 그런데 얼마 후에 다시 경매로 나왔다. 이게 어떻게 된 일일까.

순위번호	등 기 목 적	접 수	등 기 원 인	권 리 자 및 기 타 사 항
		제37500호	설정계약	채무자 김○실 경기도 평택시 팽성읍 근저당권자 ○○○○○협동조합 134737- 경기도 평택시 공동담보 토지 경기도 안성시
15	근저당권설정	2015년11월6일 제45800호	2015년11월3일 설정계약	채권최고액 금3,000,000원 채무자 김○실 경기도 평택시 팽성읍 근저당권자 오○택 591027-******* 경기도 평택시 팽성읍 공동담보 토지 경기도 안성시

을구 등기부등본

순위번호	등 기 목 적	접 수	등 기 원 인	권 리 자 및 기 타 사 항
8	4번압류, 5번임의경매개시결정, 6번압류 등기말소	2014년9월25일 제37500호	2014년9월25일 임의경매로 인한 매각	
9	임의경매개시결정	2016년1월6일 제400호	2016년1월6일 수원지방법원 평택지원의 임의경매개시결정(2016 타경100)	채권자 오○택 591027-******* 평택시 팽성읍

갑구 등기부등본

다시 등기부등본으로 돌아가자. 300만 원 근저당이 설정됐고, 2개
월만에 임의경매개시결정이 됐다. 너무나도 눈에 보이는 작업이다. 호
랑이도 토끼를 잡을 때는 최선을 다한다고 한다. 그런데 이 물건은 빨
리 팔고 싶다는 생각이 앞선 건지 너무나도 눈에 보이는 행동을 했다.
감정가가 6억 원이 넘는 물건의 소유주가 겨우 300만 원을 갚지 못해서
경매로 넘어갈 리 없지 않은가. 다른 사람들은 모를 것이라고 생각한
건지 모르겠지만, 팔기에 급급해 경매로 넘기는 게 너무나도 잘 보이도
록 행동을 취했다. 그래도 여기까지는 문제가 될 만한 상황은 아니다.
낮은 가격이라도 낙찰이 되기 때문이다.

그런데 이들이 간과한 커다란 문제점이 있다. 필자가 보기에 소유자
가 경매 넘기는 방법에 대해서 업체의 조언을 듣고 행동한 것 같다. 아
마 낙찰가를 조금이라도 예상했다면 이런 무모한 행동은 하지 않았을

것이다. 아마도 이후의 일들은 신경 쓰지 않고 경매로 넘겨서 수수료만
받아 챙기는 업체에 당한 것이 아닐까 한다.

순위번호	등 기 목 적	접 수	등 기 원 인	권 리 자 및 기 타 사 항
4번	~~근저당권설정~~	~~2013년6월12일~~ ~~제23800호~~	~~2013년5월10일~~ ~~설정계약~~	채권최고액 금20,000,000원 채무자 최○식 경기도 수원시 권선구 ●●●●●●●●● 근저당권자 유○아 ●●●●● 경기도 안성시 ●●●●●●●● 공동담보 토지 경기도 안성시 ●●●●
13	5번근저당권설정, 10번전세권설정, 11번근저당권설정, 12번근저당권설정 등기말소	2014년9월25일 제37500호	2014년9월25일 임의경매로 인한 매각	
14	근저당권설정	2014년9월25일 제37582호	2014년9월25일 설정계약	채권최고액 금338,000,000원정 채무자 김○호 경기도 평택시 팽성읍 ●●●●●●●●●● 근저당권자 ○○○○○협동조합 134737-●●●●●● 경기도 평택시 ●●●●●● 공동담보 토지 경기도 안성시 ●●●●●●
15	근저당권설정	2015년11월6일 제45876호	2015년11월3일 설정계약	채권최고액 금3,000,000원 채무자 김○식 경기도 평택시 팽성읍 ●●●●●● 근저당권자 오○택 501027-●●●●●●● 경기도 평택시 팽성읍 ●●●●●● 공동담보 토지 경기도 안성시 ●●●●●●

현재 최저가는 3억 원인데 1순위 근저당금액이 3억 3,800만 원이다.
따라서 이번에 낙찰되지 않는다면 무잉여로 기각될 것이다. 경매하는 사
람이라면 대부분, 동일번지 최근 낙찰사례를 당연히 찾아볼 것이다. 확
인해보니 이전 경매 때 현 소유자가 3억 5,000만 원에 낙찰받았고, 2등
이 3억 원이었다는 사실을 발견할 수 있었다. 가격으로만 본다면 이번
기일에 거의 최저가로 낙찰될 수도 있다. 그런데 자료를 보면서 또 문
제를 발견했다.

이전 경매 사진

현재 사진

위 사진은 이전 경매 때 사진이고, 아래는 현재 상태다. 이전 경매 때는 영업하고 있었지만, 지금은 관리조차 안 되고 있다. 경매로 넘길 생각이었다면 이렇게 방치하면 안 되는 것이다. 영업도 하지 않는 모텔이 낙찰될 리가 없지 않는가. 당연히 이번에도 유찰이 될 것으로 추측된다. 아마도 다음 기일에는 법원에서 신청자에게 매수통지서를 발송할 것이고, 매수청구를 하지 않으면 기각이 될 것이다. 그러니 이 물건은 1순위 근저당권자가 경매에 넘기지 않는다면 다른 방법이 없다. 그러나 경매로 넘기는 순간, 현 소유자는 더 큰 손해를 보게 될 것이다.

이렇게 경매에서 물건 하나를 잘못 낙찰받으면 엄청난 손해를 입는다. 낙찰받기 전에는 가능한 모든 방법을 동원해서 분석하고, 판단하는 능력을 길러야 한다.

03 계약서 미제출의 함정

중앙7계 2013-437○○ 방매종 다세대

소 재 지	서울 서초구 ░░░░ ░░░-░ ░░░░░ ░░-░░ (06586) 서울 서초구 ░░░░░░ ░-░				
경 매 구 분	강제경매	채 권 자	○○캐피탈㈜		
용 도	다세대	채무/소유자	송○섭	매 각 일 시	15.03.26 (10:00) [1 일전]
감 정 가	760,000,000 (14.01.09)	청 구 액	25,022,980	다 음 예 정	15.04.30 (249,037,000원)
최 저 가	311,296,000 (41%)	토 지 면 적	57.11 m² (17.28평)	경매개시일	13.12.27
입찰보증금	10% (31,129,600)	건 물 면 적	119.08 m² (36.02평)	배당종기일	14.03.06

– 서울중앙지방법원 2013-437○○ [1] 매각물건명세서 –
서울 서초구 ░░░░ ░░░-░ ░░░░░ ░░-░░ ░░░ ░░

사건	2013타경437○○ 2013타경41300(중복)		매각물건번호	1	담임법관(사법보좌관)	이○선
작성일자	2015.03.11		최선순위 설정일자	2012.9.26.근저당권		
부동산 및 감정평가액 최저매각가격의 표시	부동산표시목록 참조		배당요구종기	2014.03.06		

점유자의 성명	점유부분	정보출처 구분	점유의 권원	임대차 기간 (점유기간)	보증금	차임	전입신고일 자.사업자등 록신청일자	확정일자	배당요구 여부 (배당요구 일자)
김○성	401호	현황조 사	주거 임차인	미상	미상		2011.08.31	미상	

<비고>
김○성 : 2014.10.20.자로 권리신고서(임대차보증금 3억, 임대차기간:2011.8.30.~, 전입일자:2011.8.31, 확정일자:2011.8.31)
제출하였으나 임대차계약서, 주민등록(등)초본이 제출되지 않아 권리내용 확인 불가함.

매각물건명세서의 비고란을 보면 보증금 3억 원으로 권리신고돼 있다. 배당요구종기일이 2014년 3월 6일이고 신고일은 2014년 10월 20일이다. 배당요구종기일 이후에 신고하면 의미가 없다는 사실은 대부분 알 것이다. 그런데 왜 임차인은 7개월이나 지나고 나서 신고했을까. 그냥 넘어가기엔 너무 이상하다. 그리고 비고란 뒷부분을 보면 임대차계약서와 초본이 제출되지 않았다고 나와 있다. 일반적인 임차인이라면 배당요구종기일 이전에 신고를 했던지, 아니면 계약서를 제출했을 것이다. 상황 자체가 일반적이지 않다. 그러니 더 조사할 필요성이 있다.

국토교통부 실거래가

먼저 국토교통부 실거래가를 찾아보던 중 세입자의 전입일 한 달 전에 신고된 동일층수의 동일평수인 물건 자료를 발견했다. 그런데 거래가가 신고한 금액인 3억 원과 다르게 4억 원으로 표시돼 있다. 필자가 세입자라면 보증금액 낮춰서 신고하는 그런 어리석은 행동은 절대 하지 않을 것이다. 자신이 받아야 할 돈을 작게 말하는 건 전세를 살아본 사람이라면 누구나 불가능하다는 것을 안다. 그래서 달리 추측해보면, 배당에 참여되지 않도록 일부러 배당요구종기일 이후에 권리신고를 하고, 임차보증금이 3억 원인 것처럼 보이게 해서 낙찰가를 높이려는 작업이 아닐까 한다. 그렇게 해서 미납으로 만들려고 하는 의도가 아닐까. 4억 원 계약서가 있는데 일부러 3억 원으로 계약서 없이 신고를 했을 수도 있다는 말이다. 만약 실제로 그랬다면 입찰자는 큰 낭패일 것이다. 세입자는 3억 원으로 착각했다고 말하면 끝이기 때문이다.

이런 물건을 정말 조심해야 한다. 입찰할 때 충분히 알아보고, 문제가 될 사항이 있는지 잘 살펴보는 것이 얼마나 중요한 권리분석인지 다시 한 번 명심해야 한다.

04 의미 없는 권리신고로 입찰자 현혹시키기

부천3계 2014-225○○ 아파트

소 재 지	경기 김포시							
	(10104) 경기 김포시							
경 매 구 분	임의경매		채 권 자	㈜○○○○은행				
용 도	아파트		채무/소유자	유○소		매 각 일 시	16.01.26 (10:00) [1 일전]	
감 정 가	191,000,000 (14.11.03)		청 구 액	128,664,293		다 음 예 정		
최 저 가	133,700,000 (70%)		토 지 면 적	48.91 m² (14.8평)		경매개시일	14.10.23	
입찰보증금	10% (13,370,000)		건 물 면 적	84.89 m² (25.68평) [33평형]		배당종기일	15.01.05	

– 부천지원 2014-225○○ [1] 매각물건명세서 –
경기 김포시

사건	2014타경225○○			매각물건번호	1	담임법관(사법보좌관)	김○근
작성일자	2015.12.01			최선순위 설정일자	2010.8.25. 근저당권		
부동산 및 감정평가액 최저매각가격의 표시	부동산표시목록 참조			배당요구종기	2015.01.05		

점유자의 성명	점유부분	정보출처 구분	점유의 권원	임대차 기간 (점유기간)	보증금	차임	전입신고일 자.사업자등 록신청일자	확정일자	배당요구 여부 (배당요구 일자)
최○경	전부	현황조사	주거 임차인	미상	미상	미상	2007.09.10	미상	
	전부(방3 칸)	권리신고	주거 임차인	2007.8.31. ~ 현재까지	90,000,000		2007.9.10.	2009.2.17.	2015.01.12

<비고>
최○경 배당요구종기이후 권리신고 임차인 최○경의 주민등록전입일자 및 확정일자가 선순위근저당보다 앞서므로 입찰시 주의요함.

이 물건은 최선순위 설정일자인 근저당보다 전입이 빠른 임차인이 있다. 그러므로 대항력 있는 세입자가 있고, 배당요구종기일 이후에 권리신고를 했으므로 배당요구를 하지 않은 것으로 간주돼 전액 인수사항이 된다. 그런데 몇 가지 이상한 점이 눈에 띈다. 전입일은 2007년이고 현재까지 살고 있다. 9년 동안 한 곳에서 전세로 계속 살기는 쉽지 않은 일이다. 그리고 9년 동안 전세금 증액이 있었을 텐데 그런 내용은 언급이 전혀 없다. 현재 전세 시세는 국토교통부 실거래가를 보면 1억 6,000만 원에서 1억 9,000만 원 정도 되는 것으로 보인다. 신고된 9,000만 원과는 차이가 많이 난다. 2010년에 근저당이 들어와 증액하지 못하고 계속 살 수도 있겠지만, 일반적인 경우는 아니다.

순위번호	등 기 목 적	접 수	등 기 원 인	권 리 자 및 기 타 사 항
				사용 중구구
5	근저당권현자	2003년7월3일 제41400호	2003년7월3일 설정계약	채권최고액 금110,500,000원 채무자 유○소 감보사 근저당권자 은행 110181
6	2번근저당권신설, 4번지당권설정 등기말소	2003년7월4일 제41700호	2003년7월3일 해지	
7	근저당권신장	2009년6월19일 제35800호	2009년6월19일 설정계약	채권최고액 금126,000,000원 채무자 유○소 경기도 고양시 일산서구 근저당권자 주식회사 은행 110111 서울특별시 중구
8	5번근저당권설정등기말소	2009년6월19일 제35900호	2009년6월19일 해지	
9	근저당권설정	2010년8월25일 제44200호	2010년8월25일 설정계약	채권최고액 금152,400,000원 채무자 유○소 경기도 김포시 근저당권자 주식회사○○○○은행 110111- 서울특별시 중구

　등기부등본을 보면 근저당이 1억 5,200만 원이나 설정돼 있다. 감정가와 비교해보면 거의 최대금액으로 대출한 것이다. 이것은 세입자가 있는 상태에서는 쉽지 않은 일이다.

순위번호	등 기 목 적	접 수	등 기 원 인	권 리 자 및 기 타 사 항
		제22○○호	매매	소유자 ○○○
2-1	2번등기명의인표시변경	2009년6월19일 제358○○호	2009년3월2일 전거	유○소의 주소 경기도 고양시 일산서구 ○○○○
2-2	2번등기명의인표시변경	2010년8월25일 제441○○호	2010년8월25일 전거	유○소의 주소 경기도 김포시 ○○○ ○○○ ○○○
3	가압류	2013년2월15일 제8000호	2013년2월14일 의정부지방법원 고양지원의 가압류결정(2013카단500 00)	청구금액 금205,338,000 원 채권자 이○용 680611-******* 고양시 덕양구 ○○○○ ○○○○○○○○○ ○○○○

　　그리고 대출이 실행되기 5일 전에 집주인이 전거를 했는데, 주소가 현재 물건지다. 세입자가 살고 있는 상태에서 집주인이 현주소지로 전거한 것이다. 여기서 필자는 가장임차인일 가능성이 높다고 판단했다. 물론 명의만 올려놓았을 수도 있겠지만, 대출을 받기 위해 소유자가 물건지로 전거하고 최대금액을 실행했다는 건 세입자가 없을 가능성이 매우 높기 때문이다.

　　이 물건에서 가장 이상하게 보이는 건 배당요구종기일 이후에 권리신고를 한 것이다. 일반적으로 권리분석하는 사람은 대부분 배당요구종기일 이후에 권리신고는 무효이므로 권리신고를 하지 않은 것으로 간주하고, 전액 인수사항으로 결론을 내린다. 그러나 필자는 여기서 한 발 더 나가려 한다. 도대체 왜 그런지 이유를 알아보려 한다. 진정한 세입자로 살고 있던 사람은 본인의 보증금을 필사적으로 지키려고 할 테니 말이다.

■ 점유관계	
소재지	1. 경기도 김포시 ○○○○ ○○○ ○○○○
점유관계	임차인(별지)점유
기타	임차인 최○경은 임대차관계는 잘 모른다고 하므로 상세한 임대차 관계는 미상임.

현황조사서

현황조사서대로 라면 "권리관계를 잘 모르겠다"는 대답도 이상하다. 가족이 그렇게 대답했으면 충분히 그럴 수 있지만, 세입자 본인이 저렇게 답한 것은 무언가 숨기는 게 있다고 추측할 수 있는 대목이다.

이런 정보를 바탕으로 한 가지 추리해 볼 수 있다. 고의적이라는 것이다. 만약 의도적으로 배당요구종기일 이후에 권리신고를 했다면 무슨 일들이 일어날까. 가장임차인을 의심했던 입찰자들은 권리신고 내역을 보고 진정한 세입자가 있을지도 모른다고 착각해서 아무도 입찰하지 않을 것이다. 실제 세입자는 없지만 보증금에 대한 혼란을 가중시켜 입찰자를 혼동시키려는 작전이라 볼 수 있다.

경매 진행 내역

입찰 당일, 단독으로 입찰자가 있었고 무척 낮은 가격으로 낙찰받았다. 1억 5,300만 원에 낙찰을 받았으므로 9,000만 원이 인수사항이 맞다면, 감정가 1억 9,100만 원인 아파트를 2억 4,300만 원에 사는 결과를 낳는다. 그러므로 낙찰자는 반드시 대금을 미납해야 한다. 그런데 잔금을 납부한다면 필자의 추리가 맞을 것이다. 그리고 낙찰자는 반드시 소유자와 아는 사이일 것이다. 과연 그 결과는 어떻게 됐을까. 필자가 너무 허무맹랑한 추리를 한 것일지 아닐지는 여러분의 판단에 맡긴다.

05 주의! 엄청난 함정을 조심하라

이번에 살펴볼 물건은 함께 분석하다 보면 정말 무섭다는 생각이 들 것이다. 필자는 심지어 많은 사람이 이 엄청난 함정에 빠질지 두려울 정도다.

소 재 지	서울 광진구					
	(05065) 서울 광진구					
경 매 구 분	임의경매	채 권 자	신○용(변경전 유동화전문(유))			
용 도	아파트	채무/소유자	○○교육그룹	매 각 일 시	16.02.15 (10:00) [15 일전]	
감 정 가	1,280,000,000 (14.11.27)	청 구 액	876,000,000	다 음 예 정	16.03.21 (524,288,000원)	
최 저 가	655,360,000 (51%)	토 지 면 적	35.57 m² (10.76평)	경매개시일	14.11.13	
입찰보증금	20% (131,072,000)	건 물 면 적	163.53 m² (49.47평) [65평형]	배당종기일	15.02.04	

– 서울동부지방법원 2014-18200 [1] 매각물건명세서 –

서울 광진구

사건	2014타경18200			매각물건번호	1	담임법관(사법보좌관)	김○환
작성일자	2016.01.29			최선순위 설정일자	2013.11.29. 근저당권		
부동산 및 감정평가액 최저매각가격의 표시	부동산표시목록 참조			배당요구종기	2015.02.04		

점유자의 성명	점유부분	정보출처 구분	점유의 권원	임대차 기간 (점유기간)	보증금	차임	전입신고일자. 사업자등록신청일자	확정일자	배당요구 여부 (배당요구 일자)
김○기 (주민등록등재자)	전부	현황조사	주거 임차인	미상	미상	미상	2009.11.16.	미상	
김○희	203호 전부	권리신고	주거 임차인	2009.10.10. 부터	4억5천만 원		2009.11.16.	2009.11.16.	2015.09.11

<비고>
김○기(주민등록등재자) : 임대차관계 불분명 김○희 : 최선순위 근저당권보다 빠른 임차권 권리신고 있으나, 임대차관계는 불분명함.

이 물건의 세입자는 근저당보다 전입이 빠르기 때문에 대항력이 있고, 배당요구종기일 이후에 배당요구를 했으므로 전액 인수사항이다. 여기까지는 일반적이다. 만약 여기서 분석을 멈추면 그냥 여기까지인 것이다. 그런데 이 물건에는 무척 발전된 함정이 숨어있다. 정말 할말 없게 만드는 방법으로 만들어진 큰 함정이다.

먼저 배당요구종기일을 보면 2015년 2월 4일이다. 그런데 권리신고는 2015년 9월 11일에 했다. 약 7개월 후에 임차인이 권리신고한 것이다. 그러면 도대체 왜 이렇게 늦게 신고를 했을까.

매각물건명세서에는 계약서 미제출이라는 단어가 보이지 않는다. 정상적으로 확정일자가 찍힌 계약서를 제출했다는 뜻이다. 계약서를 추후에 작성할 수는 있어도 확정일자가 찍힌 계약서를 만들어내진 못

한다. 현재 세입자는 2009년에 계약했고, 4억 5,000만 원으로 신고돼
있다. 벌써 기간이 7년이나 흐른 상태다. 2009년부터는 전세가가 가파
르게 상승을 했는데, 왜 유독 이 집만 그대로 유지하고 있었을까 의문
이 든다.

국토교토부 실거래가

그래서 실제 거래가 있었는지 국토교통부 자료를 찾아봤다. 현재 물
건이 163.53m²에 2층이기 때문에 쉽게 찾을 수 있었다. 2012년 8월에
6억 5,000만 원에 신고돼 있다. 이게 어떻게 된 일일까.

이렇게 추리를 해볼 수 있다. 먼저 1차로 2009년 10월 10일에 4억
5,000만 원에 계약했고, 2012년 8월 무렵 6억 5,000만 원으로 증액해
서 계약했다. 그런데 법원에는 1차 계약서만 제출한 것이다. 상식적으
로 받을 돈이 6억 5,000만 원인데 2억 원을 낮춰서 신고한 것은 말이 되
지 않는다. 7개월이나 지나서 1차 계약서만 제출했다는 건 숨은 의도가
있을 수밖에 없다. 그리고 배당요구종기일 이후에 신고하여 의미 없는
신고로 만든 점도 이상하다. 낙찰자는 4억 5,000만 원이란 인수사항으
로 보고 낙찰받은 후에 명도하러 갔더니 2차 계약서를 보여주면서 6억
5,000만 원을 달라고 한 것이다. 갑자기 2억 원을 더 낼 수 없으니 미납
할 수 밖에 없으니, 여러 번의 미납 사태가 일어날 것이다. 그러면 미납

한 보증금은 어떻게 될까.

순위번호	등 기 목 적	접 수	등 기 원 인	권 리 자 및 기 타 사 항
8-3	8번근저당권부질권	2015년11월27일 제98100호	2015년11월27일 설정계약	채권액 금876,000,000원 채무자 신○용 서울특별시 광진구 채권자 ○○○○○새마을금고 175938- 경상북도 울진군
9	근저당권설정	2013년12월31일 제82800호	2013년12월31일 설정계약	채권최고액 금650,000,000원 채무자 주식회사○○교육그룹 서울특별시 동작구 근저당권자 김○희 550614-******* 서울특별시 광진구
10	3번근저당권설정등기말소	2014년1월2일 제00호	2014년1월2일 해지	

후순위 근저당이 설정돼 있는데, 근저당권자가 세입자와 이름이 동일하다. 필자는 이 부분을 확인한 순간 소름이 돋았다. 낙찰자들이 미납한 보증금을 흡수할 수 있도록, 모두 배당이 되도록 후순위 근저당을 잡은 것이다. 결국 미납한 보증금까지 전부 가지기 위한 고도의 작전이 아닐까 생각해본다. 필자의 추리가 완전히 틀리고, 그저 소설에 지나지 않는 이야기일 수도 있다. 그러나 아무리 자료를 봐도 아주 높은 확률로 필자의 추리와 같을 것이다.

경매를 할 때는 이런 물건을 정말 조심해야 한다.

본 책의 내용에 대해 의견이나 질문이 있으면
전화(02)3604-565, 이메일 dodreamedia@naver.com을 이용해주십시오.
의견을 적극 수렴하겠습니다.

직장인이 경매로 투잡하는 성공 노하우

추리 경매

제1판 1쇄 | 2017년 4월 7일
제1판 2쇄 | 2018년 5월 9일

지은이 | 최수길
펴낸이 | 고광철
펴낸곳 | 한국경제신문*i*
기획·편집 | ㈜두드림미디어

주소 | 서울특별시 중구 청파로 463
기획출판팀 | 02-3604-565
영업마케팅팀 | 02-3604-595, 583   FAX | 02-3604-599
E | dodreamedia@naver.com
등록 | 제 2-315(1967. 5. 15)

ISBN 978-89-475-4192-3 03320